Dieter Thomä

Warum Demokratien Helden brauchen

Dieter Thomä

WARUM
DEMOKRATIEN
HELDEN
BRAUCHEN

Plädoyer für einen
zeitgemäßen Heroismus

Ullstein

ISBN 978-3-550-20033-5

Lektorat: Uta Rüenauver
Gesetzt aus der Dante MT Pro
Satz: LVD GmbH, Berlin
Druck und Bindearbeiten: GGP Media GmbH, Pößneck

»Wirf den Helden in deiner Seele nicht weg!«

Friedrich Nietzsche
Also sprach Zarathustra

Für Gustav Martinsons
und
Otto Thomä-Walford

INHALT

Einleitung

Heldenplatz

In vielen Städten gibt es Heldenplätze. In Brüssel und Rom dienen sie der Erinnerung an die Gefallenen des Ersten Weltkriegs, in Krakau dem Gedenken an den jüdischen Widerstand gegen die Naziherrschaft. Auf dem Wiener Heldenplatz stehen Statuen von Prinz Eugen, »dem ruhmreichen Sieger über Österreichs Feinde«, und Erzherzog Karl, »dem heldenmüthigen Führer der Heere Österreichs«. Jede Zeit wählt ihre Helden, aber an denen, die verewigt werden sollen, nagt der Zahn der Zeit. Die kürzeste Verweildauer eines Nationalhelden im Pariser Panthéon war fünf Monate.[1] Während der rund hundert Jahre seines Bestehens ist auf dem Heldenplatz in Budapest ein Drittel der Denkmäler ausgetauscht worden. Vor wenigen Jahren wurden die faschistischen Symbole auf der Plaza Héroes de España in Melilla beseitigt. Seit einiger Zeit wird in amerikanischen Städten darum gestritten, ob Statuen von Südstaaten-Generälen demontiert werden sollen: Fünfzig von knapp 800 solcher Denkmäler sind zwischen 2015 und 2018 entfernt worden.[2]

Neben der Umbesetzung oder Absetzung der Helden kommt auch die Umbenennung des ihnen gewidmeten Platzes infrage. Die Bemühungen, den Wiener Heldenplatz in »Platz der Demokratie« umzubenennen, sind freilich im Sande verlaufen. Gegen diese Umbenennung wäre ich auch gewesen – und zwar deshalb, weil sie nahegelegt hätte, dass Helden durch Demokratie ersetzbar wären und in ihr nichts

9

mehr zu suchen hätten. Das stimmt nicht. Nicht jeder Held ist demokratisch, aber jede Demokratie braucht Helden. Welchen Platz Helden in unserer Gesellschaft einnehmen, möchte ich in diesem Buch herausfinden.

Die Helden, die ich suche, sind quicklebendig – anders als jene, derer an Heldenplätzen oder anderen Erinnerungsorten gedacht wird. Und doch lohnt es sich, diese Orte aufzusuchen, an denen Gesellschaften ihre Vorbilder versammeln und ihre Selbstbilder bestimmen. An ihnen wird nämlich deutlich, was für unseren Umgang mit Helden überhaupt gilt: Wenn wir mit ihnen zu tun haben, sind wir immer spät dran.

Nicht immer werden Helden erst von der Nachwelt gekürt, nicht immer kommt der Tod der Ehrung zuvor. Manchmal werden Helden live und in Farbe gefeiert. Aber immer geschieht dies nachträglich, nach ihrer Großtat. Die zu ihnen passende Zeitform ist das Futur zwei: Sie werden Helden gewesen sein. Sie sind früher dran als andere, machen den ersten Zug im Spiel, tun etwas, was nicht erwartet, eingefordert oder angeordnet werden kann. Sie kommen nicht oft, aber unverhofft. Menschen, die Helden gewesen sein werden, gehen in Vorleistung, und die Umwelt, die zur Nachhut wird, schenkt ihnen erst später Aufmerksamkeit und Bewunderung. Helden werden nicht geboren, sie werden gemacht – und zwar rückwirkend.

Der – mehr oder minder große – zeitliche Abstand zwischen einer Großtat und ihrer Heroisierung spiegelt sich in einem – mehr oder minder großen – räumlichen Abstand zwischen Helden und dem Rest der Welt. Gerne stellt man sie auf ein Podest, auf dass sie sich von der Menge abheben. Erkaltet schauen sie auf uns herab. Diese Erhöhung kann aber auch in Form eines spielerischen Rituals erfolgen. So werden Sportler, denen eine vermeintliche Heldentat gelungen ist, von Teammitgliedern oder Fans auf Händen getragen und hoch in der Luft balanciert. Man hebt sie heraus – und zugleich demonstriert man auf diese Weise Verbundenheit mit ihnen.

Das genau ist spannend am Umgang mit Helden: Sie laden ein zu einem Spiel mit Nähe und Ferne. Wir sagen zu ihnen nicht: »Hallo, Nachbarn!« Sie verziehen sich aber auch nicht in den Himmel oder verrammeln sich in Palästen. Helden stehen in der Öffentlichkeit. Sie drücken sich nicht. Zur Not nehmen sie es mit der ganzen Welt auf. Im Glücksfall ziehen sie die ganze Welt auf ihre Seite.

Riesengroß und klitzeklein

Wie geht unsere Gesellschaft mit Helden um? Prominent sind zwei Strategien: Verfremdung und Verniedlichung. Man versetzt Helden in die Ferne oder zieht sie in die nächste Nähe. Man lässt sie nur in Randgrößen zu: entweder riesengroß oder klitzeklein.

XXL-Helden gibt es in rauen Mengen – freilich nur im Film. Die wundersame Vermehrung der Superhelden belegt nicht nur die Geschäftstüchtigkeit von Marvel & Co., sondern auch, dass in den Zuschauern – also in uns – ein unstillbares Bedürfnis nach Heldentum steckt. Dieses Bedürfnis schnellt deshalb in die Höhe, weil Helden außerhalb der Traumfabrik einen schweren Stand haben. Wenn sie in der Wirklichkeit auftreten, machen sie sich klein. Eine Berliner Webseite stellt »Kiezhelden« vor, die zum Beispiel Naturkosmetik oder Secondhand-Mode verkaufen. Das Bundesamt für Bevölkerungsschutz und Katastrophenhilfe sucht in einer Anzeige »echte Alltagshelden«, die »Nerven aus Stahl und Herzen aus Gold« haben. Eine Spielzeugfirma verkauft vier

Plastikfiguren – Polizistin, Sanitäterin, Feuerwehrmann und Bauarbeiter – als Set von »Alltagshelden« für zwanzig Euro.

Liebling, sie haben die Helden geschrumpft – oder aufgeblasen. Das Heldentum versickert in der Alltagswelt oder verzieht sich in die Scheinwelt. Diese Aufteilung ist bequem für die Seele. Auf der einen Seite erscheint das alltägliche Heldentum nah und greifbar – so, als ob man es sich im Handumdrehen aneignen könnte. Auf der anderen Seite sieht man die Superhelden in einer anderen Liga spielen, lässt sich von ihnen auf eine fantastische Reise mitnehmen und feiert Urlaub vom Ich. Heldentum ist entweder ganz nah oder ganz fern, allgegenwärtig oder nicht von dieser Welt. So haben wir uns das zurechtgelegt – *falsch* zurechtgelegt.

Unsereins sieht Helden nicht auf Schritt und Tritt und auch nicht morgens im Spiegel. Sie sind keine Menschen wie du und ich, aber Menschen sind sie durchaus – nicht Wunderwesen. Das ist auch gut so, denn deshalb kann man mit ihnen echt etwas anfangen – wenn, ja, wenn man sie denn antrifft.

Krise der Helden

Gerade hieß es: Jede Zeit wählt ihre Helden. Wirklich jede Zeit? Es sieht so aus, als lebten wir in einer Zeit der Heldendämmerung.[3] Wenn die moderne Gesellschaft Helden im Alltag verniedlicht oder in eine Scheinwelt abschiebt, dann scheint sie mit ihnen ein grundsätzliches Problem zu haben. Es gibt eine ziemlich große Koalition von Intellektuellen, die glaubt, dass es zurzeit schlecht um Helden bestellt und ihre Existenzgrundlage gefährdet sei. Das Wort »postheroisch« geht immer wieder frisch gezapft über den Tresen der Ideen – wahlweise bezogen auf Politik, Wirtschaft, Kunst, Kriegsführung oder (was wohl nicht das Gleiche ist) Erziehung.[4]

Die Vertreter dieser großen Koalition können sich nicht recht entscheiden, was vom besagten Verschwinden der Helden zu halten sei. Sie schwanken zwischen Verlusterfahrung und Gewinnerwartung. Mal führt ihr Befund, wir lebten in einer postheroischen Gesellschaft, dazu, dass sie sich trotzig in Heldensehnsucht ergehen, mal finden sie es gerade gut, dass die Welt angeblich in eine postheroische Phase eingetreten ist. Der Abgesang auf den Helden ertönt also in einer traurigen oder einer fröhlichen Version, mit einem Seufzer der Sorge oder einem Seufzer der Erleichterung. Die zwei Arten von Seufzern sind oft kaum auseinanderzuhalten – und das ist kein Zufall.

Die Unschlüssigkeit ist nämlich typisch für alle Zeitdiagnosen, die mit der Vorsilbe »Post-« operieren. Über diese Vorsilbe muss ich ein paar Worte verlieren, denn bei ihr handelt es sich um eine der erfolgreichsten und schlechtesten Erfindungen der neueren Geistesgeschichte. Das Postheroische gehört auf eine Kette, auf der auch Postmoderne, Posthistorie, Postmaterialismus, Poststrukturalismus, Postkolonialismus, Postdemokratie, Posthumanismus, Postkapitalismus, Postdramatisches, Postfaktisches und anderes mehr aufgefädelt sind. Offenbar ist die Menschheit – oder nur ein kleiner, vorwiegend aus Intellektuellen bestehender Teil von ihr – darauf versessen, sich in eine Nachzeit zu versetzen.

Bevor das »Post-« populär wurde, hatte es einen schlechten Ruf. Man erinnere sich an den Spruch *Post coitum omne animal triste*: Unabhängig davon, ob Tiere oder Menschen nach dem Geschlechtsverkehr wirklich traurig sind, ist jedenfalls klar, dass sie zum »Post«-Zeitpunkt den Höhepunkt hinter sich haben. Warum ist die Vorsilbe »Post-« gleichwohl so attraktiv? Und warum ist diese Attraktion fatal?

Eigentlich ist mit »Post-« nicht furchtbar viel gesagt. Bezeichnet wird damit allgemein eine Phase nach einem Einschnitt oder Ereignis. So spricht man zum Beispiel von postnataler Medizin. Manchmal ist die Verwendung von »Post-« auch Ausdruck einer gewissen Verlegenheit – so etwa, wenn man die disparaten Entwicklungen in der bildenden Kunst um 1900 unter der Überschrift »Postimpressionismus« zusammenfasst.

Die Anziehungskraft des »Post«-Gefühls wächst, wenn Menschen von der schieren Tatsache, dass etwas vorbei ist, ergriffen sind. Es ist kein Zufall, dass die Karriere des »Post-« in einer Nachkriegszeit begann, nämlich in der *post-war period* nach 1945. Dass der Krieg vorbei war, wurde als Geschenk empfunden. So ist das Gefühl der Befreiung in den frühen Verwendungen des Wortes Postmoderne deutlich zu spüren.

Doch unweigerlich liefert die Vorsilbe »Post-« die Kehrseite zum Gefühl der Befreiung mit, nämlich die Abhängigkeit vom Vorher. Anders als bei früheren Befreiungsschlägen – etwa beim Streit zwischen den *Anciens* und den *Modernes* im 17. Jahrhundert oder zwischen Klassik und Romantik – findet sich dieses Mal kein positives Wort, das die neue Phase bezeichnet. So wird die Entlastung, einer Zeit entronnen zu sein, entwertet. Man hängt ihr noch an, bleibt gedanklich unselbstständig und sagt über sich selbst eigentlich nur eins: dass man hinterherkommt.

Die Befreiung ist scheinbar. Alle »Post«-Bewegungen sind unrettbar nostalgisch, und Nostalgie ist der sichere Weg in die Knechtschaft der Geschichte. Wenn man an dem, was davor war, gedanklich festklebt, kann man nicht im Ernst für sich in Anspruch nehmen, in eine andere Zeit vorgerückt zu sein. Der Schuster bleibt dann bei seinen Leisten, die Postmoderne bleibt bei der Moderne. Die Lockerungsübung ist ein Bluff.

Jeder »Post«-Kombination haftet diese Unschärfe an: Sie

bietet eine Spielwiese für Unentschiedene, die zwischen Jubel und Trauer, Abkehr und Anhänglichkeit, Gewinn und Verlust schwanken. Mal klingt der Jubel lauter (zum Beispiel bei den frühen Vertretern der Postmoderne), mal überwiegt die Klage (etwa bei den Diagnostikern der Postdemokratie). Doch aus der Ambivalenz gibt es so oder so kein Entkommen.

Angesichts des Erfolges der »Post«-Komposita darf man sagen: Genau diese Unentschlossenheit scheint auf viele Meinungsführer – was für ein grausiges Wort! – einen großen Reiz auszuüben. Sie können stolz behaupten, etwas hinter sich gelassen zu haben, und gleichzeitig auf die Botschaft, wohin die Reise geht, verzichten. Sie wollen sich einen Vorsprung sichern, bewegen sich aber mit starrem Blick auf die Herkunft und wenden der Zukunft den Rücken zu. Doch wer rückwärtsgeht, kann leicht stolpern.

Den »Post«-Ideologen ist zugutegehalten worden, dass sie sich – im Unterschied etwa zu den Vertretern der Moderne oder der Avantgarde – mit großen Gesten des Neuanfangs zurückhielten, also von vornherein zugäben, dass sie in die Geschichte eingebettet seien. Wer sie dafür lobt, tut ihnen aber zu viel des Guten. Dass jemand bekennt, zu den Nachgeborenen zu gehören, ist zum Gähnen.

Auch die Theoretiker des Postheroischen machen es sich in der Halbdistanz zum Heroischen bequem und lassen alles unschön in der Schwebe. Sie üben sich im kleinen Abschied und kommen von den Helden, die sie der Vorzeit zuschlagen, doch nicht los. Sie behaupten, dass wir in einer postheroischen Gesellschaft lebten, und fügen hinzu, dass wir »ohne Rückgriff auf einen Restbestand des Heroischen nicht überlebensfähig« seien.[5] Die Vorstellung von einer postheroischen Zeit, die bei Bedarf ein bisschen heroisch agiert, ist fast so absurd wie das postnatale Bild einer jungen Mutter, die noch ein bisschen schwanger ist. Es ergibt keinen Sinn, das eine zu tun und das andere nicht zu lassen. Man kann nicht die Helden zugleich abschaffen und für sich anschaffen lassen.

Ich gehöre nicht zu den Anhängern der These von der postheroischen Gesellschaft. Vielmehr glaube ich an die Wirklichkeit und Wirksamkeit von Helden heute. Sie haben sich nicht aus dem Staub gemacht und sind auch nicht zu Staub zerfallen. Dabei will ich die Schwierigkeiten mit dem Heroismus, an denen wir laborieren, keineswegs leugnen. Mir ist es recht, wenn die Latte für Helden hoch gelegt wird. Dann ist es am Ende auch keine Lappalie, wenn sie drüberspringen. Von Schwierigkeiten lassen sich Helden sowieso nicht ins Bockshorn jagen – sie sind daran gewöhnt, es nicht leicht zu haben.

Wir leben in einer Zeit der Heldendämmerung? Das mag wohl sein, aber dieses Wort mache ich mir gern zu eigen, denn ihm merkt man nicht an, ob die Abend- oder Morgendämmerung gemeint ist, ob es Nacht wird oder der Tag anbricht. In Anlehnung an die berühmte Gedichtzeile von Stefan George möchte ich ausrufen: »Komm zu dem totgesagten Helden und schau.«[6]

Krise der Demokratie

Der amerikanische Philosoph Ralph Waldo Emerson schrieb im Jahre 1841: »Wer heldenhaft ist, wird immer Krisen finden, um an seine Grenzen zu gehen.«[7] Eine Krise zu finden ist heute eine leichte Übung. Bekanntlich ist unsere Gesellschaft gleich mehrfach in der Krise – ökologisch, ökonomisch und politisch. Eine Krise überwindet man, indem man handelt, und wenn dieses Handeln nicht von privater Willkür getrieben sein soll, dann muss es im politischen Raum stattfinden. Damit rückt die Frage ins Zentrum, ob die Form von Politik, die in unserer Gesellschaft etabliert ist, Zukunft hat: die Demokratie. Es hat keinen Sinn, darum herumzureden: Die Demokratie befindet sich in ihrer tiefsten Krise seit 1945.

Zum einen ist der Absatz für das Exportgut Demokratie ins Stocken geraten. Seit dem 18. Jahrhundert wurde die Demokratie im Paket angeboten. Damals lancierte Europa das vermeintlich unschlagbare und untrennbare Tandem politischer und ökonomischer Freiheit. Vielleicht war dieses Tandem immer schon eine Scheinehe, doch dessen ungeachtet wurde es nach Ende des Kalten Kriegs als globales Erfolgsmodell propagiert. Nun ist es arg lädiert. Das derzeit bevölkerungsreichste Land der Welt, China, nutzt die Freiheit des Marktes und pfeift auf die Regeln der Demokratie. Weltweit brummt der Kapitalismus, und die Demokratie lahmt.

Zum anderen bröckelt die Binnennachfrage nach Demokratie. Im derzeit mächtigsten Land der Welt, den USA, wird die Demokratie innerlich ausgehöhlt, in vielen Ländern herrscht Demokratiemüdigkeit.[8] Während der Kapitalismus aus der Finanzkrise wie aus einer Verjüngungskur hervorgegangen ist, steht die Demokratie als Verlierer da. Die Menschen machen Verlusterfahrungen und schließen die Reihen. Der Populismus ist ein Kind der Wall Street. Im Juni 2018 wurden 125 000 Personen aus fünfzig Ländern zu ihrer Einschätzung der Demokratie befragt, und die Ergebnisse fielen reichlich ernüchternd aus. Auf die Frage »Denken Sie, dass die Stimme von Leuten wie Ihnen in der Politik gehört wird?« antworteten 51 Prozent der Befragten in sogenannten freien Ländern (wie Norwegen oder Deutschland), dies sei nie oder selten der Fall. In sogenannten unfreien Ländern (wie Vietnam oder Algerien) verneinten dies 46 Prozent. Noch krasser waren die Antworten auf die Frage: »Denken Sie, dass Ihre

Regierung in Ihrem Interesse handelt?« Hier waren es in den freien Ländern 58 Prozent, die mit »nie« oder »selten« antworteten, in den unfreien Ländern nur 41 Prozent.[9] Der britische Historiker Timothy Garton Ash erklärt: »Es gibt heute mehr Demokratie in der Welt als jemals zuvor. Aber jetzt kommt die antiliberale Konterrevolution, und zwar von allen Seiten gleichzeitig.« Die amerikanischen Politikwissenschaftler Steven Levitsky und Daniel Ziblatt sagen: »Die Demokratie scheint weltweit in Gefahr zu sein – selbst dort, wo sie seit Langem als selbstverständlich gilt.« Und der österreichische Schriftsteller Robert Menasse warnt: »Wenn wir aus dieser Krise, die die Entwicklung der europäischen Demokratie infrage stellt, nicht herauskommen, dann wird es Trümmer geben.«[10]

Im Äußeren wie im Inneren ist die Demokratie in die Defensive geraten. Ihre Strahlkraft und Widerstandsfähigkeit sind auf einem Tiefpunkt. Ob in der Gefahr das Rettende wächst, weiß niemand. Von Helden jedoch weiß man, dass sie ins Handeln und »ins Gelingen verliebt« sind,[11] und deshalb wäre es in der aktuellen Situation ein bisschen leichtfertig, sie im toten Winkel der Geschichte verstauben zu lassen. Die Demokratie könnte sich in schwerer Zeit auf deren besondere Geistesgegenwart stützen. Mein Interesse an Helden rührt nicht daher, dass ich ein Faible für sie habe und ihnen den roten Teppich ausrolle, egal wie sie sich aufführen. Von vielen Helden – nicht nur von Maul-, Pantoffel- oder Weiberhelden – halte ich nichts. Ich habe eine ganz bestimmte Erwartung an sie: Helden können helfen, die politische Krise zu überwinden – und zwar nicht, indem sie die Demokratie abwickeln, sondern indem sie sie stärken. Gesucht sind demokratische Helden.

Das Verhältnis zwischen Heldentum und Demokratie ist keine Liebe auf den ersten Blick. Das hat einen einfachen

Grund. Helden sind früh dran, Demokraten sind Spätlinge der Geschichte. Sie treffen – wenn überhaupt – erst nach langem Vorlauf zusammen. Als sich die Bürger Athens vor gut 2500 Jahren in einem demokratischen Club zusammentaten, war die Heroenzeit bereits Vergangenheit. Von ihr blieben Geschichten früherer oder auch nur erfundener Großtaten. Als die Amerikaner und Franzosen vor rund 250 Jahren ihre Revolutionen anzettelten, hatten die Ritter längst ihre heldenhaften Abenteuer mehr oder minder erfolgreich bestanden und waren zu Folklore geworden. Der kolossale Herkules, den die Revolutionäre in Paris zu ihrer Symbolfigur kürten, hatte bereits ein paar Jahrtausende auf dem Buckel. Dass die Demokratie mit Helden fremdelt, liegt zunächst daran, dass beide nicht Kinder derselben Zeit sind. Der historische Abstand sorgt für Verständigungsprobleme. Er schließt aber nicht aus, dass Helden zu Zeit- und Bundesgenossen der Demokratie werden können.

Der französische Staatspräsident Emmanuel Macron sagte in einem Gespräch mit dem *Spiegel* im Herbst 2017: »Warum darf es denn kein demokratisches Heldentum geben? Vielleicht ist ja genau das unsere Aufgabe: so etwas für das 21. Jahrhundert gemeinsam neu zu erfinden.«[12] Man kann sich darüber amüsieren, dass er damals eilig beteuerte: »Damit meine ich nicht, dass ich hier den Helden spielen will.« Seit Macron dieses Interview gegeben hat, ist es ihm gelungen, jeden Heldenverdacht von sich abzulenken. Das ändert nichts daran, dass man die Frage, wie es die Demokratie mit den Helden hält, ernst nehmen sollte.

In dieser Frage vermischen sich Wirklichkeit und Wunsch oder Sein und Sollen. Zum einen geht es darum, ob es in der Demokratie überhaupt Helden gibt, ob diese Staats- und Gesellschaftsform so etwas wie Helden ermöglicht oder zulässt. Zum anderen geht es darum, was Menschen in der Demokratie von Helden halten – ob sie sie wollen, gut finden und willkommen heißen. Daraus ergibt sich ein einfaches Schema mit vier Optionen, die für den Umgang mit Helden zur Wahl stehen.

Zunächst kann man zu dem Befund gelangen, dass es heutzutage gar keine Helden mehr gibt. Ihre Abwesenheit wird man dann in einem nächsten Schritt gut oder schlecht finden. Man wird sagen: Das soll so sein – oder eben nicht. Diese zwei Optionen lassen sich den verschiedenen Verfechtern der These von der postheroischen Gesellschaft zuordnen. Sie loben oder hassen die Demokratie dafür, das Heldentum abgeschafft zu haben. Und wenn sie sich nicht entscheiden können, pflegen sie ihre Hassliebe.

Die Vertreter der dritten Option gehen davon aus, dass es heutzutage in der Tat Helden gibt, meinen aber, sie könnten der Demokratie gefährlich werden. Für sie stehen Helden unter dem Verdacht, übertriebene Machtansprüche oder autoritäre Denkmuster zu vertreten. Demnach gilt: Helden gibt es wirklich, aber es wäre besser, sie loszuwerden.

Schließlich bleibt die Option, Helden sowohl für wirklich als auch für wünschenswert zu halten. Dieser Auffassung möchte ich mich anschließen.

Wer von Helden spricht, muss wissen, was sie treiben und wie sie ticken. Er muss sie erkennen, wenn sie ihm über den Weg laufen. Deshalb möchte ich sie nicht einfach hochleben lassen, sondern zuerst eine nüchterne Frage stellen: Was ist überhaupt ein Held? Der Philosoph Maurice Merleau-Ponty schrieb 1948 (also wohlgemerkt zu einer Zeit, als der Kurs des Heldentums auf ein Rekordtief gesunken war): »Wie soll man ein Loblied auf den Heroismus anstimmen, wenn man ein Held ist? Und wie soll man es tun, wenn man keiner ist? Es wäre also besser, man wüsste, was hinter diesem großen Wort steckt.«[13]

Meiner kleinen Heldenkunde muss ich eine Bemerkung zur Wortwahl vorausschicken. Wenn hier und im Folgenden von Helden die Rede ist, soll damit nichts über ihr Geschlecht gesagt sein. Die geschlechtliche Offenheit, die den Worten »Heldentum«, »heldenhaft« oder – sowieso – »Heroismus« zukommt, möchte ich auch für »Helden« beanspruchen. Es liegt mir freilich fern, mich auf diesem Wort, als sei es neutral, auszuruhen. Vielmehr soll in der Rede vom Helden auch so etwas wie eine historische Gewissenhaftigkeit oder ein historisches Gewissen mit Blick auf die Geschlechterfrage zum Ausdruck kommen.

Es ist bekannt, dass das Heldentum in der Geschichte – manchmal stillschweigend, meist lautschreierisch – zur männlichen Domäne erklärt wurde. Das machte es nicht einfach für Männer, die keine männlichen, sondern einfach menschliche Helden sein wollten. Richtig bitter war jedoch die Lage der Frauen. Ihnen standen drei Wege offen. Zum Ersten konnten sie eine speziell definierte Rolle als Heldin spielen, die der des Helden geradewegs entgegengesetzt war. Peter Burke schreibt: »Die meisten populären Heldinnen waren eher Objekte als aktive Menschen; man bewunderte sie nicht, weil sie etwas taten, sondern weil sie viel erlitten.«[14] Als typische, bei genauerem Hinsehen ziemlich deprimierende Beispiele aus der Märchenwelt mögen Aschenputtel und Schneewittchen dienen, die in einer unschuldigen, ahnungslosen, verletzlichen, passiven Haltung verharrten. Zum Zweiten konnten Frauen versuchen, in die männliche Heldendomäne einzubrechen, mussten dann aber das vergiftete Kompliment ertragen, sie würden handeln wie »richtige Männer«. Die Rede war dann etwa von Mannweibern. Zum Dritten blieb Frauen noch, sowohl dem passiven Heldinnen- wie auch dem aktiven Heldenmodell zu entsagen und sich auf einen durch und durch unheroischen Alltag zurückzuzie-

21

hen. Dreht man diese letzte Variante ins Offensive, landet man bei der zeitgenössischen Position, die Heroismus in all seinen Spielarten für überholt hält, oder bei einem postheroischen Feminismus. Der Gegenentwurf dazu bestünde darin, dass Frauen und Männer die Geschlechterklischees überwinden und sich an Heldinnen und Helden in einem neuen Sinne erfreuen. Ich würde mich freuen, wenn sie dies täten.

Noch heute gibt es Theoretiker der Männlichkeit,[15] die glauben, dass wahre Männer Helden sein müssten und – vor allem – dass wahre Helden nur Männer sein könnten. Wer ihnen glaubt, legt Wert darauf, im Stehen zu pinkeln,[16] und kauft sich beim Versand *The Art of Manliness* ein T-Shirt, das ein von einem Zylinder gekrönter Totenkopf und die Aufschrift »Gentleman/Barbarian« schmückt. Als Kanye West im Oktober 2018 Donald Trump im Weißen Haus besuchte, hielt er einen der irrsten Monologe der neueren Geschichte und sprach unter anderem darüber, wie ihm seine »Make America Great Again«-Kappe beim Wiederfinden seiner Männlichkeit half: »Diese Kappe, sie gibt mir Kraft. [...] Bei mir zu Hause gab es nicht viel männliche Energie. [...] Als ich diese Kappe aufsetzte, fühlte ich mich wie Superman. Du [Donald Trump] hast uns in Superman verwandelt, und der ist mein Lieblingssuperheld.«[17]

Statt die Held-Mann-Gleichung hinzunehmen, werde ich aus ihr machen, was sie ist: ein echtes Problem. Um dieses Problem behandeln und den Helden auf die Finger schauen zu können, bleibt nichts anderes, als weiterhin von ihnen zu reden. Auch wenn ich im Turnunterricht nie einen Spagat geschafft habe, werde ich ihn im Feld der Sprache kräftig üben, also versuchen, die Spannung zwischen dem Heldentum der Menschen und dem Heldentum der Männer auszuhalten. Umstritten ist Heldentum so oder so.

Was ist überhaupt ein Held?

Während des Ersten Weltkriegs bot eine Fabrik in Deutschland »fertige Denkmalsrosse mit nach Wahl aufschraubbaren Helden« an.[18] Zwar gibt es für Waren dieser Art heute keine Nachfrage mehr, doch vielleicht lässt sich in Anlehnung daran ein neues Geschäftsmodell entwickeln: eine Heldenherstellung mit 3-D-Druckern. Da diese Geräte enorm variabel sind, könnte jeder seinen Helden mitsamt personalisierten Zutaten auswählen und wenig später eine stattliche Statue in Empfang nehmen. Eine feine Sache!

Ich lade dazu ein, sich eine Ausstellung vorzustellen, in der all diese Statuen in bunter Mischung präsentiert würden. In solch einer Heldenschau würde es hoch hergehen. Viele Besucher würden mit einem Helden nach ihrer Façon glücklich werden, sich aber darüber aufregen, was dort sonst noch für Typen hochgejubelt werden. Was dem einen sein Held, ist dem anderen sein Unhold. Einige würden mit allen Exemplaren fremdeln und darauf beharren, dass Helden viel mit Dinosauriern gemeinsam hätten: Sie seien übergroß und ausgestorben.

So oder so würden die Ausstellungsbesucher nicht nur Vorlieben oder Abneigungen gegenüber einzelnen Figuren zum Ausdruck bringen, sie würden ihre Urteile auch auf starke Meinungen darüber stützen, was einen Helden eigentlich ausmacht – und diese Meinungen wären sehr unterschiedlich. Wer die Diskussion von außen betrachtete, müsste achselzuckend zu dem Schluss kommen: Heldentum ist *Ansichtssache*.

Auskünfte dieser Art hört man auch sonst oft. Was ist Glück? Das sei, so heißt es, sehr subjektiv. Was ist Liebe? Das bleibe, bitte schön, Privatsache. Was ist Kunst? Das liege im Auge des Betrachters. Philosophen hassen solche Aussagen, denn sie verderben ihnen das Geschäft, nämlich die Arbeit am Begriff.

Bei Philosophen, die schwer greifbaren Phänomenen gegenüberstehen, sind zwei entgegengesetzte Reaktionen zu beobachten: Entweder sie rümpfen die Nase, oder ihnen läuft das Wasser im Mund zusammen. Entweder sie lassen ihren Hass gegen Ansichtssachen an den Sachen aus, die für verschiedene Deutungen anfällig sind, und beschließen, sich mit so unzuverlässigem Zeug nicht mehr zu befassen, oder aber die Philosophen entwickeln einen besonderen Ehrgeiz, just über solche Phänomene etwas Haltbares herauszufinden, das sich nicht im Allerlei der Sichtweisen auflöst. So stürzen sie sich auf Glück, Liebe, Kunst – oder eben Heldentum.

Die meisten Philosophen der Vergangenheit gehören zur zweiten, die meisten Philosophen der Gegenwart zur ersten Gruppe. Letztere überlassen das Heldenthema gern anderen: Historikern, Psychologen, Literaturwissenschaftlern. Zu den großen Geistern, die sich mit dem Heldentum befasst haben, gehören immerhin Platon, Giordano Bruno, Giambattista Vico, Jean-Jacques Rousseau, Johann Gottlieb Fichte, Georg Wilhelm Friedrich Hegel, Søren Kierkegaard, Ralph Waldo Emerson, Friedrich Nietzsche, Max Weber, William James, Walter Benjamin, Hannah Arendt, der Phänomenologe Maurice Merleau-Ponty, der analytische Philosoph James O. Urmson, der Moralphilosoph Alasdair MacIntyre und noch viele andere. Diese stattliche Versammlung ist Ermutigung genug, Heldentum nicht als Ansichtssache abzutun.[19]

Wer den Helden bestimmen will, darf nicht ignorieren, dass über ihn verschiedene Sichtweisen im Umlauf sind. Frustrierend ist das nicht – im Gegenteil. Solche Sichtweisen setzen bei bestimmten Eigenschaften des Helden an und geben ihnen einen speziellen Dreh. Das heißt: Sie lösen den Begriff des Helden nicht in Luft auf, sondern sind auf ihn als

Vorlage angewiesen. Ute Frevert schreibt: »Was bleibt, ist der Begriff. Gerade hier aber liegt das Sperrige. Dass er nach wie vor in Gebrauch ist und nicht, was naheläge, durch den des Idols, des Stars, des Vorbilds ersetzt wurde, lässt auf eine besondere Strahlkraft schließen.«[20]

Was also ist ein Held? Er weist drei Merkmale auf.

1. Helden stellen sich der Gefahr. Helden setzen sich widrigen Umständen aus, geben sich einen Ruck, überwinden ihre Angst und wissen nicht, ob sie ungeschoren davonkommen. Man könnte sagen, dass sie sich aufs Spiel setzen, wenn es sich denn nur um ein Spiel handelte. Damit unterscheiden sie sich von Alleskönnern, die die erstaunlichsten Großtaten vollbringen, ohne je auf Widerstand zu stoßen oder in die Bredouille zu geraten. Solche Typen kennt man: Sie heißen Götter. »Wenn der Held gottgleich wäre, wenn er, wie die Götter, von Alter und Tod ausgenommen wäre, dann wäre er überhaupt kein Held.«[21] Bei der Schilderung der Scharmützel zwischen Göttern muss man gelegentlich ein Gähnen unterdrücken, und es hat wohl mit dieser gepflegten Langeweile zu tun, dass sich Helden über Jahrtausende hinweg erfolgreich gegen Götter behauptet haben.

Die anonymen Dichter des *Gilgamesch*-Epos machten neben Gilgamesch (ein Drittel Mensch, zwei Drittel Gott) den sterblichen, verletzlichen König Enkidu zur Hauptfigur und erkannten in ihm den »Ur-Menschen« und »Helden«.[22] Homer erzählte von Achill und Odysseus und hatte für die Götter nur Nebenrollen übrig. Richard Wagner bot Helden auf, um die Welt »von der erlahmten und verkrampften Herrschaft der Götter [zu] erlösen«.[23] Stan Lee, der legendäre, 2018 verstorbene Begründer des Marvel-Imperiums, legte Wert darauf, dass seine Superhelden wie »Menschen aus Fleisch und Blut« wirkten und von Schwächen und Unsicherheiten geplagt wurden.

Warum unfehlbaren Überfliegern der ganz große Erfolg versagt bleibt, erklärte Umberto Eco schon vor mehr als fünfzig Jahren:

> Superman [...] befindet sich in der bedenklichen [...] Situation, ein Held ohne Gegner und damit ohne Entwicklungsmöglichkeiten zu sein. [...] Ein unsterblicher Superman wäre kein Mensch, sondern ein Gott, und die Identifikation des Publikums mit seiner [...] Persönlichkeit [...] ginge ins Leere.[24]

Helden haben wunde Punkte. Wie die Helden den Allmächtigen fernstehen, die keine Gefahr kennen, so unterscheiden sie sich auch von den Ohnmächtigen, die gleich klein beigeben und jeder Gefahr aus dem Weg gehen, indem sie sich unterwerfen, anpassen oder verkriechen. Neben die Unverwundbaren treten jene, die einfach deshalb ohne Verwundung davonkommen, weil sie vor jeder Schere, jedem Messer und jedem scharfen Wort Reißaus nehmen. Das sind die Leute, die schon ihr Brot geschnitten kaufen. Es gibt eine Koalition der Gefahrlosen, der Allmächtige und Ohnmächtige gleichermaßen angehören. Aus ihr brechen Helden aus.

Welcher Art die Gefahr ist, der sich Helden zu stellen haben, darüber gehen die Ansichten auseinander. Umstritten ist, ob die Stunde der Helden nur dann schlägt, wenn sie auf äußere Hindernisse oder Gegner treffen, oder ob sie sich auch im Kampf gegen sich selbst, also gegen innere Widerstände, bewähren können. Umstritten ist vor allem, ob es beim Heldentum immer um Leben und Tod gehen muss. Viele Beispiele weisen in diese Richtung, doch hier trifft man auf erhebliche kulturelle Unterschiede. So ist zum Beispiel in den USA der Kurzschluss zwischen Helden- und Kriegertum als Männerfantasie besonders verbreitet, aber gerade dort betreibt man die Verehrung von Helden ziemlich großzügig[25] und schreibt ihnen keineswegs ins Pflichtenheft, dem Tod ins Auge sehen zu müssen. Wenn dort von *heroes* die Rede ist, kann sich die deutsche Übersetzung oft mit »Vorbildern« begnügen.

Welcher Art die Gefahr auch immer sein mag, der sich Helden stellen, sie müssen im Umgang mit ihr jedenfalls ihre Tatkraft beweisen. Wer sich als Alleskönner ausgibt, aber die Beine baumeln lässt, ist nur ein Angeber. Ins Zeug legen muss sich schon, wer heldenhaft sein will.

2. Helden widmen sich einer Sache, die größer ist als sie selbst. Nicht jeder, der sich Gefahren aussetzt, ist schon ein Held. Hier sind zwei Beispiele: Ich erinnere an den Österreicher Felix Baumgartner, der am 14. Oktober 2012 mit einem Heliumballon in die Stratosphäre aufstieg, sich aus fast vierzig Kilometer Höhe nach unten stürzte und im freien Fall eine Geschwindigkeit von 1357,6 Kilometer pro Stunde erreichte, bis dann sein Fallschirm aufsprang. Oder man denke an die Französin Tatiana-Mosio Bongonga, die am 21. Juli 2018 an der Pariser Kirche Sacré-Cœur in fast vierzig Meter Höhe ohne schützendes Netz einen Drahtseilakt aufführte. Beide haben Besonderes geleistet, doch man sträubt sich, ihnen Heldentum zuzuschreiben. Das liegt daran, dass das, was sie tun, Privatsache bleibt. Solche Ausnahmekönner machen obsessiv ihr Ding; häufig entwickeln sie ein Geschäftsmodell, mit dem sie ihre extremen Leistungen vermarkten. Indem sie sich von privaten Motiven leiten lassen, wahren sie Distanz zum Publikum, dem sie den Atem rauben.

Bei Helden ist das anders. Sie widmen sich einer Sache, die größer ist als sie selbst, und stellen diese Sache über ihr eigenes Wohl. Deshalb muss ihnen auch eine Eigenschaft wesensfremd sein, die bei Scheinhelden häufig auftritt: Eitelkeit. Helden zeigen unbedingtes Engagement oder gar die Bereitschaft, sich zu opfern. Sie tun sich dadurch hervor, dass sie sich als Individuen zurücknehmen. So wirken sie einladend. Sie eröffnen einen Raum, den andere betreten können, die nicht nur zahlende Zuschauer oder ferne Zeugen sind, sondern sich mit einer großen Sache identifizieren. Diese bleibt Kopfgeburt und Totgeburt, wenn sie bei niemandem Anklang findet. Helden sind auf Gedeih und Verderb darauf angewiesen, dass jener Raum tatsächlich von anderen betreten wird.

Zwei Bewegungen müssen also zusammenspielen: Ein Mensch wächst als Held über sich hinaus und steht für etwas, bei dem es sich nicht nur um seine Privatsache handelt. Es geht nicht nur um ihn. Genau davon können andere Menschen sich angezogen fühlen. Es geht nicht nur um sie.

Es ist klar, woran sich dann der Streit ums Heldentum entzünden muss: an der Bestimmung der ominösen »Sache«. Sie soll das Individuum übersteigen und größer sein als es selbst – aber wie groß ist sie dann? Der Einfachheit halber kann man hier zwischen halb großen und ganz großen Sachen unterscheiden. Das prominenteste Beispiel für eine halb große Sache – und entsprechend für halb große Helden – ist die Nation. Nationalhelden, die sich um ihr Land verdient machen, sind Teil von etwas, das doch nicht das große Ganze ist. Manche dieser Helden werden dafür gefeiert, Feinde in rauen Massen getötet zu haben. Die Fliegerhelden des Ersten Weltkriegs – wie der legendäre »rote Baron« Manfred von Richthofen – sind ein passendes Beispiel hierfür. Bei ihnen bekommt das Heldentum eine Schlag- und Schattenseite. Jacob Burckhardt hat schon um 1900 am Sockel der Nationalhelden gesägt und angemerkt, dass deren Großtaten und Gewaltakte nur dann legitim wären, wenn es sich bei Nationen um etwas »Unbedingtes« handeln würde: »Allein dieß sind sie nicht.«[26]

Helden können sich aber auch in einen Kampf stürzen, der über eine einzelne Nation hinaus Anerkennung findet. So kämpfte zum Beispiel General Lafayette erst für die amerikanische Unabhängigkeit und dann für die Französische Revolution. Giuseppe Garibaldi erhielt den Beinamen *eroe dei due mondi* (»Held zweier Welten«), weil er an der Seite der Aufständischen in Südamerika kämpfte und auch die italienische Unabhängigkeitsbewegung anführte. Bei solchen doppelten Nationalhelden kommen Ziele in den Blick, die gesonderte – in diesen Fällen: einzelstaatliche – Interessen übersteigen.

Man darf sagen, dass Helden, die sich einer ganz großen Sache verschreiben, im Namen oder im Dienste der Menschheit handeln. Damit wird ein Fass aufgemacht, in das fast alles, was ich in diesem Buch zu sagen habe, hineingehört. In diesem Abschnitt muss ich mich damit begnügen, nur kurz den Deckel dieses wahrhaft großen Fasses zu heben, und darauf verzichten, es genauer zu erkunden. Jedenfalls ist anzunehmen, dass demokratisches Heldentum – wenn es denn existiert – nicht nur einer halb großen, sondern einer ganz großen Sache dienen will.

3. Zu Helden schauen wir auf. Helden sind anders als andere. Sie heben sich ab, stechen heraus, tun und sind etwas Besonderes. Unter welchen äußeren oder inneren Umständen packen sie eine große Sache an? Das Besondere kann ihnen wie ein Geschenk in die Wiege gelegt werden, sich durch lange Übung und Anstrengung entfalten oder in Ausnahmesituationen unerwartet über sie kommen. So jedenfalls lautet die Auskunft eines Gewährsmanns, der sich bei Helden auskennt wie kein Zweiter: William Shakespeare. In *Was ihr wollt* heißt es: »Some are born great, some achieve greatness, and some have greatness thrust upon 'em.« – »Einige werden groß geboren, einige erringen Größe, und einigen wird Größe aufgedrängt.«[27]

Was heute als Heldentum gepriesen wird, lässt sich nach Shakespeares Schema wunderbar sortieren. Wer zum Beispiel auf die Größe als Errungenschaft pocht, wird Heldentum an starken Persönlichkeiten festmachen. Wer dagegen die sogenannten Helden des Alltags würdigt, wird sich daran freuen, dass sie – oft zu ihrer eigenen Überraschung – zu etwas in der Lage sind, was sie sich gar nicht zugetraut hätten. Dies geschah zum Beispiel am 1. Dezember 1955 in Montgomery, Alabama: Rosa Parks machte keine großen Sprünge, sie blieb einfach auf ihrem Platz im Bus sitzen und weigerte sich, ihn – wie befohlen – für einen weißen Fahrgast zu räumen. In diesem Augenblick wurde ihr – wie man mit Shakespeare sagen könnte – Größe zuteil. Im Rückblick fand Rosa Parks eine wunderschöne Formulierung für das, was sie damals empfand: »Ich spürte eine Entschlossenheit, die meinen Körper wie eine Decke in einer Winternacht schützte.«[28]

Wenn Helden etwas Besonderes und Gefährliches tun, sind sie unweigerlich auf sich gestellt. Sie neigen zu Alleingängen, doch sie gehen unter und fallen gar nicht weiter auf, wenn sie einsam bleiben. Sie brauchen eine Mitwelt, die sie erst zu Helden erklärt. Da sie sich herausheben, sehen die anderen sie nur, wenn sie aufschauen. Unweigerlich kommt der Zuspruch nicht nur von außen, sondern auch von unten. Dieser Höhenunterschied ist heikel, und so kursieren wiederum verschiedene Ansichten zur Beziehung zwischen den Helden und den anderen. Diese Beziehung kann – kurz gesagt – demütigend oder ermutigend wirken.

Die demütigende Deutung besagt: Wir anderen sind befangen in unserer Ohnmacht, und wenn wir uns für Helden begeistern, tun wir nichts anderes, als uns in Unterlegenheit und Unterwürfigkeit einzurichten. Wenn wir Helden küren, spricht das demnach gar nicht für sie, sondern gegen uns. Sie sind gar nicht so toll, sondern wir sind so blöd, sie hochzujubeln. Wir lassen uns von Ideologien einwickeln und einspannen, die unsere Begeisterung für eine große Sache wecken und dazu passende Helden auf den Sockel heben. Wenn wir sie feiern, dürfen wir uns in unserer Schwäche suhlen oder in ihrem Glanz sonnen. Wenn wir uns ihnen hingeben, werden wir Instrumente der herrschenden Macht.

Das Verhältnis zwischen den Helden und uns kann aber auch Ermutigung bereithalten. Dann wirkt der Höhenunterschied zwischen ihnen und uns als Anreiz. Immerhin haben wir mit ihnen etwas gemeinsam, nämlich die große Sache, der wir uns verschreiben. Helden leben davon, dass wir uns mit dem, für das sie sich starkmachen, identifizieren und ihre Einladung, mit ihnen gemeinsame Sache zu machen, annehmen. Sie können etwas, was wir nicht können – oder vielleicht doch?

Wie ergeht es den Helden, die *erstens* der Gefahr ins Auge sehen, *zweitens* sich einer großen Sache widmen und *drittens* Bewunderung ernten, in der Demokratie? In den drei Teilen dieses Buches will ich die Facetten dieser Frage ausleuchten. Ich biete – kurz gesagt – eine Mischung aus Paarberatung und Arbeitsvermittlung. Ich gehe den Aggressionen, Animositäten und Attraktionen auf den Grund, die zwischen Heroismus und Demokratie bestehen, und erkunde, ob die Demokratie für Helden Verwendung hat und ob diese bereit sind, sich für sie einzusetzen.

Eine Spazierfahrt wird das Ganze nicht. Fast alle, die ich gefragt habe, äußerten sich zwar positiv zu Helden, gerieten aber schnell ins Grübeln, wenn es ins Detail ging. Sehnsüchte sind aufzuspüren, Zwiespältigkeiten aufzulösen, Widerstände zu entkräften. Es gibt Rückenwind, Seitenwind, Gegenwind. Dass den Helden in der Demokratie Gegenwind entgegenschlägt, hat mit den berühmten Idealen zu tun, die mit ihr verbunden sind: Freiheit, Gleichheit, Brüderlichkeit.

Ob sie zu den Schlüsselqualifikationen der Helden passen? Das sieht auf den ersten (!) Blick nicht so aus.

Helden stellen sich der Gefahr? Die Demokratie will ein friedliches Leben der Bürger im Inneren und im Äußeren gewährleisten – ganz im Sinne der Brüderlichkeit, wie sie etwa in Schillers (und Beethovens) Ode *An die Freude* gefeiert wird. Wer den Frieden stört, lebt verkehrt. Wer auf eigene Faust handelt, bekommt es mit Ordnungshütern zu tun. Wer die Gefahr sucht, kriegt Probleme bei der Stellensuche. Sind Helden aus der Zeit gefallen?

Helden widmen sich einer großen Sache? Die Demokratie verspricht den Bürgern Freiheit und eröffnet ihnen Spielräume. Sie können sich einen eigenen Reim auf die Dinge machen und ihre Lebensweise selbst bestimmen. Es scheint kaum möglich, ihnen allen eine große Sache, wie sie von Helden verfochten wird, wie eine Glocke überzustülpen. Lässt die Demokratie Helden ins Leere laufen?

Zu Helden schauen wir auf? In allen Gründungsdokumenten von Demokratien findet sich, leicht variiert, die Auskunft, dass alle Menschen gleich seien. Das bewundernde Aufschauen und die Feier der Größe passen nicht zum Prinzip der Gleichheit. Helden wirken furchtbar ungleich.

Es scheint so, als seien demokratische Zeiten schlecht für Helden. Das stimmt nicht. Aber diese Behauptung gehört nicht einfach in die Welt gesetzt, sondern gut begründet.

Heldentum und Gefahr

Pferde sind die Überlebenden der Helden

In der Kunst- und Filmgeschichte haben sie ihren Auftritt: Pferde, deren Reiter aus dem Sattel geworfen worden sind. Sie scheuen, bleiben erstarrt stehen oder galoppieren davon. Théodore Géricault, der große Melancholiker, dem, so hat man den Eindruck, Pferde fast lieber waren als Helden, hat viele solche Szenen während und nach den Napoleonischen Kriegen gemalt. *Der aus dem Sattel geworfene Mameluck*, *Der verletzte Kürassier*, *Kampf der Kavaliere* – so heißen seine Bilder. Fast in jedem Westernfilm werden Reiter in rasender Jagd aus dem Sattel geschossen. »Pferde sind die Überlebenden der Helden«, schrieb Theodor W. Adorno 1932.[1]

Jemanden zu überleben – das fühlt sich anders an, als zum Beispiel einen Waldbrand zu überleben. Nach dem Waldbrand kann ich sagen: Er ist vorbei, der Rauch steckt in den Kleidern, aber mich gibt es noch. Ich bin ein Davongekommener. Wenn ich jemanden überlebe, ergeht es mir anders. Ich bin noch da, muss mit dem Verlust leben und weiß nicht, wohin mit mir. Ich bin ein Hinterbliebener.

Die reiterlosen Pferde in der Malerei und im Film sind Überlebende der zweiten Sorte. Wenn sie mit leerem Sattel dastehen, wirken sie so, als könnten sie nichts mehr mit sich anfangen. Wenn sie ohne den gestürzten Reiter weggaloppieren, erscheinen sie panisch und ziellos – sie suchen das Weite und finden es nicht. Man meint bei ihnen nicht Erleichterung zu spüren, sondern Verlorenheit. Wenn die Pferde

Menschen wären, würde ihnen das verbleibende Leben aufstoßen wie ein ungenießbarer Rest. Wenn die Pferde Menschen wären, würden sie Trauer tragen, und diese würde schwerer wiegen als die Reiter zuvor. Oder sie würden sich bitter darüber beklagen, dass ihre Reiter sich der Gefahr ausgesetzt und sie im Stich gelassen haben.

Das verrät etwas über Helden. Sie haben sich in Gefahr begeben, ohne auf das Überleben zu schielen, und sinnlos erscheint nun nicht das, wofür sie gestorben sind, sondern das Leben derer, die zurückbleiben.

Die Gefahr im Krieg

Wer sich nicht in Gefahr begibt, ist kein Held. Die Ursituation der Gefahr ist der Kampf auf Leben und Tod oder – unter Staaten und Völkern – der Krieg. Über Jahrtausende hinweg haben sich deshalb Krieger in die erste Reihe geschoben, wenn Helden Aufstellung nahmen. Sie sahen der Gefahr ins Auge, manchmal suchten sie sie sogar, und häufig erlagen sie ihr.

Fast scheint es, als sei die Gleichung Held = Krieger früher glatt aufgegangen. Das stimmt aber nicht. Nur einer der großen Helden Homers war ein – übrigens zeitweise ziemlich widerwilliger – Krieger: Achill. Der andere kannte sich zwar auch mit dem Töten aus, glänzte aber als Abenteurer: Odysseus. Schon in der Antike bekam der Kriegsheld Konkurrenz, schon in der Antike wurde er kritisiert.

Eine subtile Demontage des Kriegers stammt von dem Dichter Horaz, dessen berühmtester Vers doch bis zum Erbrechen von Militaristen aller Jahrhunderte zitiert worden ist: »Dulce et decorum est pro patria mori« – »Süß und ehrenvoll ist es, für das Vaterland zu sterben«. Wütend legt der junge Bertolt Brecht in einem Schulaufsatz gegen diese »Zweckpropaganda« Protest ein und schreibt: »Der Abschied vom Leben fällt immer schwer, im Bett wie auf dem Schlachtfeld.«[2] Da hat Brecht recht, aber Horaz hat er falsch verstanden. In seinem Gedicht führt Horaz einen Jüngling vor, der im »harten Kriegsdienst« gedrillt wird und über viel »Kraft«, aber wenig »Einsicht« verfügt. So ein Kerl – aber wirklich nur so ein Kerl! – findet den Tod süß. Horaz identifiziert sich nicht geradewegs mit ihm, sondern macht ihm Konkurrenz mit Figuren, die für andere Lebensideale stehen: etwa mit dem tugendhaften, besonnenen Bürger oder mit jemandem, den man heute als Aussteiger bezeichnen würde. Dieser lebt im Sabinertal, entzieht sich der Herrschaft des Königs, die »Furcht und Schrecken« verbreitet, und widmet sein Leben der Natur und den Göttern.[3]

Weder war die Gleichung Held = Krieger also früher unbestritten, noch ist der Kriegsheld damals ungeschoren davongekommen. Das ändert freilich nichts daran, dass man sich mit diesem übermächtigen Rollenbild befassen muss.

Der Krieg ist ein kollektives Ereignis. Als Heldenschauplatz kommt er nur infrage, wenn zur Gefahr noch der Einsatz für eine große Sache und die herausragende Rolle im sozialen Gefüge hinzukommen. Was diese zwei zusätzlichen Merkmale betrifft, ist der Leistungsausweis der Kriegshelden allerdings wacklig.

Die Beurteilung der großen Sache, für die gekämpft wird, führt zu einer komplizierten Kasuistik. Es gibt gerechte und ungerechte Kriege, Befreiungs- und Angriffskriege, militärische Operationen wie »Overlord« (1944), »Desert Storm« (1991) oder »Iraqi Freedom« (2003) sowie sogenannte humanitäre Interventionen. Mitglieder der deutschen Wehrmacht, die im Zweiten Weltkrieg Verbrechen begingen, werden anders erinnert als Soldaten, die am 6. Juli 1944 um 6 Uhr 30 morgens auf ihren Landungsbooten die normannische Küste erreichten und im gegnerischen Feuer den Strand eroberten, und diese wiederum anders als amerikanische GIs, die aus Vietnam in ihr Vaterland zurückkehrten und feststellten, dass der Krieg, in dem sie gekämpft hatten, weithin als nationale Schande galt.

Wenn man bei der Bestimmung und Rechtfertigung der großen Sache auf der Hut sein muss, dann gilt dies erst recht für die Überhöhung des Kriegshelden, der sich mit seinen Großtaten von anderen abhebt. Im Krieg wird gerne verkündet, alle Soldaten seien Helden und alle Daheimgebliebenen – also in früheren Kriegen insbesondere die Frauen – sollten zu ihnen aufschauen. Diese Hyperinflation des Heldentums lässt sich am großzügigen Einsatz des Wortes »Heldentod« ablesen. »Es starben den Heldentod auf Kreta« – so begann eine Todesanzeige vom 23. Juni 1941, die meldete, dass die drei Brüder Wolfgang Graf von Blücher (24 Jahre), Leberecht Graf von Blücher (19 Jahre) und Hans-Joachim Graf von Blücher (17 Jahre) gefallen waren. Die Trauer der Angehörigen nach diesem dreifachen Tod muss bodenlos gewesen sein, aber Helden waren die drei jungen Männer, die bei dem (selbst-)mörderischen Fallschirmjägerangriff auf Kreta starben, nicht.

Es gehört viel dazu, einzelne Soldaten wegen ihrer Großtaten zu Helden zu erklären, doch alle Gefallenen als Helden zu preisen ist absurd – egal ob sie der deutschen Wehrmacht oder irgendeiner anderen Armee angehörten. Und doch wird heute jedes einzelnen amerikanischen Soldaten, der seit 2001 im Irak und in Afghanistan gefallen ist – inzwischen sind es über 7000 –, auf der Webseite *iraqwarheroes.org* gedacht. Die Motive, die hinter der Rhetorik des Heldentods stecken, sind verständlich, aber fadenscheinig. Dieses Wort dient einerseits als falscher Ansporn, andererseits als falscher Trost.

Bei den Abermillionen von Soldaten, die in den Kriegen der letzten Jahrhunderte zu Tode gekommen sind, wurde das Heldentum als Droge eingesetzt, die aufputschte, Kräfte freisetzte und Ängste unterdrückte. Eine Droge trübt die Wahrnehmung der Wirklichkeit, und genau das war der Sinn der Sache. Die Verheißung, dass man im Krieg nicht einfach abkratze, sondern den Heldentod finde, förderte die Kriegsbegeisterung.

In Deutschland 1914 hat das besonders gut funktioniert. »In Heldenblutes Blütenpracht / Betrittst du hehr der Zukunft Tor«, rief ein gewisser Wilhelm Fischer den Soldaten zu.[4] Da diese Zukunft nicht nur den Überlebenden, sondern auch denen, die den Tod finden würden, offenstehen sollte, konnten sich alle Soldaten für unverwundbar oder gar unsterblich halten. Wenn die Kriegsbegeisterten dann an den Tod dachten, vollführten sie eine Seelenwanderung und versetzten sich in die Köpfe derer hinein, von denen sie postum als heldenhaft erinnert werden würden. Real drohte ihnen der Tod, doch virtuell kosteten sie den Status als Märtyrer aus. Es kam ihnen so vor, als könnten sie gar nicht verlieren – auch nicht sich selbst. Sigmund Freud hat das genau gesehen: »Der Krieg […] zwingt uns wieder, Helden zu sein, die an den eigenen Tod nicht glauben können.« Maurice Blanchot ergänzte: »Die Helden haben gewiss Probleme, aber der Tod ist für sie nie ein Problem. […] Wenn ein Held stirbt, dann stirbt er gar nicht, sondern wird erst geboren. Er erringt Ruhm, […] bleibt in Erinnerung, sichert sich das säkulare Fortleben.«[5] Die Soldaten zogen in einen Krieg, den sie sowieso zu überleben meinten – als lebendige oder ersatzweise tot-unsterbliche Helden. An dieser Strategie der Heroisierung ist etwas faul: Sie dient nämlich nicht dazu, dass die Menschen der Gefahr ins Auge sehen, sondern dazu, dass sie sie nicht wahrhaben wollen.

Die Heroisierung dient nicht nur als Ansporn für Soldaten, sondern auch als Trost für Daheimgebliebene und Hinterbliebene. Ihnen hat Karl Strecker 1914 ein Gedicht gewidmet: »Gedanken kommen gesprungen, / Flugs sind sie wieder da draußen im Feld, / Bei euch, ihr stahlgrauen Jungen, / Von denen jeder ein Held!«[6] Wenn jeder Soldaten- auch ein Heldentod ist, dann bekommt er einen höheren Sinn, der den Schmerz der Angehörigen lindern mag. Hat der Krieg einen einzigartigen Menschen, den man liebt, hinweggerafft, wünscht man sich, dass sein Tod als einzigartig erinnert werde und kein massenhaft vorkommendes Ereignis sei. »Verrecken« klingt schlechter als »Heldentod«. Dieses Wort als Trostpflaster zu gebrauchen ist freilich Zweckentfremdung.

Weder die große Sache des Krieges noch die Heraushebung der Großtaten des Kriegers ist über allen Zweifel erhaben. Trotzdem trumpfen die Krieger in der Geschichte des Heldentums stark auf. Wie beim Zweikampf auf Leben und Tod geraten Menschen im Kriegsfall in eine Situation von brutaler Klarheit. Sie müssen der Tatsache ins Auge sehen, dass ihr Leben bedroht ist, und der Weg, der ihnen offensteht, zielt auf die Vernichtung derer, die ihnen nach dem Leben trachten. Erst der Sieg über sie bringt das Ende der Gefahr. Selbstgefährdung und Tötungsbereitschaft sind im Bild des Kriegshelden eng gekoppelt.

Ein eigentlich ziemlich kluger Mensch hat behauptet: »Wer Held sagt, sagt automatisch Tod. Oder genauer: Mord.«[7] Das ist absurd – und zwar nicht nur deshalb, weil für den Mord aus juristischer Sicht besondere Kriterien gelten, etwa die ziemlich unheroische Heimtücke. Der Denkfehler liegt woanders: nämlich in der Fixierung auf die Tötungsabsicht und der Vernachlässigung der Opferbereitschaft, welch Letztere die eigentliche Domäne der Helden ist. Psychologisch und praktisch handelt es sich um zwei ganz unterschiedliche Dinge, ob jemand für andere eine Gefahr darstellt oder sich selbst gefährdet. Im Krieg treten diese zwei Aspekte mal zusammen, mal getrennt auf. Drei Fälle kann man unterscheiden.

Der erste Fall – und alte Standardfall – des Krieges ist, was man früher den Kampf »Mann gegen Mann« genannt hätte. Töten und Selbstgefährdung sind hier unlösbar miteinander verbunden, und weil sich Menschen in die Schuss- oder Kampflinie begeben, ist die Nachwelt bereit, deren Kriegshandlungen für »akzeptabel« oder sogar »ruhmreich« zu halten.[8] So hatten die Piloten im Ersten Weltkrieg ziemlich gute Karten, als Helden gefeiert zu werden, denn sie gingen in den oft als sportliche Wettkämpfe verniedlichten Luftduellen ein hohes Risiko ein.

Am wenigsten heldenhaft wirkt ein zweiter Fall von Kriegshandlungen, bei denen die Maximierung der Zerstörung mit einer Minimierung der Selbstgefährdung einhergeht. Dass Chris Kyle, mit über 160 Tötungen erfolgreichster Scharfschütze der US-Army aller Zeiten, die ganz große Anerkennung versagt blieb, lag nicht nur an seiner Person (die in dem Film *American Sniper* von Bradley Cooper verkörpert wird), sondern auch daran, dass Kyles Erschießungen, die zum Teil aus einer Entfernung von über einem Kilometer erfolgten, eine geringe Gefahr für sein eigenes Leben mit sich brachten. Er blieb als Siegertyp auf Distanz.

Mit der Auszeichnung von Kriegshelden tut man sich besonders leicht, wenn sich die Opferbereitschaft von der Tötungsbereitschaft ablöst. In diesem dritten Fall reibt sich jemand nicht beim Töten des Feindes, sondern beim Retten des Freundes auf. Er leistet, was im zivilen Leben Nothilfe heißt. Im Blutbad wächst die Sehnsucht nach solchen Momenten der Menschlichkeit. Als John F. Kennedy 1961 seinen Appell

»Frag nicht, was dein Land für dich tun kann, sondern, was du für dein Land tun kannst« lancierte, »verdrehte niemand die Augen oder hielt das für Sprücheklopferei«.[9] Dieser Appell fand Beglaubigung in Kennedys früherem Leben. Als am 2. August 1943 sein Schnellboot im Pazifik versenkt worden war, schwamm er über mehrere Kilometer zur nächsten Insel, klemmte sich dabei ein Seil zwischen die Zähne und zog einen verletzten Kameraden ans rettende Ufer.

Das weitverbreitete Klischee, die Stunde der Helden schlage im Krieg – vielleicht sogar nur im Krieg –, ist falsch. Dagegen sprechen zwei Gründe: Zum Ersten hängt die Bewunderung derer, die in den Krieg ziehen, nicht daran, dass sie andere umbringen, sondern daran, dass sie ihr eigenes Leben aufs Spiel setzen. Soldaten verfügen über diese Bereitschaft aber nicht exklusiv – weshalb sich mit ihr die große Chance eröffnet, das Heldentum vom Krieg zu lösen. Zum Zweiten tritt die spezielle Opferbereitschaft, die Krieger demonstrieren, oft in einer Form auf, die alles andere als bewundernswert ist. An der Kriegsbegeisterung in Deutschland 1914 lässt sich dies gut erläutern. Diejenigen, die als Helden gepriesen wurden, waren weniger von innerer Entschlossenheit getrieben als von einer Massenerfahrung ergriffen. Sie zogen wie »ein Mann« – wie es traurig-treffend heißt – in den Kampf und genossen das Gehorchen. Diese Opferbereitschaft war kein Zeichen von Tapferkeit, sondern eine Form der Anpassung oder gar Feigheit. Robert Musil hat das in einer Rede vom Dezember 1934 scharf herausgearbeitet:

Vergegenwärtigen wir uns den Kriegshelden, wie ihn unsere Zeit hervorgebracht hat. Im ganzen hat er die ungeheuerste Opferbereitschaft und Widerstandskraft bewiesen, aber seine Tapferkeit war – wenn man, wie billig, von den Ausnahmen absieht – nicht individualistisch. Die Massenform im Krieg war eine große Tapferkeit, die durchaus auch feig sein konnte. […] Was wir im Krieg erlebt haben, war unsere Unselbständigkeit und Abhängigkeit in einer Masse, von der wir vor- und zurückgerissen wurden, und mit der wir Befehlen gehorchten, in die wir keine Einsicht hatten, deren Berechtigung wir aber summarisch anerkannten. […] Gerade darin liegt das Problem, daß solche Feiglinge Helden gewesen sein und auch wieder werden können.[10]

Vielleicht hat Musil beim Schreiben an einen Satz Friedrich Nietzsches gedacht: »Sich mitten unter die Feinde werfen kann das Merkmal der Feigheit sein.«[11] Den Krieg beschrieb Musil als eine Schule, in der zwar der Heroismus auf dem Lehrplan stand, aber das totale, prototalitäre Mittun gelernt wurde. Die Nachfolge der Soldatenmasse traten dann die Schlägertrupps der Nazis an, die man sich als feige Helden vorstellen darf – also als Helden, die keine sind.

Es gibt durchaus Soldaten, die Anerkennung als Helden verdient haben. Aber sie besetzen nicht von Berufs wegen den Spitzenplatz in Sachen Heldentum. Dieser Platz gebührt den unbestrittensten Helden der Weltgeschichte, nämlich denjenigen, die Widerstand gegen ein totalitäres Regime leisten. Sie tun, was sie nicht tun müssten. Sie ziehen nicht deshalb in den Kampf, weil ihnen bei Befehlsverweigerung die Todesstrafe drohen würde. Keine kollektive Erregung treibt sie an den »Punkt, wo aus dem Weißen im Auge des Feindes der Rausch des roten Blutes flammt«.[12] Sie handeln aus innerer Überzeugung – einer Überzeugung, die sie mit nur wenigen teilen können.

Wenn Widerstandskämpfer denn Gewalt ausüben, so tun sie dies nicht, weil sie in der Logik des Zweikampfs, in dem einer auf der Strecke bleibt, gefangen sind, und auch nicht, weil sie es auf die totale Vernichtung des Gegners abgesehen haben. Bei ihnen tritt die Opferbereitschaft rein hervor, und die Tötungsbereitschaft ist gewissermaßen dosiert. Es geht ihnen darum, ein Regime zu stürzen und das Leben derer zu retten, die von ihm bedroht werden. Dafür setzen sie sich unter höchster Gefährdung ihres Lebens ein.

Heldenhaft sind Menschen wie Irena Sendler. Sie hat als sozialistische Untergrundkämpferin jüdische Kinder aus dem Getto von Warschau geholt, sie unter falschen Namen bei polnischen Familien versteckt und unter der Folter der Gestapo die Adressen dieser Familien nicht preisgegeben. Sie humpelte mit von den Nazis gebrochenen Beinen zu ihrer geplanten Erschießung und wurde dann von Wachleuten, die von Sendlers Freunden bestochen worden waren, im Wald ausgesetzt. 2008 starb sie mit 98 Jahren. Wie viele andere »Gerechte unter den Völkern« (sie erhielt diese Auszeichnung von Israel 1965) hat Irena Sendler sich hartnäckig dagegen verwahrt, als Heldin gefeiert zu werden. Sie erklärte, was sie getan habe, sei ganz und gar nicht heldenhaft, sondern selbstverständlich gewesen.[13] Ihre Zurückhaltung hat gute Gründe. Helden ist die Vorstellung fremd, sich selbst herauszuheben. Sie haben auch die Sorge, dass normale Menschen sie aufs Podest stellen, um auf diese Weise die Ausrede abzustauben, für solche Taten selbst nicht geschaffen zu sein. Dass wir Irena Sendler – wie auch viele andere – für ihr Heldentum feiern, muss sie sich gleichwohl gefallen lassen.

Wer Leben rettet, riskiert oft sein eigenes. Dies gilt auch unter weniger extremen Bedingungen als der NS-Zeit. Der Krieger hat kein Monopol auf Opferbereitschaft – im Gegenteil. Es wird gleich noch davon die Rede sein, wie Helden die Chance nutzen, von der Fixierung auf den Krieg loszukommen. Zunächst möchte ich jedoch deutlich machen, dass der Krieg selbst den Helden das Leben – und das Sterben – schwer macht.

Die Entheroisierung des Krieges

In der neueren und neuesten Geschichte ist der Kriegsheld – auch derjenige, den man ohne propagandistische Überhöhung so nennen kann – auf den absteigenden Ast geraten. Zwei Entwicklungen haben dazu geführt; sie können mit den Stichworten »Menschenmaterial« und »Automatisierung« bezeichnet werden.

Menschenmaterial. Gerade habe ich darauf hingewiesen, dass die Heroisierung im Krieg als Droge eingesetzt wurde, um die Kampfkraft der Soldaten zu erhöhen. Diese Propaganda war schon zu der Zeit, als sie aggressiv eingesetzt wurde, nur beschränkt tauglich. Die Militärstrategen verließen sich nicht auf einzelne Großtaten, sondern führten den Krieg als Massenveranstaltung. Soldaten wurden als Menschenmaterial eingesetzt – und mit ihnen geschah, was mit Material eben passiert: Sie wurden verheizt. Der Aufstieg der Massengesellschaft im 19. Jahrhundert gipfelte im Massensterben während der Materialschlachten des Ersten Weltkriegs. Es kam zur Verwandlung der Soldaten von Helden in Opfer.[14]

Ernst Jünger, der das Heldentum des Kriegers vollmundig und großspurig feierte, wehrte sich hartnäckig gegen dessen Entwertung. 1922 klagte er: »Man hört so oft die irrige Ansicht, daß der Infanteriekampf zu einer uninteressanten Massenschlächterei herabgesunken ist.« Das wollte er auf den Soldaten nicht sitzen lassen. Er bezeichnete sie als »Fürsten des Grabens« mit »scharfen, blutdürstigen Augen« und als »Helden, die kein Bericht nennt«. Jüngers Verteidigung des Heroismus wurde in den Folgejahren keinen Deut schwächer, aber sie wirkte immer krampfhafter, je mehr ihm die Wirklichkeit der neuen Kriege dämmerte. 1932 schrieb er über das Massensterben in der Schlacht: »Man fällt nicht mehr, sondern man fällt aus.«[15] Das ist kein kleiner Unterschied: Wer fällt, muss begraben werden. Wer ausfällt, wird ersetzt. Wer ersetzbar ist, kann kein Held sein.

Automatisierung. Ernst Jünger hatte noch eine weitere Beobachtung parat: Er sah, dass sich der Krieg im Zuge der technischen Aufrüstung in einen »riesenhafte[n], tote[n] Mechanismus« verwandelt hatte. Zu seiner eigenen Beruhigung fügte er hinzu: »Und doch: Hinter allem steckt der Mensch. Er gibt den Maschinen erst Richtung und Sinn.«[16] Jünger entging die Tatsache, dass für diese Aufgabe keine Helden mehr gebraucht werden, sondern Technokraten.

Die Automatisierung des Krieges hat in neuerer Zeit immer mehr zugenommen. Als die Filmaufnahmen vom Irakkrieg 1991 kaum mehr von Sequenzen aus Videospielen zu unterscheiden waren, machten sich die Marketingexperten der amerikanischen Armee Sorgen, ob das Fernsehpublikum zu Hause die ganze Sache möglicherweise zu leicht nehme und nicht mehr mit Herzblut dabei sei. Die Entwicklung der Kriegstechnik hat sich dadurch nicht aufhalten lassen. Die westlichen Gesellschaften eifern einem neuen Ideal nach: einem Krieg, der mit dem eigenen Humankapital maximal schonend umgeht. Drohnen zum Beispiel sollen die Drecksarbeit machen.

Das ist für Menschen eine halb gute, halb schlechte Nachricht – und für Helden gleichfalls. Allerdings sind die Gründe dafür jeweils sehr unterschiedlich. Wenn Kriege schonender geführt werden, so ist dies halb gut für die Menschheit. Es ist, genau genommen, für den Teil der Menschheit gut, der sich Hightech leisten kann. Wenn er Krieg führt, hat er zwar immer noch Opfer zu beklagen, aber deren Zahl ist im Vergleich zu früher gering. Der einflussreiche Militärstratege Edward Luttwak ergreift Partei für diesen privilegierten Teil der Menschheit und zieht einen brutalen Schluss aus der

Technisierung: Weil sie zu einer Minimierung eigener Verluste führe, könne man endlich die »übertriebene Scheu vor dem Einsatz militärischer Mittel« ablegen.[17] Darin liegt die zynische Pointe dessen, was Luttwak »postheroische Kriegsführung« nennt: Es lässt sich unbekümmert Krieg führen.

Für den anderen Teil der Menschheit ist dies eine ziemlich schlechte Nachricht. Wenn Armeen automatisierte Waffen mit hoher Zerstörungskraft einsetzen können, ohne das eigene Personal stark zu gefährden, dann zuckt der Finger rascher am Drücker. In der Tat ist in den jüngsten Kriegen die Zahl der Opfer bei Armee und Zivilbevölkerung technisch rückständiger Länder stark angestiegen. Das ist pervers: Weiterhin beschwören die Krieg führenden Armeen des Westens das Heldentum auf rhetorischer Ebene, während sie das Töten durch Technisierung entheroisieren. Die Rache des Rests der Welt folgt rapide: als Heroisierung des Terroristen und als Feier des Märtyrers.

Auch für Helden ist die Automatisierung des Krieges eine halb gute, halb schlechte Nachricht. Schlecht ist diese Entwicklung für jene Helden, die ihr Heil im Krieg suchen. Sie können sich nicht mehr so gut in Szene setzen, werden seltener gebraucht.[18] Nach einer Beobachtung des indischen Schriftstellers Pankaj Mishra macht diese Entwicklung insbesondere Männern zu schaffen. Wenn sie von Kampfrobotern ersetzt werden, fallen Bewährungsproben weg, die Männer früher – bevor Frauen Zugang zum Militär erlangten – ziemlich exklusiv für sich beanspruchen konnten. Mishras Mitleid mit solchen Kriegern hält sich in engen Grenzen, er spricht von »Schwanzprahlerei« und erinnert daran, dass dieser Männlichkeitskult aufs Engste mit dem Faschismus gekoppelt ist.[19] Wenn die Geschlechtsidentität von Männern damit stehen (!) oder fallen würde, sich gegenseitig niederzumetzeln, dann wäre ihnen in der Tat nicht mehr zu helfen.

Dass die Automatisierung des Krieges all die Helden in die Defensive treibt, die ihr Schicksal an die militärische Auseinandersetzung knüpfen, ist freilich auch eine gute Nachricht – nämlich für diejenigen, die auf der Suche nach anderen Formen des Heldentums sind. Sie können sich von der Fixierung auf den Krieg frei machen.

Nun ist diese Automatisierung zwar ein Traum von Militärstrategen, aber eben doch nur ein Traum – und zwar ein ziemlich trügerischer. Auch für die Armeen des Westens gilt: Ihre Soldaten sitzen nicht immer im Warmen und am Drücker. Diejenigen, die mit posttraumatischem Stresssyndrom von der Front heimkehren, können ein Lied davon singen, wenn ihnen denn nicht die Stimme wegbricht.

Es bleibt dabei, dass zum Krieg auf allen Seiten und an allen Fronten die Gefahr gehört. Die Demokratie kann sich nicht vor der Frage drücken, wie sie es mit dem Krieg hält – und mit denjenigen, die bereit sind, ihr Leben einzusetzen.

Demokratie und Krieg

Die Demokratie ist die hohe Schule des Friedens oder sollte dies jedenfalls sein. Wer die Selbstbestimmung der Völker schätzt, kann nichts davon halten, Feldzüge zu unternehmen und über andere Länder herzufallen. Wer die Selbstbestimmung der Menschen schützt, kann diese nicht in Uniformen zwängen wollen. Für die Mitglieder einer Republik ist der Krieg – wie Immanuel Kant in seiner Schrift *Zum ewigen Frieden* von 1795 bemerkte – keine »Lustpartie«, sondern ein »schlimmes Spiel«, auf das man sich nur im äußersten Notfall, also im Verteidigungsfall einlassen darf. Überdies ist die Demokratie stolz darauf, Verfahren zu entwickeln, in denen sich politische Konflikte gewaltfrei lösen lassen. Man hält nichts davon, um noch einmal Kant zu zitieren, sich »unaufhörlich zu balgen«.[20] Nicht nur der Krieg, auch der Bürgerkrieg wird gemieden. Brüderlichkeit und Schwesterlichkeit entfalten sich als Friedlichkeit.

Die Frage, wie es die Demokratie mit dem Krieg hält, schlägt auf das Heldentum durch. Unter den Verächtern der Demokratie ist der Vorwurf beliebt, sie sei eine Brutstätte für Weicheier. In ihr siegten »Sicherheit und Schlaffheit« über »Heroismus«, schimpfte Thomas Mann 1918 in den *Betrachtungen eines Unpolitischen*. Er hielt der »Demokratie« vor, dass sie einen »femininen Einschlag« habe und ihr »die männliche Komponente abhanden gekommen« sei.[21] Die Gleichungen Held = Krieger und Held = Mann wurden mit der Ungleichung Held ≠ Demokrat gekoppelt.

Selbst die Verteidiger der Demokratie machen sich Sorgen um deren Wehrhaftigkeit. Sie wissen es zu schätzen, dass die Demokratie ihren Bürgern Freiheitsrechte einräumt, sehen aber das dicke Ende darin, dass diese Bürger sich frei dafür entscheiden, der Todesgefahr aus dem Weg zu gehen. Diese Risikoaversion ist eine feine Sache, wenn die ganze Welt sich daran hält. Solange das aber nicht der Fall ist, muss die Demokratie dem Unfrieden und ihren Feinden gewachsen sein.

Alexis de Tocqueville hat zum Verhältnis zwischen Demokratie und Krieg eine verblüffende These zu bieten, die quer zur vermeintlichen Wehr- und Heldenlosigkeit der demokratischen Staatsform liegt. Er schrieb im Jahre 1840, »dass von allen Armeen die demokratischen Heere den Krieg am brennendsten ersehnen und dass von allen Völkern die demokratischen Völker den Frieden am meisten lieben«.[22] Seine Behauptung ist brisant, seine Begründung ist freilich schief. Tocqueville macht eine Unterscheidung zwischen feudalistischen Armeen, in denen die Heldenrollen von vornherein für wenige Adlige reserviert seien, und demokratischen Armeen, die Privilegien abschafften und allen Soldaten echte Aufstiegschancen böten. Diese Karrieren seien freilich an Bewährungsproben gebunden – und da es solche nur im Krieg gebe, seien demokratische Soldaten Kriegstreiber. Anders sieht es nach Tocqueville im zivilen Leben aus: Dort nutzten die Menschen die neu eröffneten Chancen, sich als Individuen frei zu entfalten und ihren »Wohlstand« mit »Verstandeskühle« zu mehren.[23] Sie hielten nichts von Kriegshetze, übten sich im friedlichen Umgang miteinander und in dem, was als »doux commerce«[24] sprichwörtlich geworden ist.

Dass demokratische Armeen Kriege vom Zaun brechen würden, weil ehrgeizige Soldaten sich im internen Konkurrenzkampf als Helden auszeichnen wollen, ist historisch falsch. Auffällig ist allerdings, dass Demokratien in den Kriegen, an denen sie beteiligt waren, eine erstaunlich hohe Erfolgsquote vorzuweisen haben.[25] Es hat also durchaus einen guten Sinn, dass Tocqueville sich dem Klischee von der wehrlosen Demokratie entgegenstellte und bei ihr nicht nur Friedensliebe, sondern auch Kampfbereitschaft entdeckte. Letztere muss man aber anders erklären, als Tocqueville es tat – und zwar mit der Hilfe Herodots. Er schrieb vor rund 2500 Jahren:

> Die Athener waren stark geworden. Das bürgerliche Recht des freien Wortes für alle ist eben in jeder Hinsicht, wie es sich zeigt, etwas Wertvolles. Denn als die Athener von Tyrannen beherrscht wurden, waren sie keinem einzigen ihrer Nachbarn im Kriege überlegen; jetzt aber, wo sie frei von Tyrannen waren, standen sie weitaus an der Spitze. Daraus ersieht man, dass sie als Untertanen, wo sie sich für ihren Gebieter mühten, sich absichtlich feige und träge zeigten, während jetzt nach ihrer Befreiung ein jeder eifrig für sich selbst schaffte.[26]

Das ist ein starkes Argument: Die Bereitschaft, sich für eine Sache zu schlagen und für sie Opfer zu bringen, steht und fällt damit, dass man sich mit ihr identifiziert – und für diese Identifikation schafft die Demokratie günstige Voraussetzungen. Die Landesverteidigung ist eine Form der Selbstverteidigung – und umgekehrt.

Es sieht so aus, als sei von dieser Wehrhaftigkeit gerade heute nicht viel zu spüren. Die Mehrheit derer, die in Demokratien leben, hat sich an Frieden und Sicherheit gewöhnt und von der Vorstellung entwöhnt, dass dieser Zustand in Gefahr sein könnte. Wenn Menschen die Bedrohung aus dem Auge verlieren, dann verlernen sie auch, mit ihr umzugehen. Dieser Effekt tritt freilich nicht überall im gleichen Ausmaß auf. Aus naheliegenden historischen Gründen reagiert man auf martialische Töne in Deutschland anders als in Frankreich, Großbritannien oder – sowieso – den USA. Mir geht es aber nicht um nationale Unterschiede, sondern um einen grundsätzlichen Punkt: nämlich um die Frage, ob die Demokratie wirklich so schwach aufgestellt ist. Wenn dies so wäre, dann hätte dies geradezu tragische Züge: Der Genuss des Lebens in Frieden und Freiheit würde demnach dazu führen, dass die Demokratie zur Wehrlosigkeit verdammt wäre. Sie würde Opfer ihres Erfolges.

Es muss mit der Demokratie aber kein schlimmes Ende nehmen. Auf Menschen, die in ihr leben, wirken Kräfte in zwei entgegengesetzte Richtungen. Auf der einen Seite verdanken sie der Demokratie die Chance, ihren individuellen Vorlieben nachzugehen. Entsprechend richten sie sich in ihrer kleinen Welt ein und rücken gedanklich von der politischen Institution ab, der sie ihre Spielräume verdanken. Auf der anderen Seite eröffnet sich ihnen in der Demokratie die Möglichkeit, auch das Sagen zu haben, also in Entscheidungsprozesse, die das Ganze betreffen, einzugreifen. In Thomas

Jeffersons berühmter Formel vom *pursuit of happiness* verbirgt sich beides, denn das Glück steht bei ihm einerseits für *private happiness*, andererseits für das, was er *public* oder *political happiness* nennt und was sich nur in der Gemeinsamkeit mit anderen entfaltet.[27]

Wie Albert Hirschman in seinem wunderbaren Buch *Engagement und Enttäuschung* gezeigt hat, bewegt sich die jüngere Geschichte wie ein großes Pendel zwischen dem Streben nach »Privatwohl« und dem Verfolgen des »Gemeinwohls« hin und her.[28] Auf beiden Seiten sind Frustrationen zu erwarten. Mal kommt einem das Streben nach privaten Zielen und materiellen Gütern sinnlos und hohl vor, mal nervt einen der beschränkte Einfluss politischen Engagements. Auf beiden Seiten locken aber auch Erfüllungsmöglichkeiten. Mal ist man froh, ungestört seine Extrawürste braten zu können, mal ist man stolz, am großen Rad der Geschichte mitzudrehen.

Wenn auf Demokraten zwei Kräfte in entgegengesetzte Richtungen wirken, dann heißt dies, dass ihr Fanatismus sich in Grenzen hält. Sie spüren, wie sie hierhin und dorthin gezerrt werden, und müssen damit umgehen. Klar ist aber auch, dass sich ihr Wille, sich für die Demokratie einzusetzen oder gar aufzureiben, nicht automatisch in Luft auflöst. Dieser Wille bezieht sich auf Bewährungsproben aller Art, also auf außenpolitische wie innenpolitische Herausforderungen. Wie die Menschen Kämpfe ausfechten, um eine Demokratie in der Auseinandersetzung mit anderen Ländern zu verteidigen, so können sie auch um des innerstaatlichen Gedeihens dieser politischen Ordnung willen kampfbereit sein. Ihre Identifikation mit dem Ganzen kann die Bereitschaft einschließen, Opfer zu bringen.

Ich gebe zu, dass mir die Vorstellung schwerfällt, mit der Waffe in der Hand für die Demokratie einzustehen.

Wie Herfried Münkler[29] bin ich eher feige. Als Kind des Friedens ist mir die Kampfeslust fremd und unheimlich. Nachdem ich meinen damals wohl dreizehnjährigen Sohn in Kalifornien zu einem Geburtstagsfest gebracht hatte, das in einer Paintball-Halle stattfand, war ich erleichtert, dass er am Ende der Ballerei mit Farbpatronen eher erschüttert als begeistert wirkte. Die Heldenzüchtung in den Kriegen der letzten Jahrhunderte hat unendliches Leid gebracht. Doch vor Menschen, die bereit sind, ihr Leben – auch im Krieg – für die gute Sache der Demokratie zu riskieren, verbeuge ich mich.

Wer heute Klagen über die ermüdete Demokratie anstimmt oder anhört, mag glauben, diese politische Ordnung sei altersschwach geworden. Ob das stimmt, weiß man erst, wenn die anstehenden Bewährungsproben hinter ihr liegen. Immerhin wirkt beruhigend, dass die Demokratie jene Klagen, die so alt sind wie sie selbst, jedenfalls bis heute überlebt hat. Totgesagte leben länger, müde Geredete vielleicht auch.

Am 20. Juni 1792 hielt Antoine Joseph Santerre eine Rede in der französischen Nationalversammlung und wandte sich gegen die Behauptung, die Revolutionäre, die drei Jahre zuvor die Bastille erstürmt hatten, seien mittlerweile »eingeschlafen«: »Sie haben nichts von ihrer Tatkraft eingebüßt. Zu tief ist die unsterbliche Erklärung der Menschenrechte in ihre Herzen eingraviert. Dieses kostbare Gut werden sie verteidigen, und nichts wird es ihnen zu rauben vermögen.«[30] Damals war die Erinnerung an den 14. Juli 1789 taufrisch, der König noch nicht geköpft, die neue Ordnung ungesichert. Trotzdem ging schon die Sorge um, das Volk könne wegdämmern, und es wurden Weckrufe laut.

Dieses Hin und Her zwischen Einschlafen und Erwachen des Volkes setzt sich bis heute fort. Ende der 1950er-Jahre behauptete zum Beispiel Helmut Schelsky, die jungen Leute in der Bundesrepublik Deutschland seien endgültig entpolitisiert – und ein paar Jahre später brach genau die Generation, die Schelsky soziologisch untersucht hatte, die Studentenbewegung vom Zaun.[31] Und seit Jahrzehnten werden in regelmäßigen Abständen sogenannte Jugendstudien publiziert, die das politische Engagement abwechselnd im Niedergang (zuletzt bei der Generation Y) oder im Aufstieg (zuletzt bei der Generation Z) begriffen sehen.

Wenn Menschen sich gleichgültig verhalten und den Einsatz für die Ordnung, in der sie leben, scheuen, so liegt dies nicht an einer quasinatürlichen, unausweichlichen Tendenz der Demokratie. Das Problem mangelnder Wehrhaftigkeit tritt nur dann auf, wenn die Demokratie beschädigt und ausgehöhlt wird. Zu dieser inneren Schwächung der Demokratie kommt es insbesondere dann, wenn deren oberste Repräsentanten die Politik zur Abwicklung von Geschäften und zur Bewältigung von Sachzwängen verkommen lassen. Dann wirken Bürger, die sich begeistert für die Verteidigung oder Verbesserung der Demokratie einsetzen, wie Fremdkörper. Die Lust an der Demokratie geht in den Keller, jeder verkriecht sich in der Privatsphäre und sieht den Einsatz für politische Belange als schlechtes Geschäft. Wenn Helden heute aus der Zeit gefallen scheinen, dann liegt das nicht daran, dass die Demokratie sie stolz für überflüssig erklären darf, sondern daran, dass sie selbst in einer Schaffenskrise ist. Wäre die Demokratie in einer besseren Verfassung, würde sie Helden selbstbewusst willkommen heißen.

Warum ist die Demokratie in eine mittelprächtige Lage geraten? Wegen galoppierender Selbstgefälligkeit.

Frieden ohne Helden?

Hier kommt eine Quizfrage: Was war die krasseste politische Selbstüberschätzung der gesamten Weltgeschichte? Es waren nicht die Großmachtfantasien Alexanders des Großen, Napoleons oder Hitlers. Die richtige Antwort lautet: Es war die Fantasie vom endgültigen, globalen Sieg der Demokratie. Diese trat nämlich mit dem Anspruch auf, sich auf die ganze Welt zu erstrecken. Die Fantasie lässt sich ziemlich genau datieren: Zwölf Jahre hat sie gewährt, von 1989 bis 2001, vom Fall der Berliner Mauer bis zum Anschlag auf das World Trade Center in New York. Nach der Wiedervereinigung und dem Zusammenbruch der Sowjetunion redeten sich viele im Westen ein, die Zeit der großen Konflikte sei vorbei, und glaubten an die unwiderstehliche Sogwirkung der Demokratie. Der Politikwissenschaftler Francis Fukuyama verschaffte sich 1989 mit der These Prominenz, die Menschheit sei auf dem Weg zu einem »weltweiten homogenen Zustand«, der »die liberale Demokratie in der politischen Sphäre mit dem leichten Zugang zu Videorecordern und Stereoanlagen in der ökonomischen Sphäre kombiniert«.[32]

Am 11. September 2001 platzte diese Fantasie von der Welt in Frieden, Freude und Freiheit. Sie erwies sich als furchtbar falsch. Sogar Fukuyama hat kürzlich selbstkritisch bemerkt: »[Ich] hatte [...] nicht über die Möglichkeit politischen Niedergangs nachgedacht – über die Möglichkeit, dass eine etablierte Demokratie einen Rückschritt machen kann. [...] Man könnte sagen, mir ist die Realität dazwischengekommen.«[33]

Fukuyamas damalige These kann ich gleichwohl nicht ungerührt übergehen, denn sie steht stellvertretend für ein bis heute enorm einflussreiches Schema zur Deutung von Demokratie und Heldentum. Dass die Fantasie vom Ende der

Geschichte so große Verbreitung fand, hatte in den Jahren nach 1989 weniger damit zu tun, dass die Demokratie weltweit Begeisterungsstürme auslöste, als damit, dass die westliche Konsumgesellschaft zur globalen Wunschwelt wurde. Darauf spielte auch schon Fukuyama selbst an, indem er seinem Buch über die befriedete und befriedigte Menschheit den Titel »Das Ende der Geschichte und der letzte Mensch« gab.[34] In diesem Titel ist nämlich ein Zitat versteckt: ein Bezug auf Friedrich Nietzsches *Also sprach Zarathustra*, worin die Bewohner der Konsumgesellschaft als »letzte Menschen« verspottet werden:

> Die letzten Menschen […] haben die Gegenden verlassen, wo es hart war zu leben: denn man braucht Wärme. Man liebt noch den Nachbar und reibt sich an ihm: denn man braucht Wärme. […] Ein wenig Gift ab und zu: das macht angenehme Träume. Und viel Gift zuletzt, zu einem angenehmen Sterben. […] Kein Hirt und Eine Heerde! Jeder will das Gleiche, Jeder ist gleich: wer anders fühlt, geht freiwillig in's Irrenhaus. […] Man zankt sich noch, aber man versöhnt sich bald – sonst verdirbt es den Magen. Man hat sein Lüstchen für den Tag und sein Lüstchen für die Nacht: aber man ehrt die Gesundheit.[35]

Wo die »letzten Menschen« sich ausbreiten, ist von »Übermenschen« weit und breit nichts zu sehen, also von Helden auch nicht. Diese posthistorische Welt ist eine postheroische Welt. Seinerzeit zeichnete Fukuyama das Bild dieser Welt in bunten Farben – und warf dann im letzten Moment einen leichten Grauschleier darüber. Nicht nur weissagte er die Ausbreitung der »letzten Menschen«, sondern er brachte auch sein Unbehagen daran zum Ausdruck – dies leider nur plump und platt. Der Demokratie warf er vor, zur Gleichmacherei zu neigen, Strafzölle auf Ausnahmeexistenzen zu erheben und von Helden wenig zu halten. Er meinte, damit könne sich ein menschliches Urverlangen – das nach Größe – nicht mehr recht entfalten. Nur in abgeschwächter Form seien noch Großtaten zu erwarten, und zwar in erster Linie von Unternehmern, in zweiter Linie von Sportlern und Politikern.[36]

Im Rückblick nach fast dreißig Jahren wirkt unfreiwillig komisch, dass Fukuyama den von ihm heute kritisierten Donald Trump damals zu den Halbhelden zählte, die in der posthistorischen Welt noch Ruhm erlangen, ohne jedoch zu höchsten Ehren aufsteigen zu können: »Vielleicht besteht ein Potential an Idealismus, das nicht ausgeschöpft, ja nicht einmal angetastet wird, wenn man ein Unternehmer wie Donald Trump, ein Bergsteiger wie Reinhold Messner oder ein Politiker wie George Bush wird.«[37]

In der Ferne sah Fukuyama Gefahren für die heile Welt heraufziehen. Sie gingen von Menschen aus, die an »Langeweile« leiden und es nicht ertragen, »in einer Welt ohne Kampf zu leben«. Die zu dieser Diagnose passende Psychologie basiert auf der simplen Idee des Dampfdrucktopfs: Irgendein Trieb nach »Heroismus und Opferbereitschaft« wird vorausgesetzt, und wenn er nicht zum Zuge kommt, baut sich bei »animalischen Menschen« ein Druck auf, der sich irgendwann entladen muss – in einem Kampf »um des Kampfes willen«, ohne Ziel, Sinn und Verstand.[38] Nach Fukuyamas Prognose kann die westliche Welt nur überleben, wenn sie das Wüten der »animalischen Menschen«, die sich gegen sie wenden, unterdrückt und zugleich ihre eigenen Ventile so weit öffnet, dass sich der vermeintliche Urtrieb nach Größe in geordneten Bahnen entfalten kann.

Damit ist der Tiefpunkt der Argumentation Fukuyamas erreicht. Um der Befriedigung dieses Urtriebs willen empfahl er Unternehmern, sich durch aggressive Beherrschung von Märkten hervorzutun, und Politikern, ihr Mütchen in Konflikten zu kühlen, die sich auf die Dritte Welt beschränken. Lakonisch gab er zu, es sei »eine andere Frage«, ob solche Aktionen »auch der Dritten Welt zugute komm[en]«.[39] Die Helden, die bei Fukuyama übrig blieben, waren Imperialisten.

Die Geschichte hat nicht, wie von Fukuyama prognostiziert, einen »Endpunkt« in Gestalt der »kapitalistischen liberalen Demokratie«[40] erreicht. Vielmehr hat sich die westliche Welt nach dem Ende des Kalten Krieges eine schwache Demokratie eingebrockt, die als Begleitschmuck oder Deckmantel wirtschaftlicher Interessen fungierte. 2001 schlug der Traum von der befriedeten und befriedigten Menschheit in den Albtraum des Terrors um. Die Krieger kehrten zurück auf die Bühne der Weltgeschichte.

Die Wiederkehr der Krieger

Nach dem Sieg im Kalten Krieg hielten viele Menschen den Bestand der Demokratie für garantiert und haben sie vernachlässigt, verkommen lassen oder sogar schlechtgeredet. Die Gegner der westlichen Welt haben in diese offene Flanke hineingestochen und dabei einen Vorwurf aufgegriffen und ausgespielt, der schon länger im Umlauf war: dass es dem Westen nämlich bei all seiner Übermacht und all seinem Überfluss an Geist und Begeisterung mangle. Seine Schwäche (»Europas größte Gefahr ist die Müdigkeit«, so Edmund Husserl 1936[41]) spiegelt sich in der Kritik, die sich von außen gegen ihn richtet. Besonders aggressiv wird sie von den Vertretern des fundamentalistischen Islam vorgetragen. Sie reservieren das Heldentum für sich und mobilisieren es gegen die westliche Welt.

In den 1950er-Jahren nahm Sayyid Qutb, Mitbegründer der Muslimbrüderschaft in Ägypten, den »wunderbaren materiellen Komfort«, den der Westen produziert, mit einer Mischung aus Bewunderung und Bestürzung zur Kenntnis. Zugleich sagte er, der Westen sei »unfruchtbar«, es mangle ihm an »gesunden Werten«, die allein der Islam bereitstellen könne.[42] In den 1960er-Jahren machte im Iran das Kunstwort »Gharbzadegi« Furore, eine Kombination der Farsi-Wörter für »Westen« und »Gift«. Im Englischen wird es als »Occidentosis« oder als »Westoxication« wiedergegeben. Eingeführt wurde dieses Wort von dem iranischen Philosophen Ahmad Fardid, der stark von Martin Heidegger beeinflusst war; popularisiert wurde es von dem Schriftsteller und Philosophen Jalal Al-i Ahmad, einem begeisterten Leser Ernst Jüngers. Als giftig galten der Kapitalismus, der die Menschen in Wunschmaschinen verwandele, und die Demokratie, in der alle Menschen gleich seien, »niemand höher« stehe »als der andere« und »Mittelmäßigkeit« herrsche. Ahmad wollte echte »Helden« in den Kampf schicken und machte die Schwäche westlicher Gesellschaften daran fest, dass dort nur noch Ersatzhelden (wie etwa Filmstars) aufträten.[43]

Diese Gegenüberstellung zwischen dem schwachen, weichen, feigen Westen und dem heldenhaften Islam wurde zum Dauerbrenner und fand auch bei den Taliban, bei Al-Qaida-Kämpfern und IS-Ideologen Verwendung. Ein Mujaheddin prahlte im September 2001 nach den Anschlägen in New York und Washington: »Die Amerikaner lieben Pepsi-Cola, wir lieben den Tod.« Gleichfalls im September 2001 bemerkte Susan Sontag zum Ärger vieler ihrer amerikanischen Landsleute: »[Man] kann […] den Attentätern – was immer sonst auch über sie zu sagen wäre – eines nicht vorwerfen: dass sie Feiglinge seien.«[44]

Auf zweierlei Art muss man auf diese Gegenüberstellung

zwischen heldenlosem Westen und heldenhaftem Islamismus reagieren. Zum Ersten ist es nicht hinzunehmen, dass sich die Menschenverachtung der Fundamentalisten mit dem Mythos des Heldentums schmückt. Der jordanische Autor Suleiman Bakhit, der in seinen Comics Superhelden gegen (!) den Fundamentalismus antreten lässt, sagt: »Die größte Bedrohung, vor der wir im Nahen Osten stehen, ist der Terrorismus, der sich als Heroismus verkleidet.«[45] Zum Zweiten muss man die Idee vom heldenlosen Westen verabschieden. Dabei allerdings kann manches falsch laufen.

Nach den Terroranschlägen vom 11. September 2001 wurde das Heldentum in den USA und in anderen westlichen Ländern wieder aufgewertet. Eine konservative Zeitungskolumnistin schrieb seinerzeit, sie träume davon, dass George W. Bush sich das Hemd aufreiße und darunter ein blauer Anzug mit dem gelb-roten S für »Superman« zum Vorschein komme. Sie bezeichnete die Feuerwehrleute, die beim Einsatz im World Trade Center umgekommen waren, als die »ersten Kriegshelden des 21. Jahrhunderts«.[46] Das allerdings war eine als Lob verkleidete Unverschämtheit. Denn das Ethos von Feuerwehrleuten besteht allein darin, Leben zu retten, entspricht also keineswegs dem Berufsbild von Kriegshelden, deren Handwerk das Töten ist. Der Journalistin genügte das zivile Heldentum nicht, sie wollte es militarisieren, also auch von der demokratischen Ordnung abrücken.

Die Wiederkehr des Heldentums lässt sich an der Geschichte der Werbefilme für den Militärdienst nachvollziehen. 1994 lancierte die US-Army noch einen Werbespot mit folgendem Text: »Was steht auf deinem Lebenslauf? Der Militärdienst entwickelt Fähigkeiten, die bei neun von zehn Arbeitgebern gefragt sind. Sei alles, was du bist.« »Be All You Can Be«: Dieser Spruch, einer der langlebigsten und erfolgreichsten in der Geschichte der Werbung, hatte mit Heldentum offensichtlich nichts im Sinn, er passte vielmehr wie angegossen zur Individualisierung. Dagegen appelliert der neue Werbefilm der US-Army aus dem Jahr 2018 an das patriotische Pflichtgefühl: »Es gibt diejenigen, die einen anderen Weg im Leben einschlagen. Einen Weg der Selbstlosigkeit und des Dienstes. Einen Weg, der zur Freiheit führt. Krieger gesucht. Hast du, was es dazu braucht?« – »Warriors Wanted. Do you have what it takes?«

Die deutsche Bundeswehr versuchte in einem Werbefilm von 2016, eine Brücke zwischen Selbstverwirklichung und Selbstlosigkeit zu schlagen: »Mach dich bereit, deine Stärken zu finden. Mach dich bereit, an dein Limit zu gehen. Mach dich bereit für echte Verantwortung. Mach, was wirklich zählt.« Begleitet wurde der Spot von Zeitungsanzeigen, in denen es zum Beispiel hieß: »Den Weg zu dir selbst findest du nicht in einer Running-App.« – »Was sind schon 1000 Freunde im Netz gegen einen Kameraden?« – »Krisenherde löschst du nicht mit Abwarten und Teetrinken.«

Die Logik hinter dieser Werbung ist unterirdisch. Es gilt nicht: Helden sollen unser friedliches Miteinander mit dem Einsatz ihres Lebens verteidigen. Sondern: Helden sollen eine westliche Welt verteidigen, die zugleich schlechtgemacht wird. Sie erscheint bevölkert von verachtenswerten Individuen (oder »letzten Menschen«), die sich an der Zahl ihrer Freunde in den sozialen Medien oder am Kalorienverbrauch beim letzten Work-out aufgeilen.

Die Bundeswehr macht sich damit seltsamerweise zum Helfershelfer der Fundamentalkritik am Westen. In ihrem Szenario spiegelt sich das Feind- und Zerrbild, das der Islamismus von unserer Welt zeichnet. Islamisten suchen Menschen, die den dekadenten Westen terrorisieren, die Bundeswehr wirbt um Menschen, die ebendiesen dekadenten Westen verteidigen. Das zivile Leben wird als sinnentleert hingestellt, für es in den Krieg zu ziehen soll sinnvoll sein.

Zu dieser absurden Botschaft passt eine Szene aus der Kriegskomödie *Hot Shots 2*, in der ein ziemlich deprimierter Soldat namens Harbinger (Miguel Ferrer) meint, kein »Krieger« mehr sein zu können, dann Zuspruch von Topper Harley (Charlie Sheen) erhält und ihm überschwänglich dafür dankt. »Ich bin wieder in der Lage zu töten. Du hast meinem Leben einen neuen Sinn gegeben«, sagt Harbinger und ballert los.[47]

Die militärische Welt hat ein gebrochenes Verhältnis zum zivilen Leben. Zwei Strategien setzt sie – wie beschrieben – im Umgang mit ihm ein. Zum einen betreibt sie eine Militarisierung des zivilen Lebens, wie zum Beispiel nach dem 11. September 2001 in den USA. Darin liegt eine Gefahr für die Demokratie. Neben die Vereinnahmung tritt zum anderen die Abfälligkeit, mit der die militärische Propaganda das zivile Leben darstellt. Auch dies birgt eine Gefahr für die Demokratie, denn gekämpft wird dann nicht mehr für politische Ziele und Ideale, sondern nur um des Kampfes selbst willen. Das Töten wird zum Sinn des Lebens.

Bis jetzt habe ich mich nur darüber beschwert, dass Krieger das zivile Leben verachten und schlechtmachen. Das genügt aber nicht. Ich will mich nicht im *juste milieu* der Friedliebenden einrichten und auch nicht den Scheinfrieden schönreden, mit dem der Westen seinen Reichtum arrondiert. Das zivile Leben selbst ist nicht über allen Zweifel erhaben und lädt auch nicht geradewegs zum Jubelsturm ein. Manche Erscheinungsformen des Friedens lösen Fluchttendenzen aus und taugen deshalb auch nicht dazu, ein Heldenbild jenseits des Krieges zu entwerfen. Erst die Kritik am falschen, faulen Frieden macht den Blick frei auf ein ziviles Leben, mit dem sich Helden anfreunden können.

Unterwegs zum friedlichen Heldentum

Wie attraktiv ist der Frieden überhaupt? Zwei Autoren kommen nun zu Wort, deren Antworten auf diese Frage überraschend unfreundlich ausfallen: der Engländer H. G. Wells und der Amerikaner Aldous Huxley. Mit ihrer Hilfe kann ich den falschen Frieden stören und nach dem richtigen Frieden suchen, in dem sich dann auch Helden tummeln.

Wells, den seine Romane *Krieg der Welten* und *Zeitmaschine* berühmt gemacht haben, war alles andere als ein Kriegstreiber. Er erfand sogar ein Spiel mit Zinnsoldaten – mit der Absicht, Menschen davon abzubringen, militärische »Grausamkeiten« zu verüben.[48] In die Kriegslust konnte er sich gleichwohl einfühlen. Er hatte den Eindruck, dass Menschen den friedlichen Alltag genießen und zugleich verachten oder – anders herum – den Krieg fliehen und doch suchen. Wells schrieb 1908:

> Wenn der Mensch von heute die Straße mit dem Kasernenhof vertauscht und die marktschreierische, verlogene Werbung, den Ellenbogeneinsatz, die Falschheit, die unterbezahlte und unstete Beschäftigung hinter sich lässt, dann gelangt er auf eine höhere soziale Ebene, in eine Atmosphäre des Dienstes, der Zusammenarbeit und eines unendlich ehrenwerteren Eifers. Hier werden Menschen wenigstens nicht herausgeworfen und der Verwahrlosung überlassen, nur weil für sie gerade keine Arbeit da ist. [...] Hier erwartet man von einem Menschen, dass er vorwärtskommt, indem er nicht nur an sich denkt, sondern sich selbst vergisst.[49]

Die Gegenüberstellung von »Straße« und »Kasernenhof« gibt zu denken, und zwar deshalb, weil Wells nicht blind auf den friedlichen Alltag einschlägt, sondern erklärt, weshalb er den Menschen vergällt ist. Wovon sie genug hätten, sei nämlich, nur an sich zu denken und dabei auch noch dauernd Ärger zu haben.

Diese über hundert Jahre alten Bemerkungen von Wells sind alles andere als veraltet. Die Anziehungskraft von Bewegungen, die »Verwahrlosung« durch »Dienst«, »Verlorenheit« durch »Zugehörigkeit« ersetzen, ist groß. Wells gelangte zu einer einfachen, wichtigen Einsicht. Sie lautet: Je miserabler der friedliche Alltag, desto attraktiver ist der Krieg. Das heißt umgekehrt auch: Je lebensfroher dieser Alltag, desto lebensfeindlicher wirkt der Krieg. Die »Straße« ist also nicht prinzipiell abstoßend und dem »Kasernenhof« unterlegen – es kommt vielmehr darauf an, was auf ihr los ist.

Wells verrät, woran es in der friedlichen Welt hapert. Ich weiß nicht, ob er die Schriften seines Zeitgenossen Émile Durkheim gelesen hat, aber auf die Welt, die er beschreibt, lässt sich bestens das von dem Soziologen geprägte Wort der »Anomie«[50] anwenden. Alles ist in Unordnung, die Menschen haben keinen festen Ort, werden im Dickicht der Städte herumgestoßen, mit wechselnden Signalen bedröhnt und müssen sich irgendwie durchschlagen. Die Lehre, die die Demokratie aus Wells' Befund ziehen muss, ist zugegebenermaßen schwer umzusetzen, aber leicht zu verstehen: Sie muss die »Anomie« bekämpfen, die den Menschen den Frieden verleidet, und ein Ort sein, an dem Gemeinsamkeiten ausgelebt werden. So lädt sie diejenigen, die von einem »ehrenwerten« (oder heldenhaften) »Eifer« angetrieben werden, dazu ein, vom »Kasernenhof« auf die »Straße« zu wechseln.

Aldous Huxley entwirft 1932 in *Schöne neue Welt* nicht – wie Wells – das Bild eines chaotischen Friedens, sondern eine trügerisch heile Utopie, die sich »im Gleichgewicht« befindet und in der das Leben gefahrlos verläuft. Der Chef dieser

Welt, der im Roman mit Anspielung auf Henry Ford *His Fordship* genannt wird, ist stolz auf das Erreichte:

> Die Menschen sind glücklich, sie bekommen, was sie begehren, und begehren nichts, was sie nicht bekommen können. Es geht ihnen gut, sie sind geborgen, immer gesund, haben keine Angst vor dem Tod. [...] Die Zivilisation hat nicht den geringsten Bedarf an Edelmut oder Heldentum. Derlei Dinge sind Merkmale politischer Untüchtigkeit. [...] Solche Gelegenheiten ergeben sich nur in ganz ungefestigten Verhältnissen. Wo es Kriege gibt, Gewissenskonflikte, Versuchungen, denen man widerstehen, und Liebe, die man erkämpfen oder verteidigen muss – dort haben Heldentum und Edelmut selbstverständlich einen gewissen Sinn. Aber heutzutage gibt es keine Kriege mehr.[51]

Die Sympathien Huxleys liegen nicht auf der Seite von *His Fordship*, sondern auf der Seite des »Wilden«, der gegen diese Ordnung aufbegehrt und sagt: »Ich will wirkliche Gefahren und Freiheit und Tugend. Ich will Sünde. [...] Ich fordere das Recht auf Unglück.«[52] Während in der »schönen neuen Welt« das Heldentum abgeschafft ist, sucht der Wilde die Gefahr. Es scheint so, als sei er nicht ganz bei Trost, wenn er sich eine Welt herbeiwünscht, in der er dem Leiden und dem Tod ausgesetzt ist. Dieser Wunsch rührt aber daher, dass er in der schönen neuen Welt gar nicht das Gefühl hat, richtig am Leben zu sein.

Dieses Szenario ist ebenso aktuell wie das von Wells. Einer der erfolgreichsten Romane der letzten Jahre, Dave Eggers' *The Circle*, übernimmt Teile des Grundgerüsts von Huxleys Roman: Geschildert wird eine zukünftige, bedrohlich an unsere Gegenwart erinnernde Welt, die von der Firma »The Circle«, einer Kombination aus Google, Facebook und Apple, beherrscht wird. Der Firmenchef (Eamon Bailey) sorgt mit sanfter Gewalt für totale Kontrolle, sein schwacher Gegner (Mercer) versucht ähnlich wie Huxleys »Wilder«, sich der Überwachung zu entziehen, und kommt dabei zu Tode.

Huxley ist sich mit Wells darin einig, dass es Umstände geben kann, in denen der friedlichen Welt die Gefahr oder sogar der Krieg vorzuziehen ist. Unterschiedlich fallen die Bilder aus, die die beiden Autoren von der friedlichen Welt zeichnen. Anders als Wells sieht Huxley das Problem nicht in der totalen Unordnung, sondern in der totalen Ordnung: einer mit technischen und pharmazeutischen Mitteln (der Glückspille »Soma«) ruhiggestellten Konsumgesellschaft. So legen Wells und Huxley ihre Finger auf zwei verschiedene wunde Punkte in der modernen Gesellschaft: Einerseits machen Menschen in ihr die Erfahrung, auf sich allein gestellt zu sein (Wells), andererseits haben sie das Gefühl, zu Marionetten zu werden (Huxley).

Die heroischen Lebensideale, die von den beiden Autoren aufgeboten werden, sind spezielle, gezielte Gegenentwürfe zu jenen zwei Beschädigungen des Lebens. Getragen sind sie auf der einen Seite von Selbstlosigkeit und der Verbundenheit mit anderen (Wells), auf der anderen Seite von Selbstüberschreitung und Abenteuer (Huxley). Nicht mit großen Theorien treten diese beiden Autoren auf, aber sie tun eine Wahrheit kund. Bei ihnen kehren zwei Motive wieder, die Anthropologie und Sozialphilosophie seit Jahrhunderten beschäftigen: dass nämlich Menschen Zugehörigkeit suchen und zugleich nach Beweglichkeit streben. In den verschiedenen Formen des faulen Friedens, die Wells und Huxley beschreiben, kommt mal das eine, mal das andere oder sogar beides zu kurz.

Beide Autoren tragen dazu bei, dass die Demokratie aus dem Lernen nicht herauskommt: Verdankt sie Wells die Einsicht, dass sie die »Anomie« bekämpfen muss, ergibt sich aus

Huxleys Szenario, dass sie keine verwaltete Welt sein darf.[53] Wenn die Demokratie diese Lehren beherzigt, schafft sie die Voraussetzungen dafür, dass Helden nicht mehr Krieger oder »Wilde« sein müssen, sondern aus der Mitte einer friedlichen Gesellschaft herauswachsen können. Diese Helden dürfen von Wells und Huxley lernen. Sie denken über das eigene kleine Selbst hinaus (Wells) – und gerade weil sie dies tun, verlassen sie ihren vorgezeichneten Weg (Huxley).

Die Demokratie ist gut darauf vorbereitet, solche Helden willkommen zu heißen, denn sie ist eine politische *Ordnung*, mit der Menschen sich identifizieren und in der sie Zusammenhalt finden können, und sie sorgt zugleich als experimenteller, offener, lebendiger Prozess für *Unordnung*. Die Demokratie ist also eine unordentliche Ordnung oder eine ordentliche Unordnung – und will das auch sein. Schon Jean-Jacques Rousseau erklärte, »dass ein Staat ohne Bewegung ein toter Körper wäre« und dass in den besten Gesellschaften »die ständige Aktion und Reaktion all ihrer Glieder [...] von der Stärke des ganzen Körpers zeugt«.[54]

Wells und Huxley machen deutlich, dass das Unbehagen an einem faulen Frieden Menschen dazu treibt, das Heldentum im Krieg zu suchen. Diese Menschen folgen damit einer Vorgabe, die Samuel Daniel bereits 1605 in Verse gefasst hat: »Oft we see a wicked peace / To be well chang'd for war.« – »Oft sehen wir, wie ein böser Friede durch Krieg ersetzt wird.«[55] Nur wenn es der Demokratie gelingt, den »bösen Frieden« auffliegen zu lassen und die Anziehungskraft des zivilen Lebens zu erhöhen, kann sie umgekehrt die Anziehungskraft des Krieges als schrecklich-schönes Gegenbild zum zivilen Leben senken. Diese Idee steckt hinter William James' berühmter These, die Demokratie habe im Frieden für ein »moralisches Äquivalent des Krieges« zu sorgen. Damit meinte er als selbst erklärter »Pazifist«, dass die Demokratie das leidenschaftliche Verantwortungsgefühl für das Ganze und die Opferbereitschaft, die im Krieg zur Menschenvernichtung führt, für eine moralisch begründete »Friedensordnung« fruchtbar machen müsse.[56]

Diejenigen, die Helden als Fremdkörper der demokratischen Gesellschaft ansehen und als Verfechter eines veralteten Lebensideals anschwärzen, sind schrecklich einfallslos. Sie können nur im Klischee von Held-Krieger-Mann denken und schütten den Helden mit dem Bad des Krieges aus. Der einfallslose Abschied vom Heroismus – oder sogar die Abscheu davor – ist überdies gefährlich. Denn damit schwächt sich die Demokratie selbst: Sie vergrault diejenigen, die ihr zu Hilfe kommen könnten.

Helden können und müssen sich von der uralten Fixierung auf den Krieg lösen. Diese Forderung hört man schon lange, und zwar aus berufenem Munde. In der Abhandlung *Über die Tugend des Helden* von 1751 hat Rousseau die Helden dazu aufgerufen, ihre Bewährung endlich nicht mehr in der organisierten Vernichtung menschlichen Lebens, sondern im Frieden zu suchen:

> Schon lange gilt die kriegerische Tüchtigkeit für die meisten Menschen als die höchste Tugend des Helden. Wagen wir es, gegen dieses blinde Urteil Berufung einzulegen […]. Räumen wir zunächst ein, daß die Völker die kriegerische Mannhaftigkeit ohne rechte Überlegung geschätzt und ihr gehuldigt haben, und daß es ebenso abscheulich wie widersprüchlich wäre zu glauben, die Wohltäter des Menschengeschlechts brächten ihr Wesen durch die Vernichtung der Menschen zum Ausdruck. […] Nur in den Tagen der Schlacht bewährt sich der Tapfere; der wahre Held bewährt sich hingegen alle Tage, und seine Tugenden werden […] häufig benötigt.[57]

Gefahren im Frieden I:
Helden riskieren den sozialen Tod

Der Krieg ist auf unerträgliche Weise wahllos. In ihm wird die Gefahr aus vollen Kübeln ausgeschüttet, und Menschen werden gezwungen, aufgehetzt oder aufgerufen, sich ihr zu stellen. Mut ist aber nicht nur im Krieg gefragt, Helden sind keineswegs auf ihn angewiesen, um sich zu bewähren.

Der Frieden ist dazu da, Gefahren zu verringern, schafft sie aber nicht aus der Welt. *Vivere militare est*, schrieb einst Seneca.[58] Doch wenn er das »Leben« mit dem »Kämpfen« gleichsetzte, hatte er es nicht darauf abgesehen, es zu militarisieren, sondern nahm nur zur Kenntnis, dass dem Kämpfen nicht zu entkommen war. Die Welt hat Widrigkeiten aller Art in der Hinterhand. Da die Gefahren nicht einfach verschwinden, ist im Frieden auch nicht aller Helden Abend. Die Suche nach Helden fern des Schlachtfelds ist vielversprechend.

Bislang galten die Gefahren, von denen die Rede war, fast immer Leib und Leben. Nicht nur im Krieg, auch im Frieden sind Menschen von physischen Gefahren bedroht, und Helden setzen sich ihnen unter gewissen Umständen bewusst aus. Doch gerade in Friedenszeiten grassiert eine Gefahr anderer Art, die nicht zu unterschätzen ist: die Gefahr des sozialen Todes. Diesen Tod sterben Menschen, wenn sie aus der Gemeinschaft herausfallen und totgeschwiegen werden, wenn alle anderen durch sie hindurchsehen und so tun, als seien sie gar nicht da. Da Menschen nicht nur Organismen, sondern von Natur aus gesellschaftliche Wesen sind, ist der soziale Tod für sie fast so furchtbar wie der biologische.

Eingeführt wurde der Begriff des sozialen Todes mit Bezug auf die Sklaverei.[59] Doch er reicht weit darüber hinaus und greift überall dort, wo bestimmte Gruppen – Arme, Minderheiten, Frauen – in ein gesellschaftliches Niemandsland abgeschoben und gewissermaßen unsichtbar gemacht werden. Eine neuere Variante des sozialen Todes ist das Mobbing, und zwar vor allem dann, wenn es nicht im Piesacken, sondern im mutwilligen, großspurigen Ignorieren besteht. Oft folgt dem sozialen Tod der physische. Die reale Geschichte und die Literaturgeschichte liefern dazu viele bedrückende Beispiele – so etwa Theodor Fontanes Heldin Effi Briest, die von ihren Eltern und ihrem Ehemann wegen einer Affäre verstoßen wird, ihr Kind kaum mehr sehen darf und deren Lebenslicht in der Trauer erlischt wie ein zu kurzer Kerzendocht im flüssigen Wachs.

Helden haben normalerweise nicht das Problem, ignoriert und ausgegrenzt zu werden. Im Gegenteil, sie werden eher verdächtigt, übertrieben viel Aufmerksamkeit auf sich zu ziehen. Das gilt allerdings nur dann, wenn sie es schaffen, sich bemerkbar zu machen. Bis dahin versuchen sie einfach nur durchzuhalten und wissen nicht, ob irgendwann das Wasser über ihnen zusammenschlägt.

Heldenhaft handeln Menschen, die sich freiwillig in Umstände begeben, in denen ihnen der soziale Tod droht, und auch Menschen, die beim Kampf gegen diese Art von Tod Gefahren und Widernisse in Kauf nehmen. Um dem sozialen Tod zu entgehen, sind sie auf Unterstützung angewiesen. Sie kämpfen um den Zugang zu einem zweiten Leben, zu einer anderen Welt, in der sie nicht zum Ausgeschlossensein und zur Unsichtbarkeit verurteilt sind, sondern Anerkennung erfahren und Bleiberecht erhalten. So kommt es zu einem kleinen Krieg der Welten: Der Held steht an der Grenze zwischen einer Welt, die ihn zur *persona non grata* erklärt, und einer Welt, in der er geachtet, vielleicht sogar bewundert wird.

Ein interessantes, freilich strittiges Beispiel für den sozialen Tod und den darauffolgenden Krieg der Welten ist die Geschichte von Colin Kaepernick. Es ist zweifelhaft, ob ein stinkreicher Star der National Football League wirklich nach Heldenart Gefahren durchzustehen hat. Vom sozialen Tod war er aber allemal bedroht. 2016 hatte Kaepernick gegen den Rassismus in den USA protestiert und sich während der amerikanischen Nationalhymne, die vor jedem Spiel erklingt, hingekniet, statt – wie üblich – ehrfurchtsvoll dazustehen. Diesen symbolischen Protest hat ihm nicht nur Donald Trump, sondern auch die National Football League übel genommen. Kaepernick wurde von keinem Club mehr beschäftigt, gehörte nicht mehr dazu, fiel aus der Welt heraus, der er über viele Jahre an prominenter Stelle angehört hatte.

Sein sozialer Tod wurde abgewendet. Durch seinen Protest handelte er sich nicht nur Ärger ein, ihm eröffnete sich auch ein Ausweg aus der Welt, die ihn ächtete. Er erhielt Unterstützung von denen, die gegen Rassismus kämpften – aber nicht nur das. 2018 startete der Sportartikelhersteller Nike eine große Werbekampagne mit Kaepernick und lancierte den Spruch: »Glaube an etwas. Selbst wenn es bedeutet, alles zu opfern.« Diese Kampagne erregte großes Aufsehen, stieß auf Widerspruch und erntete Zustimmung.

Dass Kaepernick, wie Nike behauptet, alles geopfert hätte, ist natürlich maßlos übertrieben. Kurz nach Beginn der Kampagne einigte er sich mit der National Football League auf einen vorerst geheim gebliebenen Vergleich. Gleichwohl taugt sein Fall als Illustration dafür, wie die Bedrohung durch den sozialen Tod eskaliert und wie es zur Konfrontation zwischen übel- und wohlwollenden Welten kommt.

Viele Menschen, die in den sozialen Tod getrieben werden, haben nicht wie Kaepernick das Glück, Zugang zu einem zweiten Leben, zu einer anderen Welt zu finden. Sie verfügen nicht über das symbolische Kapital, das ihnen bei der Selbstbehauptung hilft, und so bleibt ihre Demütigung endgültig. Von vielen Whistleblowern hört man, dass sie in der Branche, in der sie tätig waren, nie mehr einen Fuß auf den Boden bekommen und eine lebenslange Strafe für ihr Tun davontragen. Das gilt für Apotheker, Ingenieure, Bankangestellte, Wachleute. Sie haben sich bewusst einer Gefahr ausgesetzt und am Ende mehr geopfert als Colin Kaepernick. Helden sind vielleicht gerade diejenigen, die sich nicht auf einem Werbeplakat wiederfinden.

Gefahren im Frieden II: Helden gefährden sich selbst

Wenn Helden sich der Gefahr stellen, machen sie eine Grenzerfahrung. Dieses Wort ist leider rhetorisch und philosophisch überfrachtet.[60] Doch wenn es von seinem Ballast befreit wird, ergibt es einen guten Sinn. Nicht nur im Krieg sind solche Grenzerfahrungen zu machen. Ihm verwandt sind geschichtliche Ereignisse, die als Fortsetzung des Krieges mit anderen Mitteln erscheinen. Ein prominentes, gelinde gesagt zwiespältiges Beispiel dieser Art ist die amerikanische Pionierzeit des 19. Jahrhunderts. Damals unternahmen die europäischen Auswanderer, die den Westen Amerikas besiedelten, halb private, halb politische Eroberungsfeldzüge – und dazu gehörten die Ausrottung der Indianer, die Landnahme, die Goldgräberei und auch die Gründung von Gemeinden und Städten.

Nebenbei ging daraus das unverwüstliche kulturelle Genre des Western hervor, in dem es von Helden und Pseudohelden aller Art wimmelt. In den Western-Romanen und -Filmen wird der Männlichkeitskult auf die Spitze getrieben und teilweise auch untergraben; nachvollziehen ließe sich dies anhand eines großen Bogens, der von Zane Greys fünfmal verfilmtem Roman *Riders of the Purple Sage* (1912) über John Fords *My Darling Clementine* (1946) und Howard Hawks' *Red River* (1948) bis Robert Altmans *McCabe & Mrs. Miller* (1971) reicht.[61] Darüber hinaus stellt der Western eine politische Probebühne dar: In ihm werden Städte gegründet oder zugrunde gerichtet, Gesetze werden drakonisch durchgesetzt oder kaltblütig unterlaufen, der Held agiert als *town-tamer* (wie in Michael Curtiz' *Dodge City* von 1939) oder als *outlaw* (wie in Henry Kings *Jesse James* von 1939), also als jemand, der eine Stadt befriedet oder aber in Aufruhr versetzt.[62]

Die Frage, wie es um das Heldentum der amerikanischen Pioniere steht, wurde nicht nur nachträglich im Western verhandelt, sondern schon im 19. Jahrhundert kritisch geprüft. Aus diesen zeitgenössischen Kommentaren ergibt sich eine wichtige Einsicht zur heroischen Grenzerfahrung im Frieden.

Die Standardgeschichte der amerikanischen Pionierzeit ist beherrscht vom Bild der Grenze, der *frontier*. Die Siedler machten Grenzerfahrungen, indem sie die offizielle Westgrenze der USA überschritten und verschoben, dabei in Gefahr gerieten und den Kampf suchten. Als sie immer weiter nach Westen vordrangen und schließlich den Pazifik erreichten, kam ihre Grenzüberschreitung an ein Ende. Diagnostiziert wurde ein Verlust der Grenze, die den Siedlern bis dahin wie ein bewegliches Ziel vor Augen gestanden hatte. Die Sorge machte sich breit, dass den Amerikanern die Zielstrebigkeit verloren gehe und sie vom Unterwegssein in das Angekommensein, vom Vorwärtsgang in die Parkposition umschalten könnten.[63] Um dieser Tendenz entgegenzuwirken, wurden neue Ziele avisiert und der Pioniergeist auf eine neue Stufe gehoben. Eine Lösung wurde dann im amerikanischen

Weltmachtstreben gesehen, denn dafür waren noch viele Grenzen zu durchbrechen.

Kluge Zeitgenossen warnten davor, das Heldentum mit Sieges- und Eroberungswillen kurzzuschließen, und hielten wenig von Pionieren, die ein Leben mit entsicherter Waffe und entgrenztem Machtstreben führten. Der amerikanische Romancier Frank Norris versuchte, der Grenzerfahrung einen anderen, guten Sinn zu geben, und fragte: »Ist es nicht möglich, dass wir in unserem großen Schicksal etwas finden, das über den bloßen Kampf und die Eroberung hinausgeht, etwas, das auf [...] Großzügigeres abzielt, als bloß Handel zu treiben und andere auszustechen?«[64]

Mitte des 19. Jahrhunderts, in der frühen Pionierzeit, schrieb Henry David Thoreau: »Die Grenzen sind weder im Osten noch im Westen, Norden oder Süden, sondern überall dort, wo sich ein Mensch einer Sache *stellt*« (»wherever a man *fronts* a fact«).[65] Seine eigene ungewöhnliche, aber treffende Bezeichnung für diesen Grenzgang war »Extra-vaganz«, also – wörtlich – ein Gang abseits markierter Pfade oder ein Gang, der »über die engen Grenzen meiner täglichen Erfahrung« hinausführt. Thoreaus Bewunderung galt denen, die sich nicht nur äußeren Gefahren stellten, sondern auch innerlich aufs Spiel setzten und es wagten, neue Wege zu beschreiten. Er schrieb: »Seid [...] für die Welten in euch selbst ein Kolumbus.« – »Nicht eher, als bis wir uns verloren haben [...], beginnen wir, uns selbst zu finden.«[66] In seinem Fall blieb es nicht bei hehren Sprüchen. Thoreau, der kurz vor Ausbruch des amerikanischen Bürgerkriegs starb, war ein wundersamer Eigenbrötler, der zeitweise als Selbstversorger in einer Blockhütte lebte, aber auch ein Verfechter des zivilen Ungehorsams, der im Kampf gegen die Sklaverei das Gesetz brach. Um eine Welt herauszufordern, die ihm als »Hölle« erschien, verließ er die Komfortzone.[67] Seine

Grenzerfahrung bestand auch in der Überschreitung einer inneren Grenze.

Damit bin ich genau an der Schwelle angelangt, die mich interessiert. Bislang war von verschiedenen äußeren Gefahren die Rede, denen sich Menschen im Krieg, aber auch im Frieden aussetzen. Die Frage ist nun: Was spielt sich in der Innenwelt derer ab, die Gefahren begegnen? Im Kriegsfall erstarrt diese Innenwelt zu einem von Hass, Angst und Gehorsam beherrschten seelischen Apparat. Im Ersatzkrieg der Pioniere ist die Gefahr der Preis der Freiheit, der einkalkuliert werden kann. Doch im Seelenleben derer, die mit Gefahren umgehen und vielleicht den Helden in sich suchen, spielt sich viel mehr ab als nur das Kalkulieren mit Risiken – gerade in Friedenszeiten. Diesem Seelenleben will ich mich nähern und gehe dazu erst einmal vom ganz normalen Leben aus.

Menschen versuchen normalerweise, Gefahren nicht zu begegnen, sondern sie zu meiden. Besonders beliebt sind Gefahren, die keine sind. Man fürchtet sich ein bisschen in der Geister- oder Achterbahn, macht Bungee-Jumping, zahlt achtzig Dollar, um durch den Glasboden des *Skywalk* 600 Meter in die Tiefe des Grand Canyon zu blicken, sucht den Kick – und ist sich (fast) sicher: Eigentlich kann nichts passieren. Vielleicht sind solche Übungen nützlich, weil man auf diese Weise lernt, dem Frieden zu misstrauen und sich emotional auf den Ernstfall vorzubereiten. Doch wenn Fahrgeschäfte und Erlebnisparks nur eine kriegsvorbereitende Maßnahme wären, würden die Besucher dort nicht so jauchzen. Es gibt auch so etwas wie Angstlust.

Daran zeigt sich ein kleiner Zipfel der menschlichen Neigung zur Gefahr. Ihn hatte ich schon in der Hand, als ich auf Aldous Huxleys Abenteurer traf, der »wirkliche Gefahren« suchte. Diesen Zipfel möchte ich nun festhalten, und dazu versuche ich mich daran zu erinnern, wie ich im Kleinen, ganz unheroisch, mit Gefahren umzugehen pflege.

Wenn ich in finsterer Nacht durch den Wald gehe, setze ich vorsichtig einen Schritt vor den anderen, sinke unversehens in den weichen Boden ein oder stolpere über einen Stein. Ich achte auf seltsame Geräusche, pfeife im Walde und rede mir ein, dass kein wildes Tier im Gebüsch lauert. Trotzdem ist jeder Schritt ein klitzekleines Wagnis. Wenn ich mit Skiern an der Oberkante einer steilen Buckelpiste stehe, mag ich so tun, als würde ich das Bergpanorama genießen, aber eigentlich warte ich auf den Moment, da Körperspannung und Lockerheit zusammenpassen, stürze mich hinunter und tue alles, damit ich die Talfahrt meistere und nicht hinschlage. Wenn ich eine Frau sehe, die mich fasziniert, überwinde ich – auf die Gefahr hin, mir eine Abfuhr zu holen – meine Schüchternheit und spreche sie an (oder auch nicht). Wenn jemand sich total unmöglich verhält, der mir an Macht weit überlegen ist, gebe ich mir einen Ruck und breche einen Streit mit ihm vom Zaun (oder auch nicht).

In den Situationen, in die ich mich gerade hineinversetzt habe, versuche ich, Widerstände oder Gefahren zu überwinden. Ökonomen würden hier von Transaktionskosten sprechen. Ich treibe Aufwand, um ein lohnendes Ziel zu erreichen und hinterher sagen zu können: Das Ergebnis geht in Ordnung. Aber an dieser Logik stimmt etwas nicht. Meine Seele spielt der Ökonomie einen Streich. Von der Überwindung habe ich nämlich auch dann etwas, wenn ich mein Ziel nicht erreiche. Ich sage sogar: Darin, dass sie mich etwas kostet, liegt für mich schon ein Nutzen. Wie kann das sein?

Wenn vom Überwinden die Rede ist, geht es zunächst einmal um Widrigkeiten und äußere Gefahren, denen ich mich stelle. Dabei setze ich mich aber zugleich einer inneren Gefahr aus – und das ist der Punkt, auf den ich hinauswill.

Die gerade geschilderten Situationen sind nämlich immer auch solche, in denen ich mich selbst überwinden muss. Diese Formulierung hat es in sich. Mich überwinden – das heißt unweigerlich, mich hinter mir zu lassen, zu verstoßen, abzustoßen. Ich laufe Gefahr, mein Selbstverständnis, den wohlgeordneten Seelenhaushalt, die Gewohnheiten, die ich lieb gewonnen habe, zu verlieren. Von dieser Gefahr und von der Angst, die sie auslöst, schreibt Rainer Maria Rilke im Jahre 1910:

> Wenn meine Furcht nicht so groß wäre, so würde ich mich damit trösten, daß es nicht unmöglich ist, alles anders zu sehen und doch zu leben. Aber ich fürchte mich, ich fürchte mich namenlos vor dieser Veränderung. Ich bin ja noch gar nicht in dieser Welt eingewöhnt gewesen, die mir gut scheint. Was soll ich in einer anderen? Ich würde so gerne unter den Bedeutungen bleiben, die mir lieb geworden sind, und wenn schon etwas sich verändern muß, so möchte ich doch wenigstens unter den Hunden leben dürfen, die eine verwandte Welt haben und dieselben Dinge.[68]

Rilke spricht nicht nur über die Angst vor dem Verlust des Gewohnten, die ihn – beziehungsweise seine Romanfigur Malte Laurids Brigge – ergreift, sondern auch über die Verlockung, »alles anders zu sehen«. Diese Idee steht in Verbindung mit dem berühmten Vers, der Rilkes Gedicht *Archaischer Torso Apolls* beschließt: »Du mußt dein Leben ändern.«[69] Es gibt Erfahrungen, die genau diese Forderung in sich tragen, und Situationen, in denen der Drang danach geradezu körperlich spürbar wird. Daran zeigt sich, dass die Selbstgefährdung nicht nur abschreckt, sondern auch anzieht. Sie gehört untrennbar zu dem Genuss, der darin liegt, sich zu verändern. Der Genuss ist gefährlich, die Gefahr ist genießbar.

Oder, um dies noch einmal ökonomisch zuzuspitzen: Die Kosten sind zugleich der Nutzen.

Heutzutage nennt sich so etwas transformative Erfahrung. Sie besagt, dass ich nicht nur etwas sehe, was ich zuvor noch nie gesehen habe – meinethalben die Inka-Ruine Machu Picchu in Peru –, sondern dass sich bei dieser Erfahrung die eigenen Maßstäbe, die Art und Weise, wie ich bin, etwas erfahre und mich selbst verstehe, verwandeln. Ein Beispiel, das die Philosophin Laurie Ann Paul für eine solche transformative Erfahrung anführt, ist die Erfahrung, ein Kind zu bekommen. Als Vater erlaube ich mir, ihr recht zu geben. Elternschaft ist eine riskante Lebensform.[70]

Wer etwas Schlimmes überstanden hat, hört häufig zum Trost den Spruch: »Das Leben geht weiter.« Das klingt fast so, als sei der Lebenslauf ein Flusslauf, der immer Wasser führt (und dabei unweigerlich bergab geht). Doch jener Spruch kann nicht nur als schaler Trost nach einem Verlust, sondern auch als Aussicht auf Kommendes verstanden werden. Das Leben stagniert nicht, es ist nicht »Sein«, sondern – wie Michel de Montaigne wusste – »Übergang«.[71] Nichts wurde jemals getan, »ohne dass einer als Erster es tat«.[72] Jeder Schritt vorwärts bringt die Gefährdung eines Standpunkts, die Verschiebung der Balance, die Überschreitung einer Grenze. Wer »mit unerfahrenen Händen in die Rosenbüsche des Lebens«[73] greift, blutet hinterher aus den von Dornen gerissenen Wunden. Soll er deshalb die Finger davon lassen? Üblicherweise klingt es vorwurfsvoll, wenn man von jemandem sagt, er lebe über seine Verhältnisse. Doch diese Formulierung hat eine zweite Chance verdient. Wer über seine Verhältnisse lebt, muss nicht unbedingt ein Verschwender sein, ihm kann auch vergönnt sein, an einer Aufgabe zu wachsen und über sich hinauszuwachsen.

Menschen werden zu Helden, wenn sie sich in die Zone

der Gefahr begeben, vor außergewöhnlichen Herausforderungen stehen und dann nicht zu Hausmitteln greifen, sondern ihrerseits auf außergewöhnliche Weise agieren. Von außen sind sie der Gefahr ausgesetzt, *nicht mehr zu sein*. Ihnen droht also der physische oder auch der soziale Tod. Um sich dieser Gefahr stellen zu können, müssen sie sich innerlich dazu durchringen, *nicht mehr so zu sein, wie sie waren*. Sie müssen sich verwandeln oder innerlich gefährden, sonst schaffen sie es nicht.

Dies erfuhr die Marquise von O…, von der ihr Erfinder Heinrich von Kleist sagte, sie werde durch eine »schöne Anstrengung mit sich selbst bekannt gemacht«.[74] Streng genommen konnte die Marquise von dem Selbst, das sie kennenlernen würde, vor ihrer Anstrengung gar nichts wissen. Es war nämlich noch nicht da. Zunächst bestand ihre Identität darin, brave Tochter und Frau zu sein. Dann brach ihre Welt zusammen. Ihr Wagnis bestand darin, sich mit ihren Eltern anzulegen, also den sozialen Tod zu riskieren, und den Mann, der sie – während sie bewusstlos war – vergewaltigt und geschwängert hatte, per Zeitungsannonce aufzufordern, sich zu stellen. Sie tat einen Schritt ins Ungewisse und wurde eine andere – eben eine Heldin.

Was die Marquise und ihre Seelenverwandten tun, ist bewundernswert. Es kommt bei ihnen zu einer Operation bei schlagendem Herzen und wachem Bewusstsein. Das Leben eines Helden, so schrieb José Ortega y Gasset 1914, sei »endloser Schmerz, […] fortwährendes Sich-Losreißen-Müssen von jenem Teil seiner selbst, durch den [er] […] der Gewohnheit ergeben ist«.[75] Wenige Jahre zuvor prägte der Philosoph Georg Simmel den schönen Satz: »Wir sind die Abenteurer der Erde.«[76] Er zielte damit nicht auf Pioniere oder Desperados, auch nicht auf diejenigen, die sich genau zu der Zeit, als er diesen Satz schrieb, auf den Weg zum Südpol machten. Vielmehr erkannte Simmel Abenteurer daran, dass sie aus der »Kontinuität« des »Lebenszusammenhanges« ausbrachen, gegen die »Eingliederung« aller Erfahrungen »in die Lebenskette« ankämpften und sich nicht mit dem »Gefühl von Eingeschlossenheit« abfanden.[77] Das Abenteuer lässt das Metall im »stahlharten Gehäuse« der Routine schmelzen.[78]

Die Abenteurer der Erde begegnen der Gefahr an zwei Stellen: außen und innen. Zum Ersten stellen sie sich äußeren Umständen, in denen Gefahren lauern. Zum Zweiten durchlaufen sie einen Prozess, in dem sie über sich hinauswachsen, sich selbst oder ihr altes Selbst hinter sich lassen und ihre eigene Identität gefährden.

Als Georg Simmel meinte, wir alle seien Abenteurer der Erde, hat er übertrieben. Er hätte besser sagen sollen: Wir können das wollen, aber die meisten von uns trauen sich nicht, schaffen es nicht, halten sich bedeckt, zucken im letzten Moment zurück. Als er die Abenteurer der Erde willkommen hieß, hat er sich leider auch keinerlei Mühe gegeben, sie von denjenigen abzugrenzen, die das Abenteurertum als professionelle Selbsterfahrung betreiben. Diese platten Typen darf man nicht mit Simmels Abenteurern verwechseln.

Ein Selbsttest

Ich habe einen Selbsttest durchgeführt, den ich leicht angeschlagen überstanden habe. Eine ganze Ausgabe von *The Red Bulletin*, der Werbezeitschrift des Red-Bull-Konzerns, habe ich gelesen. In einem Zug, jedes einzelne Wort, genau hundert Seiten. (Zum Nachlesen: Es ist das Heft von August/September 2018.) Angezogen hat mich die Schlagzeile auf der Titelseite: »Hals über Kopf – Freerunner Jason Paul zeigt seine zweite Heimat Tokio aus der Superhelden-Perspektive.«

Die »Helden« in diesem Heft sind fast alle Profis. Neben dem Freerunner treten unter anderem auf: eine Gewichtheberin, eine Klippenspringerin, eine Beach-Volleyballerin, eine Extremkletterin, eine Motorradfahrerin in der Wüste, eine einsame Seglerin auf dem Pazifik, ein Extremradfahrer, ein Videospiel-Europameister, sogar ein Unternehmer. Die Sätze, die sie von sich geben, ergeben einen Trainingsplan der besonderen Art. Man lese bitte die folgende kleine Auswahl in rabiatem Tempo.

Jeder Tag birgt neue Abenteuer. – Die Gefahr muss zugleich als Konstante akzeptiert und als Herausforderung überwunden werden. – Wenn Sie null Leidenschaft für die tägliche Arbeit haben, dann sind Sie im Gefängnis, dann sind Sie halb tot. Dann machen Sie etwas! – Du musst dich jeden Tag dafür entscheiden, aktiv an deinem Leben teilzunehmen. – Du musst dein Hirn austricksen. – Sag niemals nie! – Wiederhole dich nie! – Schau nicht zurück, sondern schau nach vorn! – Mach einen Plan und vergiss ihn dann! – Schärfe deine Sinne! –Mach deinen Hass zum Helfer! – Suche (wirklich überall) nach Inspiration! – Verwandle Schmerzen in Chancen! – Befreie dich von Schubladen! – Definiere deine eigenen Regeln! – Bei sich selbst ankommen! – Neue Wege finden! – Vergiss andere Meinungen! – Bleib realistisch! – Träum weiter! – Fürchte dich nicht davor, deine Träume in die Realität umzusetzen! – Liefere Resultate! – Trau dir alles zu! – Die Balance zwischen Gas und Spaß ist der Schlüssel zum Erfolg. – Stärke ist, seine Ängste genau zu kennen und sie zu überwinden. – Nichts kann mich stoppen. – Ich kann gehen, wohin ich will. Die Welt ist kein Ort, vor dem man mich beschützen muss.

Diese Sätze sind eine Auswahl des Immergleichen, von dem das Red-Bull-Heft voll ist. Man darf annehmen, dass diverse Leute es lesen, ohne sich zu langweilen und ohne – so wie ich – dabei zu leiden. Man darf auch annehmen, dass die Menschen selbst die Sätze, die sie äußern, ernst meinen und der Konzern als Sponsor vieler der im Heft vorgestellten Abenteurer sein Geld effizient anlegen will. Individuelle Sehnsüchte treffen hier mit kollektiven, kommerziellen Strategien zusammen.

An den Red-Bull-Sätzen fällt auf, dass es sich vorwiegend um Imperative handelt. Das ist ungewöhnlich in einer Zeit, in der sich eigentlich keiner mehr etwas sagen lassen will und Befehle gern zu Empfehlungen verniedlicht werden. All die Imperative verschmelzen zu der einen großen Ansage, man solle ein abenteuerliches Leben führen. Offensichtlich gibt es eine versteckte Sehnsucht danach, dass man gesagt bekommt, wo es langgeht, also eine Sehnsucht nach dem Imperativ. Er hatte früher bekanntlich einen Stammplatz im Militär, als Befehl in einer gefährlichen Welt. In der Red-Bull-Welt hat der Imperativ eine verwandte Funktion: Er baut einen Druck auf, der zur Gefahr und zum Abenteuer hindrängt. Er wendet sich gegen den Indikativ (»So bin ich eben, ich kann nicht über meinen Schatten springen«) und auch gegen den Konjunktiv (»Ich könnte ja, wenn ich nur wollte«). Im Unterschied zu Schlachtrufen alten Stils zielen die Red-Bull-Imperative allerdings nicht auf irgendeinen Gegner, der gefährlich werden könnte und besiegt werden müsste. Auch wenn die im Heft vorgestellten Helden kompetitiv sein mögen, spielt der Sieg über andere nur eine nachgeordnete Rolle gegenüber dem Sieg über sich selbst. »Trau dir alles zu!« & Co. unterscheiden sich also von Schlachtrufen alten Stils: Die Gegner fehlen. Überdies unterscheiden sie sich von all jenen Imperativen, die nicht martialisch, sondern moralisch sind, also zum Beispiel von den christlichen Geboten. Bei Red Bull fehlen nicht nur die Gegner, sondern – und das ist viel dramatischer – die Inhalte.

Bei diesem speziellen Aufruf zum gefährlichen Leben handelt es sich letzten Endes um einen Aufruf zur Selbstbefriedigung. Auf den Kitzel kommt es an. Wie sich schon am breit gestreuten Personal von Profi- und Freizeitsportlern zeigt, die bei Red Bull auftreten, ist es eigentlich wurscht, *was* diese Leute genau tun. Es kommt darauf an, dass *sie* es tun und wie gut sie sich fühlen. In keinem der zitierten Sprüche wird ein inhaltliches Ziel benannt. Tim Bendzkos ironischer Popsong von 2011 *Muss nur noch kurz die Welt retten, danach flieg ich zu dir* ist im Vergleich dazu hoffnungslos auf äußere Ziele bezogen. Für die Red-Bull-Abenteurer ist die Welt ein Übungsplatz oder eine große Bühne, auf der sie sich in Szene setzen, und das »Ich« kommt weitgehend ohne »Du« aus.

Da es nur auf den Erlebniswert ankommt, treten Gewöhnungseffekte auf, ähnlich wie bei Medikamenten, deren Wirkung auf die Dauer nachlässt. In diesen Fällen bleibt nur, die Dosis zu erhöhen, also das Upgrade vom Matterhorn zum Mount Everest, vom Fallschirmsprung zum Weltraumflug zu vollziehen. Vielleicht lässt sich diese Selbstbefriedigungsspirale irgendwann unterbrechen, und die Red-Bull-Abenteurer werden der Beliebigkeit ihrer Ziele überdrüssig. Einstweilen aber wirken sie wie Karikaturen im Vergleich zu jenen »Abenteurern der Erde« (Simmel), die es tatsächlich verdienen, Helden genannt zu werden. Diese Helden sind bereit, sich auf mannigfache Weise zu gefährden und zu verwandeln, aber sie tun dies nicht, um »bei sich selbst anzukommen«, sondern – im Gegenteil – um etwas zu tun, was nicht nur mit ihnen zu tun hat.

Gelegenheit macht Helden

Viele Männer überschlagen sich geradezu in ihrer Bereitschaft zur Großtat – also zu einer Tat, die nicht nur das Ego befriedigt, sondern auch der Welt guttun soll. Diese selbst ernannten Helden strotzen vor Potenz und laufen mit ihrem Mut herum, als sei er ein Springmesser in der Hosentasche. Bei ihnen ist von mühsamer Selbstüberwindung kaum etwas zu spüren. Sie tun so, als hätten sie diesen Prozess immer schon hinter sich.

Eine Haltung, die zwischen totaler Gewissheit und borniertem Starrsinn schillert, tritt bei manchen Helden Richard Wagners besonders penetrant auf. Lohengrin kommt als fremder Ritter nach Brabant, agiert als unfehlbarer Erlöser und hält sich ansonsten fein raus. Siegfried wird als »hehrster Held der Welt«, »lachender Held«, »stärkster Held«, »herrlichster Held« und »überfroher Held« gefeiert, ist aber eigentlich nur ein weltfremder, dümmlicher Kraftprotz.[79] Siegfrieds später Nachfahre, der Casinobesitzer (Andy García) aus dem Film *Ocean's Thirteen*, antwortet auf die Frage »Are you ready?« mit »I was born ready«. Danny Ocean (George Clooney) verdreht daraufhin die Augen gen Himmel – und das finde ich sehr sympathisch.

Demokratische Helden werden nicht schon im Bereitschaftszustand geboren. Sie sind zwar nicht Menschen wie du und ich, aber – wie gesagt – doch Menschen. Da die Gefahr, in die sie sich begeben, nicht von Pappe ist, wäre es seltsam, wenn sie sich, ohne mit der Wimper zu zucken, in sie stürzten. Sie bezeugen, dass zum Bestehen der Gefahr ein Prozess der inneren Selbstverwandlung und Selbstgefährdung gehört. Diejenigen, die den Heldenanzug wie eine zweite Haut Tag und Nacht tragen, wirken in der Demokratie dagegen eher deplatziert.

Gelegenheit macht Diebe, so heißt das Sprichwort. Nun gilt neu: Gelegenheit macht Helden. Diejenigen Helden, von denen die Demokratie nicht genug haben kann, sind keine Fertig- und auch keine Dauerhelden, sondern – Gelegenheitshelden.[80] Sie haben eine Neben- oder Hauptbeschäftigung. Sie lassen sich unter außergewöhnlichen Umständen auf ein Abenteuer oder eine Gefahr ein. Oder sie kommen in einer alltäglichen Welt, die ihren Gang – aber einen falschen Gang! – geht, an einen Punkt, an dem sie sagen: »Jetzt reicht's.«

Wie demokratisches Heldentum sozusagen in voller Größe aussieht, wird sich erst beim Durchgang durch seine drei Hauptmerkmale zeigen. Dazu gehören neben der Bereitschaft, sich einer Gefahr zu stellen, der Einsatz für die große Sache und der Höhenunterschied, der sich zwischen den Helden und uns ergibt. Meine Überlegungen zur großen Sache werde ich in den Kapiteln *Altruistische und holistische Helden* und *Helden der Übererfüllung und Helden der Überwindung* resümieren. Mit Blick auf den Höhenunterschied bitte ich um Geduld bis zum Kapitel *Die Verehrung der Helden in der Demokratie.*

Was nun die Gefahr betrifft, so scheint mir entscheidend zu sein, dass demokratische Helden bei Gelegenheiten eingreifen oder loslegen, in denen eine äußere Gefahr droht und zugleich eine innere Selbstgefährdung gefragt ist. An einem Beispiel möchte ich das erläutern.

Die Frauenbewegung weiß viele Heldinnen (und wenige Helden) in ihren Reihen. Sie hebt sich wohltuend von dem zu Beginn dieses Kapitels erwähnten Kult der Fertighelden ab. Seit die Feministinnen im 18. Jahrhundert die politische Bühne betraten, haben sie soziale und physische Gefahren auf sich genommen. Sie wurden lächerlich gemacht, gedemütigt, geächtet, umgebracht, und zwar nur deshalb, weil sie die nicht gerade unbescheidene Forderung stellten, dass Rechte, die auf dem Papier allen Menschen zustanden, in der Praxis nicht nur für Männer, sondern auch für Frauen gelten sollten.

In ihrem Kampf mussten sich Frauen immer auch selbst überwinden, also nicht nur äußere, sondern auch innere Gefahren bestehen. Dazu gehörte der Abschied von dem traditionellen Verständnis, was es hieß, eine Frau zu sein. Denn dieses Bild war unter dem Druck der herrschenden Ordnung ein Stück weit zu ihrem Selbstbild geworden, und so war der Kampf der Frauen gegen die Unterdrückung durch die Männer und gegen die Einschränkung auf das häusliche Leben auch ein Kampf gegen ein altes Selbst oder ein Sieg über ein altes Selbst. Bekanntlich ist dieser Kampf weder in Deutschland noch sonst irgendwo auf der Welt zu Ende. Die Gefahren, von denen gerade mit Blick auf die Vergangenheit die Rede war, sind noch gegenwärtig. Der Bogen reicht von den Opfern, die sich in der MeToo-Bewegung zusammengetan haben, zu den jesidischen Frauen, die von ISIS-Kämpfern entführt und geschwängert wurden und denen ihre Heimatgemeinden nun die Heimkehr mit ihren Kindern verweigern.

Geschildert wird der doppelte Kampf, in dem äußere Gefahr und innere Gefährdung ineinandergreifen, in einem Theaterstück, das als »einer der großen Momente bourgeoiser Kultur« gelten darf, »ranggleich mit Kants Definition der Aufklärung oder Mills Ausführungen über die Freiheit«:[81] Henrik Ibsens Drama *Nora oder Ein Puppenheim* von 1879. Im Streit mit ihrem Ehemann Torvald Helmer steht Noras Zukunft auf dem Spiel – und die der ganzen Gesellschaft. Er will Nora dazu zwingen, »in erster Linie Frau und Mutter« zu sein. Daraufhin entspinnt sich der folgende Dialog:

Nora: Ich glaube, daß ich in erster Linie ein Mensch bin, ich genausogut wie Du, – oder jedenfalls, daß ich versuchen muß, es zu werden. [...]

Helmer: Du redest wie ein Kind. Du verstehst die Gesellschaft nicht, in der Du lebst.

Nora: Nein, das tu' ich auch nicht. Aber jetzt will ich mich
mit ihr auseinandersetzen. Ich muß versuchen, dahinterzu-
kommen, wer recht hat, die Gesellschaft oder ich.

Helmer: Du bist krank, Nora, du hast Fieber, ich glaube fast,
du hast den Verstand verloren.

Nora: Ich habe mich noch nie so klar und sicher gefühlt wie
heute nacht.[82]

Manche mögen damit hadern, dass ausgerechnet ein Mann
Nora die Sätze, die sie spricht, in den Mund gelegt hat – ein
Mann immerhin, der erklärte, für die »Umgestaltung der gesellschaftlichen Verhältnisse« im Sinne der Frauenbewegung
»wirken« zu wollen.[83] Jedenfalls geht aus Ibsens Sätzen hervor, dass die gesellschaftliche Veränderung von einer Frau
angestoßen wird, die sich selbst verändern will, zu verlieren
droht und zu gewinnen sucht. Nora weiß noch nicht mal, ob
sie ein Mensch ist oder dies erst wird. Ihre Menschwerdung
muss sie Helmer und der Gesellschaft abringen, aber auch
sich selbst. Damit wird sie zur Heldin.

Nora steht nicht über den Dingen, sie kann nicht einfach
einen Startknopf drücken, um die Umwälzung in Gang zu
setzen. Dass ihr die Attitüde des Machers nicht zur Verfü-
gung steht, ist für demokratisches Heldentum gerade passend. Nicht nur für den Feminismus ist Noras Satz »Ich bin
ein Mensch oder muss jedenfalls versuchen, es zu werden«
ein Schlüsselsatz. Er passt zu allen Freiheitsbewegungen und
auch zu allen Veränderungsprozessen in Demokratien. In ihnen hat man mit Menschen zu tun, die immer noch werden
– mit Gelegenheitshelden, nicht mit Fertig- oder Dauerhelden. Sie werden nicht krampfhaft Rollenerwartungen gerecht, sondern ringen mit sich, gefährden sich, verwandeln

sich. Frauen und Männer, die sich unter solchen Umständen zu Großtaten aufschwingen, handeln aus freien Stücken. Dies ist ein Zeichen dafür, dass ihr Heldentum zur Demokratie passt.

Heldentum und die große Sache

Wilhelm Tell und Rick Blaine

Die Fremdherrschaft ist erdrückend. Ein »schwaches Volk der Hirten« muss »mit gebognem Knie« dem Kaiser und seinen Statthaltern Ehrerbietung erweisen. Zwei Landsleute streiten, ob sie in den Kampf ziehen sollen. »Soll man ertragen, was unleidlich ist?«, fragt der Erste. »Ein jeder lebe still bei sich daheim«, antwortet der Zweite. Entrüstet erwidert der Erste: »So kalt verlaßt Ihr die gemeine Sache?« (also: die gemeinsame Sache). Der Zweite – er heißt Wilhelm Tell – bleibt jedenfalls in diesem Moment hart: »Ein jeder zählt nur sicher auf sich selbst.«[1]

Szenenwechsel: Deutschlands Macht reicht bis nach Marokko. Die Vertreter der französischen Vichy-Regierung arrangieren sich mit den Nazis vor Ort. Ein Barbesitzer namens Rick trifft eine Frau wieder, die in Paris seine große Liebe war. Dort hat sie ihn verlassen, als ihr tot geglaubter Mann, ein Widerstandskämpfer, wiederauftauchte. Inzwischen ist das Ehepaar nach Casablanca geflohen. Bleiben kann der Mann dort nicht, denn die Nazis versuchen, seiner habhaft zu werden. Dem Barbesitzer sind Transitvisa nach Portugal in die Hände gefallen, und nun will die Frau, die er liebt, ihn dazu bringen, sie herauszurücken. Sie sagt zu ihm: »Ich bitte dich, deine Gefühle für etwas, was wichtiger ist, beiseitezulassen.« Der Barbesitzer bleibt – jedenfalls in diesem Moment – hart: »Ich kämpfe für nichts mehr, nur für mich selbst. Ich bin die einzige Sache, für die ich mich interessiere.« (»I'm not fighting for anything anymore, except myself. I'm the only cause I'm interested in.«)

In Schillers *Wilhelm Tell* und im Film *Casablanca* steht sie sperrig im Raum: die große Sache. Die beiden Hauptfiguren, Wilhelm Tell und Rick Blaine, wollen erst mal nichts mit ihr zu tun haben. Doch das ist bekanntlich nicht ihr letztes Wort. Bei den Szenen, die ich gerade wiedergegeben habe, möchte man gar nicht verharren. Unwillkürlich spult man vor bis zum Ende ihrer Geschichten. Wilhelm Tell tötet den kaiserlichen Landvogt Gessler und erkämpft mit seinen Landsleuten die Unabhängigkeit: »Es hebt die Freiheit siegend ihre Fahne.«[2] Rick Blaine erschießt den NS-Major Strasser und lässt den Widerstandskämpfer mit seiner Frau in die Freiheit fliegen.

Warum beharren Wilhelm und Rick zunächst darauf, dass sie nur an sich denken und auf sich vertrauen? Warum sind beide erst einmal auf dem Egotrip? Wichtig ist dies nicht nur, damit Dramatiker und Regisseur eine schöne Geschichte von Besinnung und Verwandlung erzählen können. Es ist auch deshalb wichtig, weil die beiden Männer damit als große Einsame heraustreten und Unabhängigkeit erlangen. Erst aus dieser heroischen Position heraus können sie die übliche Vorsicht und Rücksicht missachten. So werden sie frei dafür, sich für etwas einzusetzen, was über sie hinausgeht.

Das Leben ist der Güter höchstes nicht

Helden engagieren sich für eine Sache, die größer ist als sie selbst. Ihr Einsatz ist nicht nur Dienst und Pflichterfüllung. Sie verschwinden nicht als anonyme Agenten hinter der Sache, um die es geht, sondern bringen sie erst groß heraus – und damit auch sich selbst. Ohne sie wäre möglicherweise nicht viel los. An dem, was geschieht, hängt der Vermerk, dass sie ihre Hand im Spiel haben. So bekommt die große Sache eine persönliche Note.

Umgekehrt wird aber auch ein Schuh daraus. Man kann nämlich gleichermaßen sagen, dass beim Heldentum die Person in gewisser Weise versachlicht wird. Gemeint ist damit, dass sie nicht nur etwas zur Sache tut oder beiträgt, sondern mit ihr verwächst. Ihre private Existenz tritt zurück. Die Person spielt sich nicht auf, sondern setzt sich ein für das, woran ihr liegt.

Ein Pilot und Schriftsteller, der staunenswerte Aktionen vollbracht und zauberhafte Bücher geschrieben hatte, startete am 31. Juli 1944 zu einem militärischen Aufklärungsflug über dem Mittelmeer, von dem er nicht mehr zurückkehrte. Sein Tod hat viele bewegt, unter anderem den Philosophen Maurice Merleau-Ponty, der schrieb: »Saint-Exupéry stürzt sich in seine Aufgabe, weil er sie ist, die Fortsetzung dessen, was er gedacht, gewollt und entschieden hat, weil er nichts mehr wäre, wenn er sich entzöge.«[3]

Von dieser Idee, dass ein Held seine Aufgabe geradezu »ist«, also mit ihr verwächst, lasse ich mich leiten. Helden identifizieren sich derart mit einer Sache, dass alles nichts wäre und sie selbst nicht mehr wären, wenn sie von ihr abließen. Franz Kafka hat beschrieben, wie sich das Leben dabei zuspitzt und verdichtet:

> Wie willst du an die größte Aufgabe auch nur rühren, wie willst du ihre Nähe nur wittern, ihr Dasein nur träumen, ihren Traum nur erbitten, die Buchstaben der Bitte zu lernen wagen, wenn du dich nicht so zusammenfassen kannst, daß du, wenn es zur Entscheidung kommt, dein Ganzes in einer Hand so zusammenhältst wie einen Stein zum Werfen, ein Messer zum Schlachten.[4]

Kafkas gewaltsame Wortwahl ist befremdlich, aber passend. Militanz braucht es, um die »größte Aufgabe« auszuführen. Der »Stein« liegt nicht wie ein Werkzeug oder eine Waffe in der Hand, sondern das Selbst wird geradewegs zu diesem Stein. Man legt alles, was man hat, in den Wurf hinein – also sich selbst. Die Entschlossenheit entspringt nicht, wie die des Desperados, dem Überdruss über die Leere des Lebens, sondern dem Überschwang über die Dichte des Lebens und dem Willen, eine Aufgabe zu erfüllen.

Im Englischen sagt man, etwas sei *larger than life*. Anders als sein deutsches Pendant »überlebensgroß« ist dieser Ausdruck als Kompliment gemeint – dafür, dass aufs Normale heruntergestutzte Erwartungen übertroffen werden. Ein solches Kompliment passt zu Helden. Sie tun etwas und vergessen dabei fast, dass auch sie aus Fleisch und Blut sind. Wenn sie in den Spiegel schauen, wollen sie jemanden erkennen, der für ein Ideal einsteht. Sonst ist ihnen das Leben vergällt.

Platon hat diesen gewaltigen Anspruch in Worte gefasst, die vielen seitdem als Ansporn gedient haben: Wenn man die Wahl habe, (moralisch) schlecht zu leben oder gar nicht zu leben, so sei Letzteres vorzuziehen.[5] Immanuel Kant hat Platons Position in die Neuzeit überführt und erklärt, »das Leben an und für sich selbst« sei »nicht das höchste Gut«. Friedrich Schillers Sprichwort dazu lautet: »Das Leben ist der Güter höchstes *nicht*.«[6] Kürzlich hat sich Thea Dorn an Schiller erinnert und den Helden vorsichtig zugewunken:

> Ist das Heroische neuerdings schlimm? Natürlich ist es ein immenser Freiheitszugewinn, wenn im Zeitalter des Hoch-Individualismus jeder sich selbst für das Zentrum der Welt halten darf. Ich muss oft an den Schiller-Satz denken: ›Das Leben ist der Güter höchstes nicht.‹ Dürfen wir diese Haltung wirklich völlig aufgeben?[7]

Es liegt nahe, Schillers Satz als zynischen Gruß an Lebensmüde oder martialischen Appell an Todesmutige abzutun. Marcel Reich-Ranicki hat vor Jahren den pfiffigen Vorschlag gemacht, ihn um ein kleines, entscheidendes Wort zu kürzen und stattdessen zu sagen: »Das Leben ist der Güter höchstes.«[8] Doch gibt es auch eine menschenfreundliche Lesart, die Schillers Satz seinen Sinn belässt. Dazu muss man ihn nicht verkürzen, sondern verlängern: »Das Überleben ist der Güter höchstes nicht.« Das stimmt tatsächlich. Eine Variation darauf ist der letzte Satz, der in dem Kinofilm *Slow West* von 2015 gesprochen wird: »There is more to life than survival.« Der Sinn des Lebens liegt nicht im Leben selbst, erst recht nicht im Überleben oder Vegetieren, sondern darin, das Leben zu führen. Damit will ich nicht abfällig über diejenigen herziehen, die verzweifelt ums Überleben kämpfen. Im Gegenteil: Sie kämpfen ja nicht, um bis an ihr Lebensende nichts anderes zu tun, als gerade mal so zu überleben, sondern weil sie mehr vom Leben wollen. Damit stellt sich die Frage, welche Ziele sie dem Leben – und sich selbst – geben.

Helden finden dieses Ziel in einer großen Sache, und dieser großen Sache – speziell derjenigen der Demokratie – möchte ich mich jetzt nähern. Auf direktem Wege kann ich dies nicht tun, denn zunächst muss ich mich mit den Angriffen herumschlagen, mit denen den Helden in modernen Zeiten der Zugang zur großen Sache verbaut wird.

Diese Angriffe kommen aus ganz verschiedenen Ecken. Mal erfolgt der Angriff von einer Instanz außerhalb der Demokratie. Mal geht der Angriff von Leuten aus, die der Demokratie einen Dienst erweisen wollen – der allerdings ein Bärendienst ist. Mal kommt der Angriff aus dem Inneren der Demokratie selbst. Die Stichworte, die zu diesen drei Angriffsarten passen, heißen Kapitalismus, Bürokratie und Pluralismus. Ich erläutere kurz, welche Gegner die Angriffe lancieren, und liefere dann drei Spielberichte.

Der Kapitalismus erhebt die Fixierung auf das Eigene zum dominanten Lebensmodell. Aus der *großen* Sache wird also die *eigene* Sache, und so ist den Helden die Arbeitsgrundlage entzogen, andere für sie zu gewinnen.

Die Bürokratie übernimmt die Organisation des gesellschaftlichen Lebens. Die große *Sache* bleibt rein *sachlich*, und so wirkt der Held, der eine Sache vertritt, mit seiner persönlichen Note nur störend.

Der Pluralismus sorgt dafür, dass die Menschen ihre individuellen Initiativen frei entfalten können. Aus *der* großen Sache werden *viele* Sachen, und so verwandelt sich das Heldenspiel in ein Potpourri. Die Debatte, die um Pluralismus und Heldentum kreist, hat – anders als im Fall von Kapitalismus und Bürokratie – ihren Ursprung in der Demokratie selbst. Gegen Helden richtet sich der Vorwurf, dass sie die Menschen auf ein einziges Ziel, auf ihre große Sache, einschwören und der Freiheit Schaden zufügen. Diesen Vorwurf werde ich prüfen und entkräften.

Man kann nicht sagen, dass Kapitalismus, Bürokratie und Pluralismus den Helden *nichts anhaben* können. Sie geraten in diese Spannungsfelder hinein und verwandeln sich in ihnen. Wenn sie dabei so gut in Form kommen, dass sie die große Sache der Demokratie verteidigen können, kommt dies ihr – und uns allen – zugute.

Die große Sache ist meine Sache:
Heroismus und Kapitalismus

Kapitalisten stürzen sich in Unternehmungen, lenken Finanz- und Warenströme, entscheiden über die Zukunft ganzer Industrien und über das Schicksal von Abertausenden von Menschen. Ihr rasanter Aufstieg fällt zeitlich ziemlich genau mit dem – allerdings nicht so schnell von Erfolg gekrönten – Auftritt der Demokraten zusammen. Es handelt sich hier um eine der umstrittensten Zeitgenossenschaften der Weltgeschichte.

Vom 18. Jahrhundert bis heute sind lautstarke Stimmen zu hören, die Kapitalismus und Demokratie als *power couple* oder *dream team* bezeichnen und eine enge Verbindung zwischen wirtschaftlicher und politischer Freiheit ziehen. Zahlreich sind auch die Stimmen derer, die in der Demokratie den verlängerten Arm ökonomischer Mächte sehen und ihr jeden Eigenwert absprechen, sowie umgekehrt derer, die mit der Demokratie den Kapitalismus zähmen oder klein halten wollen. So oder so gilt: Wie es der Kapitalismus mit den Helden hält, kann mir bei der Suche nach dem demokratischen Heldentum nicht gleichgültig sein.

Zuallererst fällt auf, dass die frühen Kapitalisten nicht so sehr die Nähe zur Demokratie suchten, als vielmehr im Fahrwasser der Aristokratie verharrten. Sie waren die neuen Herren im Hause, versuchten aber, nicht nur die Macht, sondern auch den privilegierten Zugang zum Heldentum vom Adel zu übernehmen. Altmodische Beinamen des Kapitalisten lauteten »Eisenbahnbaron«, »Industriekapitän«, »Stahlmagnat« oder »Finanzmogul«. So scheuten Kapitalisten auch nicht vor Krieg zurück – damit meine ich nicht nur ihre Beteiligung am Imperialismus, sondern die Wirtschaftskriege, die sie gegeneinander führten. In alter Zeit gab es den Stahlkrieg an der Ruhr (gewonnen von Krupp) oder die *railroad wars* im amerikanischen Westen. Auch in jüngerer Zeit wurden Kriege geführt, etwa die sogenannten Browserkriege (Microsoft gewann mit dem Explorer den ersten und verlor den zweiten). Das militärische Vokabular ist unter Kapitalisten heute noch ziemlich verbreitet. Sie führen einen »war for talents«, schicken ihre Leute an die Front und erwarten, dass sie als Helden aus dem Marktumfeld oder -schlachtfeld heimkehren.[9]

Ich möchte der Frage nachgehen, wie es der großen Sache, an die das Heldentum gebunden ist, im Kapitalismus ergeht. Meine These lautet: Die Kapitalisten haben aus der großen Sache ihre eigene Sache gemacht und sie damit zugrunde gerichtet. Dieser Kurzschluss zwischen dem Großen und dem Eigenen tut dem Heldentum nicht gut – auch nicht dem demokratischen Heldentum, das sich des aufdringlichen Kapitalismus erwehren muss.

Manche verschaffen dem Kapitalismus eine höhere Rechtfertigung, die weit über Gewinnmaximierung hinausgeht. Sie sehen in Kapitalisten nicht nur Siegertypen im knochenharten Wettbewerb, sondern schwärmen davon, dass sie sich heldenhaft der Erfüllung eines großen Auftrags widmeten: der Förderung des Wohlstands und des Wohlergehens der Menschheit. Die amerikanische Pädagogin Candace Allen sagte: »In unserer modernen Welt sind es die Schöpfer des Wohlstands – die Unternehmer –, die auf dem Heldenpfad wandeln. Sie sind genauso kühn und verwegen wie die Helden, die gegen Drachen gekämpft und das Böse besiegt haben.«[10] Das Credo der gut vernetzten Bewegung *Conscious Capitalism* lautet: »Geschäftsleute [...] sind heroisch, denn sie führen Menschen aus der Armut und schaffen Wohlstand. Der Kapitalismus des freien Unternehmertums ist das mächtigste System sozialer Kooperation und menschlichen Fortschritts, das je entwickelt worden ist.«[11] Ob aggressiv oder humanitär – hier werden Kapitalisten als Helden präsentiert. Sind sie das?

Große Denker mit sehr unterschiedlichen politischen Positionen haben sich zu dieser Frage geäußert und sind zum gleichen negativen Ergebnis gelangt: Sie trauen den Kapitalisten kein Heldentum zu. Der bürgerliche Philosoph Georg Wilhelm Friedrich Hegel meinte, dass sich »Kaufleute […] dem Allgemeinen nur zum Behufe des eigenen Genusses zuwende[n]«.[12] Sie fielen bei seiner Heldenprüfung glatt durch – und zwar eben deshalb, weil sie im großen Ganzen nur Futter für das eigene Ego sehen. Karl Marx, der schärfste Kritiker des Kapitalismus, schrieb 1852, die »bürgerliche Gesellschaft« sei »unheroisch«, weil sie »ganz absorbiert« sei von der »Produktion des Reichtums« und dem »friedlichen Kampf der Konkurrenz«.[13] Der Nationalökonom Joseph Alois Schumpeter, der unverschämteste Befürworter des Kapitalismus, schrieb neunzig Jahre später, die »kapitalistische Zivilisation« sei »ihrem Wesen nach unheroisch«.[14]

All diese Urteile stützen sich auf eine einfache, überzeugende Begründung: Der Kapitalismus operiert mit dem Primat des Eigennutzes, zieht jede große Sache in diese Logik hinein und zerstört damit die Möglichkeit, dass Menschen über das Eigene hinausgelangen und anhand einer gemeinsamen Sache zusammenfinden Der kapitalistische Frontalangriff auf das Heldentum läuft darauf hinaus, dass alle nur dorthin schauen, wo es etwas für sie zu holen gibt. So hat die große Sache, die unverzichtbares Merkmal des Heldentums ist, im Kapitalismus keine Chance. Das ist ein dramatischer Befund: Parallel zum Aufstieg der Demokratie bricht sich eine ökonomische Entwicklung Bahn, die den Stromkreis psychischer Energien, der im Heldentum wirkt, vom sozialen Netz nimmt. Es ergibt sich ein Unvereinbarkeitsbeschluss: Wer

Held sein will, muss sich vom Kapitalismus fernhalten, wer Kapitalist sein will, muss sich den Heroismus abschminken.

Zwischen Marx und Schumpeter gibt es einen nennenswerten Unterschied in dieser Hinsicht. Marx hielt es für ausgeschlossen, dass es im Kapitalismus Helden geben könne. Der Sieg des Bürgertums führt ihm zufolge sang- und klanglos zu deren Tod. Schumpeter sah dies anders, er beließ den kapitalistischen Helden noch eine tragende Rolle – allerdings nur für eine beschränkte Spielzeit, die im frühen 20. Jahrhundert endete. Er begrüßte jene unternehmerischen »Bahnbrecher«, die »ganz besonders traditions- und beziehungslos« agierten, den »Hebel der Durchbrechung aller Bindungen« einsetzten, »Machtgefühl«, »Herrenstellung«, »Siegerwille«, »Kraftüberschuss«, »Freude an der [...] Neuschöpfung« und der »schöpferischen Zerstörung« auslebten.[15] Wenn Schumpeter diesen Unternehmern am Ende den Totenschein ausstellte, so datierte er ihn auf einen späteren Zeitpunkt als Marx. Er sah, wie sich ein unheroisches Lebensgefühl ausbreitete, das alle unternehmerischen Pläne an die kurze Leine der »utilitaristische[n]«, »rationale[n]« Kosten-Nutzen-Rechnung nahm. Am Ende war deshalb am »Geschäftsmann« keine Spur von »Heroismus« mehr zu entdecken.[16] Weil Schumpeter – anders als Marx – die Sehnsucht nach dem heroischen Unternehmer im postheroischen Kapitalismus wachhielt, wurde er zum Gewährsmann all derer, die bis heute daran arbeiten, den Kapitalismus heroisch aufzuwerten und aufzurüsten.

Ein geistiger Verwandter Schumpeters war der Soziologe Werner Sombart. Er schlug sich gleichfalls damit herum, dass Heroismus und Kapitalismus nicht recht zusammenpassen, versuchte dann aber, beide unter einen Hut zu bringen. Sein Modell ist heute erstaunlich weitverbreitet, deshalb lohnt ein Blick darauf. Im Jahre 1915 erklärte Sombart, die

Typen des »Händlers« und des »Helden« bildeten »gleichsam die beiden Pole aller menschlichen Orientierung auf Erden«. Thomas Mann hat dies in seinen 1918 erschienenen *Betrachtungen eines Unpolitischen* nachgebetet. Sombarts These war mit einer nationalistischen und antisemitischen Botschaft verbunden: Für die Händler standen bei ihm die Engländer und die Juden, für die Helden die Deutschen. »Der Händler […] tritt an das Leben heran mit der Frage: was kannst du Leben mir geben; er will nehmen, will für möglichst wenig Gegenleistung möglichst viel für sich eintauschen, will mit dem Leben ein gewinnbringendes Geschäft machen.«[17]

Die Bemerkung, dass der Händler nur »nehmen« wolle, wurde von Sombart auch kulinarisch gedeutet – und zwar auf ziemlich lustige Weise: Jemand, der nur nehmen wolle, nehme auch laufend etwas zu sich und müsse deshalb immer weiter zunehmen. So schrieb Sombart: »Der Bourgeois […] verfettet.«[18] Den Helden stellte er sich schlank und rank vor. Folgt man Sombart, so steht der Anstieg der Fettleibigkeit in westlichen Gesellschaften in einem Zusammenhang mit dem Rückgang des Heroismus.

Der Gegensatz zwischen Held und Händler konnte Sombarts letztes Wort nicht sein, denn er war nicht nur ein Heldenfreund der üblen Sorte, sondern – trotz seiner Händlerkritik – auch ein eingefleischter Bewunderer des Kapitalismus. Er musste also einen Weg finden, von der Kritik am Händler zur Feier des Kapitalisten zu gelangen und diesen dann mit dem Helden auszusöhnen. Hierzu erfand Sombart die Zweiseelentheorie des Kapitalisten. Ihr zufolge solle in dessen Brust nicht nur die Seele des kleingeistigen Händlers wohnen, sondern auch die des heldenhaften Unternehmers. Anders als Schumpeter sah Sombart in diesem Typus nicht eine aussterbende Art, sondern einen standhaften Statthalter des Kapitalismus.

Es ist nicht sehr überraschend, dass diese ziemlich schräge Zweiseelentheorie ihr Ziel, die Ehrenrettung des Kapitalismus, verfehlt. Für ihr Scheitern gibt es einen einfachen Grund: Sombart selbst muss zugeben, dass sich jene »zwei Seelen« des Kapitalisten »nicht voneinander trennen« lassen,[19] und so behält der unheroische Eigennutz einen festen, prominenten Platz im Seelenleben des Kapitalisten. Damit macht er sich als Held *unmöglich*. Er ist an sein Geschäftsmodell gefesselt: Ein Unternehmer mag einer großen Sache anhängen, muss aber immer auch sicherstellen, dass er seine Schäfchen ins Trockene bringt. Ein Mitglied der *creative economy* mag *out of the box* denken, schielt dabei aber zugleich auf den nächsten Bonus oder den Börsengang. Der Kapitalist ist im besten Fall ein Pseudoheld. Er verhält sich wie jemand, der ein Kind vor dem Ertrinken rettet und dann gleich ausrechnet, welch fette Belohnung er von den Eltern des Kindes dafür verlangen kann.

Ich befasse mich so ausführlich mit diesem Pseudoheroismus, weil er nicht nur ein Kuriosum der Vergangenheit ist, sondern bis heute breiten Erfolg hat. In der Sonderwelt der Start-ups gibt es nicht nur *business angels* und Wagniskapital, sondern auch eine Unternehmenskultur, die meint, den Heroismus geradezu gepachtet zu haben. Beliebt ist bei Start-ups etwa die Rhetorik, alle im Team bildeten eine große Familie. An deren Spitze steht häufig ein neuer Typus des Patriarchen, der als Gründer seine unternehmerische Vision verfolgt und alle Mitarbeiter – überwiegend junge Männer! – auf die vermeintlich große Sache einschwört und sie dazu bringt, sich für sie krummzulegen. Wenn ein Start-up besonders innovativ, kreativ, disruptiv ist, gelingt es ihm vielleicht, »den Eskimos Badehosen« zu verkaufen (ein Beispiel von Sombart).[20] Das ganze Spiel hängt an einem einzigen Kriterium: *marketability*. Die Vision muss sich rechnen. So kommt es – mit Sombart gesprochen – zum Schulterschluss zwischen Unternehmer und Händler oder eben – nach meiner Wortwahl – zum Siegeszug des Pseudoheroismus.

Es ist kein Zufall, dass sich das Heldentum in die Namen vieler Start-ups eingeschlichen hat; man denke an »Sparheld« oder »DeliveryHero«. Oliver Samwer, heute ein Miteigentümer von DeliveryHero, schrieb 2011 in einer E-Mail an Mitarbeiter, in der er seine Zukunftsstrategie für den Onlinehandel skizzierte:

> Die Zeit für den Blitzkrieg muss klug gewählt werden. […] Ich werde euch das Geld für den aggressivsten Plan der Geschichte zur Verfügung stellen. […] Ich will, dass ihr alle drei zu diesem Plan steht. Ihr müsst ihn mit eurem eigenen Blut unterzeichnen. […] Ich bin der aggressivste Internet-Typ auf dem Planeten. Ich setze mein Leben ein, um zu gewinnen, und erwarte das Gleiche von euch.[21]

Es gibt nicht nur solche martialisch-peinlichen Beispiele für Pseudoheroismus, sondern durchaus auch rührende. Die Gedenkfeier für den Apple-Gründer und -CEO Steve Jobs im Oktober 2011 ist dafür ein Beispiel. Die Zeremonie war darauf angelegt, die Grenze zwischen Geschäft und großer Sache, ökonomischer und humaner Innovation verschwimmen zu lassen. Sein Nachfolger sagte in der Trauerrede:

> Er wurde als Visionär bezeichnet, als schöpferisches Genie, Rebell, Nonkonformist und Original, als größter CEO und bester Innovator aller Zeiten. […] Steve folgte nie der Herde. […] Er suchte immer den richtigen, nicht den einfachen Weg. Er fand sich nie mit dem Guten ab, sondern wollte nur das Große – das irrsinnig Große.[22]

Es gehört zu den eindrucksvollsten Kunststücken der Kapitalisten, in solchen Momenten vergessen zu machen, worum es ihnen immer *auch* oder immer *vor allem* geht: dass die Zahlen stimmen. Im Erfolgsfall ist der kapitalistische Wohltäter sein eigener Nutznießer. Er gleicht jenem »Desperado«, dessen Handeln nicht »auf das Wohl und Wehe einer Gemeinschaft gerichtet ist«, sondern eine »Mehr-oder-weniger-Privatangelegenheit« bleibt.[23]

Egal ob es sich nun um martialische (Oliver Samwer) oder zauberhafte (Steve Jobs) Pseudohelden handelt – viele, die in der Wirtschaft tätig sind, haben genug von großen Machos oder Egos und erteilen ihnen eine Absage. Ein derzeit hoch gehandeltes Organisationsmodell heißt *Holacracy*: Alle sollen herrschen, jeder trägt Verantwortung. Ein Manager, der sich als »Antiheld« einen Namen gemacht hat, sagt: »Vergesst diese Heldensache. Ich habe keine Lust auf heroische Haltungen – weder in unserer Firma noch in meinem Leben. Jeder denkt, er müsse ein Held sein, um etwas aufzubauen […]. Quatsch.«[24] Die Vertreter des »postheroischen Managements« schwärmen von symmetrischer Kommunikation, flachen Hierarchien, warmem Betriebsklima. Aber sie bleiben seltsam unschlüssig. Ein Wortführer dieser Idee lässt Helden durch die Hintertür wieder in die Chefetage schlüpfen: »Man wird es immer mit einer postheroischen Führung zu tun haben, die ab und an Helden auszeichnet, wenn es darauf ankommt, an jene heroischen Affekte zu appellieren, die man zuweilen braucht.«[25]

Was für ein Unsinn! Helden lassen sich nicht wie verstaubtes Spielzeug aus dem Keller holen, wenn irgendein Unternehmensberater das empfiehlt. Dieses Szenario gleicht der Situation eines Alkoholikers, der in der Entzugsklinik kurz vor dem Rückfall steht: Er hat dem Heldentum abgeschworen, kann an nichts anderes als an den Stoff denken, kommt aber nicht an ihn heran.

Der heroische Kapitalist ist ein Widerspruch in sich, weil die große Sache, die er für sich in Anspruch nimmt, untrennbar mit seiner eigenen Sache, dem Eigeninteresse, verstrickt ist. Damit wird die große Sache klein. Meine Empfehlung lautet, dass Heroismus und Kapitalismus sich an Gwyneth Paltrow und Chris Martin ein Beispiel nehmen und vollziehen sollten, was den beiden nach dem Scheitern ihrer Ehe 2014 angeblich gelungen ist: ein »conscious uncoupling«, also eine »bewusste Entpaarung«. Die Menschen, die in der Wirtschaft reüssieren wollen, können *busy* sein, sollten aber nicht ihre Rolle überhöhen.

Damit ist aber noch nicht alles über die Beziehung zwischen Heroismus und Kapitalismus gesagt. Sie bekommt einen weiteren garstigen Dreh. Der Demokratie machen nicht nur Pseudohelden zu schaffen, die der Kapitalismus in seinen eigenen Reihen hat, sondern auch Trotzhelden, die er gewissermaßen als hausgemachte Feinde selbst hervorbringt. Sie stellen sich gegen den Kapitalismus, bleiben negativ auf ihn fixiert und mobilisieren einen Heroismus, der an das alte Modell des Kriegertums angelehnt ist. Fürchterlich wüten diese Trotzhelden in der Geschichte. Sie klammern sich an eine große Sache und arbeiten sich am Kapitalismus ab. Wie viele andere empfinden sie Unbehagen daran, dass in der Welt der Waren und des Geldes alles nur einen relativen Wert hat und beliebig, verhandelbar, austauschbar ist. Sie sehen, wie das Geld zum Maßstab aller Dinge wird, die Individuen nur noch ihr Eigeninteresse verfolgen und dabei alle Werte, die sich nicht mit Geld messen lassen, aus dem Auge verlieren. Dann erfolgt die entscheidende Wendung der Trotzhelden: Sie schlagen in diese kapitalistische Welt, die das »wirklich Wertvolle« verdeckt, ein »Loch« und gelangen durch dieses Loch in eine Welt, die sich am Gegensatz zum Relativismus der Geldwirtschaft aufgeilt: eine Welt, in der alles unverwechselbar, unverhandelbar, unverrückbar, eindeutig, ursprünglich sein muss. Die Trotzhelden verschanzen sich in einer »absoluten Situation« (Georg Simmel).[26] Bei ihnen wird das Verlässliche verbohrt, das Feste knallhart, die Überzeugung dogmatisch.

Neben die Pseudohelden, die im Kapitalismus auf der Jagd nach allem und jedem sind, solange ihnen das Gewinn einbringt, treten also die Trotzhelden, deren große Sache über allen Zweifel, über das Aus- und Verhandeln erhaben sein soll. Bei diesen Trotzhelden handelt es sich gewissermaßen um illegitime Kinder des Kapitalismus, denn sie tauchen in diversen politischen Bewegungen auf, die in dessen Windschatten hochgekommen sind: Faschismus, Fundamentalismus und Populismus. Diese kollektivistischen Ideologien haben versucht, das Heldentum, das im Kapitalismus an innerer Auszehrung leidet, auf ihre Seite zu ziehen und für sich zu vereinnahmen. Ein Beispiel mag genügen, nämlich Benito Mussolinis berühmt-berüchtigter Ausspruch von 1934: »Das Credo des Faschisten ist der Heroismus, dasjenige des Bürgers der Egoismus.«[27] Unterstützung fand er bei den Erfindern der »futuristischen Küche«, die »der Rasse neue heroische und dynamische Kräfte einzuflößen« versprachen. Sie wollten Spaghetti vom Speiseplan der Italiener absetzen,[28] waren damit aber weniger erfolgreich als die Faschisten bei der Vereinnahmung des Heldenbegriffs.

Heute sieht sich die Demokratie von kapitalistischen Pseudohelden und kollektivistischen Trotzhelden gleichermaßen umgeben. Das sind schwierige Zeitgenossen. Die Pseudohelden treiben sich im Kapitalismus herum und dürfen dort ihre Tatkraft und Risikobereitschaft, nicht aber den Einsatz für eine große Sache unter Beweis stellen. Wenn die Pseudohelden gut in Schwung sind, genießen sie ihr Image als Macher und zählen ihre Erfolge. Wenn sie an sich zweifeln, fragen sie, ob der Stress sich überhaupt lohnt, spüren – wie Simmel um 1900 sagte – den »Mangel an Definitivem im Zentrum der Seele« und geraten in eine innere »Krisis«.[29] Diese Sinn- und Schaffenskrisen der Pseudohelden haben eine gute Seite. Zum Ausdruck kommt darin nämlich ein Bedürfnis nach Zielen und Idealen, die zu wahrem Heldentum, also auch zum demokratischen Heldentum, passen. Oft ist es ziemlich mühsam, in trübsinnig gewordenen Machern das Feuer der Begeisterung für gemeinsame Ziele zu entzünden, doch immerhin hört man von vielen Vertretern der Wirtschaft teils rhetorische, teils seriöse Bekenntnisse, dass sie nicht nur die Rendite, sondern auch das Gemeinwohl, die Nachhaltigkeit, die soziale Verantwortung etc. – also lauter große Sachen! – im Sinn haben. Beliebt ist bei Kapitalisten auch ein Zwei-Phasen-Modell, wonach erst Geld verdient und dann irgendwann Gutes nach eigenem Gusto getan wird.

Nicht nur mit Pseudohelden plagt sich die Demokratie ab, sondern auch mit Trotzhelden, die der Relativierung der Werte im Kapitalismus eine absolute Gewissheit entgegensetzen. Diejenigen, die sich als Mitglieder eines realen oder imaginären Kollektivs für etwas angeblich Unverhandelbares einsetzen, können wiederum nur defekte Helden sein. Sie selbst sind nämlich austauschbar, verwechselbar, unselbstständig wie Marionetten. Sozialpsychologen sprechen in diesem Zusammenhang von einer »Identitätsfusion« und meinen damit die »Angleichung« der individuellen Identität an eine Gruppe, das »tiefsitzende Gefühl der Einheit« und die »Durchlässigkeit der Grenze zwischen dem persönlichen und sozialen Selbst«.[30] Diese Trotzhelden arbeiten sich nicht nur am Kapitalismus ab, sondern stecken die Demokratie mit ihm in einen Topf. Was als Vielfalt auftritt, erscheint ihnen als Beliebigkeit oder Wahllosigkeit. Populär ist unter ihnen beispielsweise die Kritik an der »Schwatzbude« Parlament. Trotzhelden sind für die Demokratie noch schwerer zurückzugewinnen als Pseudohelden, denn sie haben sich in einer total geschlossenen oder sogar totalitären Welt verrammelt.

Ein Demokrat sagt nicht – wie im Kapitalismus vorgesehen –: »Die große Sache ist meine Sache.« Er hält nichts von der Fixierung auf das Ich und den Eigennutz, nichts von der Privatisierung der Lebensziele. Ein Demokrat sagt auch nicht – wie dies im Kollektivismus vorgesehen ist –, dass es sich bei der großen Sache um einen einheitlichen Klotz handle, zu dem eine Gruppe von Menschen durch »eine unnennbare Demut geballt und eingeschmolzen« wird.[31] Die demokratische »Melodie des Lebens und des Genusses« ergibt keinen Einklang, sondern einen Zusammenklang unter vielen.[32]

Im Einsatz für eine große Sache sieht ein Demokrat die Chance, sein kleines, vielleicht sogar kleinliches Ich zeitweise hinter sich zu lassen und »die Erfüllung seines Glücksstrebens« in »Gelegenheiten zu politischem Handeln« zu finden. Dieses politische Glück hat zwei Aspekte, die Albert Hirschman charakterisiert hat: Zum Ersten könne das Gefühl, »dass man selbst dazu beitragen kann, die Gesellschaft zum Besseren zu wandeln, [...] anziehend, ja berauschend« sein. Zum Zweiten liege eine »lustvolle Erfahrung« darin, in der Berührung mit »neuen Einflüssen« den »geistigen Stillstand« zu überwinden, bei dem man nur mit sich zu tun habe, also sich selbst zu »verändern« und die eigene enge Seele zu erweitern.[33] So gegensätzliche Denker wie Karl Marx, der Liberalist John Stuart Mill und die Republikanerin Hannah Arendt haben diesen Reiz, der im politischen Handeln liegt, gepriesen.[34]

Ich gebe zu, dass dieses politische Glück fragil ist – aber das ist jedes andere Glück auch. Das Glück, das beim politischen Engagement erfahren wird, ist alles andere als ein naives oder romantisches Hirngespinst. Wer das glaubt, hat sich von Ökonomen, die den Egoismus zur anthropologischen Grundkonstante hochlügen, einseifen lassen oder nie den freudigen Ernst erlebt, mit dem junge Menschen bei der Initiative *Model United Nations* die Beratung und Entscheidung über Weltangelegenheiten proben.

Die Demokratie steht für eine große Sache: die Sache der Freiheit und der politischen Selbstbestimmung. Dabei scheint sie mit der in ihr praktizierten Vorsicht und Rücksicht, mit der Orientierung an Institutionen und Verfahren auf Helden wenig einladend zu wirken. Doch die Demokratie kann aus der Begegnung mit Pseudo- und Trotzhelden gelassen und gestärkt hervorgehen. Diese geben ein derart trübseliges Bild ab, dass deutlich wird: Für demokratisches Heldentum ist noch viel Platz und Luft nach oben.

Die große Sache ist unpersönlich: Heroismus und Bürokratie

Mit der *Privatisierung* der großen Sache nimmt das Heldentum Schaden. Die Strahlkraft für die Allgemeinheit schwindet, wenn jemand Eigentumsansprüche auf diese Sache erhebt und Eigeninteressen verfolgt. Dann geht die Großtat in den Egotrip über.

Ohne *Personalisierung* aber ist das Heldentum nicht zu haben. Es geht dabei um etwas und *auch* um jemanden. Wenn Einzelne beim Einsatz für eine große Sache groß herauskommen, ziehen sie unweigerlich die Blicke auf sich, und zwar auch dann oder gerade dann, wenn sie keine privaten Gewinnabsichten verfolgen.

Bei der speziellen großen Sache, an der mir liegt, nämlich der Demokratie, ruft die Fixierung auf einzelne Personen Bedenkenträger auf den Plan. Sie sagen: Wenn es um eine Sache geht, solle man sachlich bleiben, sonst vergreife man sich im Ton. Was die Demokratie ausmache, was uns in ihr eine, seien Grundsätze, nicht Vorderleute, gesetzmäßige Prozeduren, nicht außergewöhnliche Aktionen. Die Freiheit, in deren Genuss wir kommen, hänge an einer Herrschafts- und Regierungsform, nicht an den wechselnden Personen, die in ihr wirken oder sich in ihr aufspielen.

Die heute existierenden Demokratien gehen unterschiedlich weit in der Versachlichung und Depersonalisierung der Politik. Ablesbar ist das nicht nur, aber auch am Umgang mit Amtsträgern: Die Schweiz mit ihrer Kollegialregierung und dem alljährlichen Wechsel der Bundespräsidentschaft gibt politischen Persönlichkeiten zum Beispiel weniger Chancen zur Profilierung als die USA und Frankreich mit ihren Präsidialsystemen. Hier wie dort gilt aber: Niemand steht über dem Gesetz.

Um zu unterbinden, dass sich eine Person vor die Sache der Demokratie schiebt, bietet sich eine einfache Lösung an: Die Versachlichung der Politik muss so weit getrieben werden wie irgendwie möglich. Anders gesagt: Politik muss die Form der Verwaltung annehmen. Damit verdirbt man den Helden das Spiel, denn sie fühlen sich in Amtsstuben unwohl. Auf diese Weise erfolgt also ein neuer Angriff auf das Heldentum, und auch er wird mit großer Wucht vorgetragen. Lanciert wird er dieses Mal nicht von einer Instanz, die – wie der Kapitalismus – außerhalb der Demokratie steht, vielmehr kommt er von Leuten, die behaupten, im Namen der Demokratie zu sprechen, und deren Angleichung an die Verwaltung betreiben.

Seit jeher ist das Verhältnis zwischen Bürokratie und Demokratie von Spannungen geprägt. Doch von der Seite der Politik hat es in letzter Zeit eine Art Einschleimen bei der

Verwaltung gegeben. Deutlich wird dies an der Erfolgsgeschichte eines Wortes, das für die höchste Stufe der Versachlichung steht: des Sachzwangs. Der Sachzwang ist keine Erfindung von Bürokraten, die ihre Rolle übertreiben, sondern
ein Hauptwort im Repertoire der Politiker selbst. Der Sachzwang geht zurück auf Margaret Thatchers sprichwörtlich
gewordenen Satz *There is no alternative* – und ihm ist zuteilge-
worden, was in neuerer Zeit einem Ehrentitel gleichkommt:
Er ist in den Rang einer Abkürzung erhoben worden und hat
in der Politikwissenschaft als TINA-Prinzip Karriere gemacht. *There is no alternative* bedeutet: Das muss so gemacht
werden, das ist alternativlos. Ein veritabler – oder oft nur fin-
gierter – Sachzwang diktiert(e) etwa Margaret Thatchers So-
zial- oder Angela Merkels Haushaltspolitik.[35] Es gibt nichts
mehr zu entscheiden, die Ansage ist klar, alle müssen sich daran halten. Der Sachzwang steht für eine Einschnürung von
Gestaltungsmöglichkeiten in einer verwalteten Welt. Jede
Unklarheit ist beseitigt. Alles wird geregelt. Das Unumgäng-
liche, hier wird's Ereignis.

Eigentlich ist die Verwaltung nicht zum Herrschen, sondern zum Dienen bestimmt. Sie soll ausführen, was andere
vorgeben. Doch wenn die Politik selbst den »Sachzwang«
zum Gesetz des Handelns erklärt, verwandelt sie sich in
einen sich selbst steuernden bürokratischen Prozess. Was geschehen soll, spuckt der Rechner aus. Was richtig ist, teilt der
Experte mit.

Verwalter schauen üblicherweise nicht nach vorn, sondern nach oben. Von dort kommen die Regeln, Gesetze und
Verordnungen, für deren Umsetzung oder Einhaltung sie zuständig sind. Verwalter schauen aber nicht nur nach oben,
sondern auch nach unten: auf diejenigen, die Bescheinigun-
gen beantragen, Ansprüche erheben, Regeln und Gesetze
einhalten sollen etc. Prinzipiell haben es die Verwalter, wenn

sie nach oben und nach unten schauen, in der Demokratie jeweils mit denselben Menschen zu tun. Das Volk ist Souverän und Untertan zugleich, es setzt die Regeln und befolgt sie. Normalerweise ist das jedenfalls so (oder sollte so sein).

Wenn nun der Sachzwang herrscht, wächst das Selbstbewusstsein der Verwalter, und sie verbitten sich, bei ihren Ausführungen und Abwicklungen gestört zu werden. Ihr Eindruck ist: Alle Störungen gehen vom Volke aus – und zwar vom Volk als Souverän und vom Volk als Untertan gleichermaßen. Wenn der (dilettantische?) Souverän Reformen beschließt oder Gesetze revidiert, dann können die Verwalter nicht in der gewohnten Weise verfahren, sondern müssen sich auf den neuesten Stand bringen. Das ist lästig. Und: Wenn diejenigen, die den Gesetzen unterworfen sind, nicht spuren, sondern eigene Ideen haben, muss man sie auf Linie bringen. Das ist mühsam. Wenn Chaos ausbricht, bekommen Verwalter Schweißausbrüche – und sie hassen Schweiß.

Bürokratie heißt: Herrschaft des Büros. Wenn das Büro herrscht, herrscht niemand,[36] keine Person und sicher kein Held. Eine anonyme Instanz tut etwas, ihre Akte heißen Verwaltungsakte, aber eigentlich ist ihr Lebenselixier das Passiv. Die Formeln der bürokratischen Sprache lauten: »Nach Prüfung des Sachverhalts ergeht der Bescheid …«, »Es wird festgesetzt …«, »Es ist beabsichtigt …«. Damit erweisen sich Verwalter als Intimfeinde der Helden. Alleingänge sind unerwünscht. James Bond wird vom Dienst suspendiert.

Es gibt einen Soziologen, der den Aufstieg der Bürokratie in der Moderne mit Bewunderung verfolgt hat und zugleich über den Niedergang der Helden besorgt war: Max Weber. Er verhehlt nicht seine Bewunderung für die reibungslose Arbeit des Verwaltungsapparats und erkennt auch schon dessen Wissens- und Machtvorsprung:

Die rein bureaukratische [...] Verwaltung ist nach allen Erfahrungen die [...] zum Höchstmaß der Leistung vervollkommenbare [...] Form der Herrschaftsausübung. [...] Ihre Entstehung ist [...] die Keimzelle des modernen okzidentalen Staats. [...] Unser gesamtes Alltagsleben ist in diesen Rahmen eingespannt. [...] Stets ist die Frage: *wer beherrscht* den bestehenden bureaukratischen Apparat? Und stets ist seine Beherrschung dem *Nicht*-Fachmann nur begrenzt möglich: der Fach-Geheimrat ist dem Nichtfachmann als Minister auf die Dauer meist überlegen in der Durchsetzung seines Willens.

An der Bürokratie beobachtet Weber eine »Tendenz zur *Nivellierung*« und »die Herrschaft der formalistischen *Unpersönlichkeit*«:

Sine ira et studio, ohne Haß und Leidenschaft, daher ohne »Liebe« und »Enthusiasmus«, unter dem Druck schlichter *Pflicht*begriffe; »ohne Ansehen der Person«, formal gleich für »jedermann«, d.h. jeden in gleicher *faktischer* Lage befindlichen Interessenten, waltet der ideale Beamte seines Amtes.[37]

Mit dieser Beachtung der Gleichheit vor dem Gesetz erfüllt die Bürokratie eine wichtige Funktion in einer der Rechtsgleichheit verpflichteten Demokratie.

Zugleich aber erkennt Weber einen Zielkonflikt zwischen Bürokratie und Demokratie. Er bemerkt, dass »die ›Demokratie‹ als solche trotz und wegen ihrer unvermeidlichen, aber ungewollten Förderung der Bürokratisierung Gegnerin der ›Herrschaft‹ der Bürokratie ist und als solche unter Umständen sehr fühlbare Durchbrechungen und Hemmungen der bürokratischen Organisation schafft«.[38] So mischt sich in

Webers Bewunderung für die Bürokratie die Sorge darüber, dass sich das soziale und politische Leben in eine reibungslos funktionierende Maschinerie verwandelt:

> Diese Leidenschaft für die Bureaukratisierung [...] ist zum Verzweifeln. Es ist, als wenn in der Politik der Scheuerteufel, mit dessen Horizont der Deutsche ohnehin schon am besten auszukommen versteht, ganz allein das Ruder führen dürfte, als ob wir mit Wissen und Willen Menschen werden *sollten*, die »Ordnung« brauchen und nichts als Ordnung, die nervös und feige werden, wenn diese Ordnung einen Augenblick wankt, und hilflos, wenn sie aus ihrer ausschließlichen Angepaßtheit an diese Ordnung herausgerissen werden.

Für Weber ist die entscheidende Frage, wer diesen »Ordnungsmenschen« etwas »*entgegenzusetzen*« hat, »um einen Rest des Menschentums freizuhalten von dieser Parzellierung der Seele, von dieser Alleinherrschaft bureaukratischer Lebensideale«.[39] Ob der demokratische Souverän, also das Volk, hierzu in der Lage ist, hält er für zweifelhaft. Gegenüber der Bürokratie, die ihr Herrschaftswissen anhäuft und für sich behält, wirkt das Volk dilettantisch. Zwar will Weber die Bürokratie keinesfalls abschaffen, doch deren unumschränkte Herrschaft ist ihm unerträglich. Um sie zu brechen, bedarf es ihm zufolge eines speziellen Typus, »der all dem gegenüber ›dennoch!‹ zu sagen vermag« und »auch – in einem sehr schlichten Wortsinn – ein Held« ist: »Alle geschichtliche Erfahrung bestätigt es, daß man das Mögliche nicht erreichte, wenn nicht immer wieder in der Welt nach dem Unmöglichen gegriffen worden wäre.«[40]

Der Held betritt als Gegenspieler der Bürokratie die Bühne. Ausgestattet mit »schöpferische[r] Macht« und »charismatische[r] Herrschaft«, bildet er »ein höchst wichtiges Element der sozialen Struktur«, das der »Entwicklung institutioneller Dauergebilde« entgegentritt.[41] Nun kann man darüber streiten, ob in Webers Neigung zu solchen Führungspersönlichkeiten eine Verachtung der Massen und auch der Demokratie zum Ausdruck kommt. Inwieweit die »charismatische Herrschaft« zur Zementierung von Machtunterschieden führt, werde ich noch besprechen, wenn vom Höhenunterschied zwischen den Helden und uns die Rede sein wird. Hier interessiert mich nur der Punkt, ob Helden à la Weber der Sache der Demokratie förderlich sein können. Meine Antwort lautet: Ja.

Die bürokratische Versachlichung wird der großen Sache der Demokratie nicht gerecht. Wenn politische Repräsentanten sich in Bürokraten verwandeln, versuchen sie dem Volk weiszumachen, es sei von der Steuerung komplexer Prozesse überfordert, habe sowieso nicht den Durchblick und müsse sich auf Experten verlassen. Wenn Menschen diese Botschaft glauben, kommen sie zu dem Schluss, dass die eigene Handlungsmacht gegen null geht, und entwickeln eine merkwürdige Mischung aus Opfer- und Anspruchshaltung. Sie nehmen ihre Entmächtigung an und erwarten im Gegenzug von denen, die über die Macht verfügen, dass sie sich um alles kümmern. Entsprechend haben konservative Sozialtheoretiker den »Vorsorgestaat« als Höhepunkt totaler Entpolitisierung gefeiert.[42]

Der Sozialstaat ist nicht *per se* ein Verbündeter der Demokratie, sondern nur dann, wenn er seine Aufgabe darin sieht, die Eigenständigkeit und Handlungsfähigkeit der Bürger zu gewährleisten. Man erinnere sich an Max Webers ätzende Kritik an »der Bismarckschen Politik« der »Menschenverachtung«, die mit ihren sozialstaatlichen Maßnahmen auf die Ruhigstellung der Bevölkerung ziele, nicht aber auf die Wert-

schätzung der »Lebenskraft« und die Möglichkeit der selbstbewussten »Interessenvertretung« der Arbeiterschaft, worauf
es doch in einer »sozialen Demokratie« – wie er meinte – eigentlich ankomme.[43]

Ob sie nun für die herablassende Vor- und Fürsorge, die
Verwaltung des Mangels oder die Herrschaft des Sachzwangs
steht – die verselbstständigte Bürokratie verstößt in all ihren
Erscheinungsformen gegen das demokratische Prinzip der
Selbstbestimmung. Die aktuelle Lage ist paradox: Die bürokratische Ruhigstellung der Bevölkerung findet in einer Situation statt, wie sie unruhiger und beunruhigender kaum
vorstellbar ist. Europa bröckelt. In den USA geht es drunter
und drüber. Weder die Verwaltung der Mangels noch die Verwaltung des Überflusses ist nachhaltig. Nichts wird bleiben,
wie es ist. Es mag sein, dass in unruhigen Zeiten diejenigen
beliebt sind, die Beruhigungsmittel verteilen. Wenn draußen
der Sturm tobt, hört man gern ein Wiegenlied. Als Lebens-
motto taugt das aber nicht. Man kann sich gesundschlafen,
wenn man krank ist, nicht aber, wenn man in einer Krise
steckt.

Das politische Aufbegehren gegen die Bürokratie besteht
in Aktionen von unten – und nicht nur darin. Als Souverän
kann das Volk seine Repräsentanten dazu bringen, vom Modus des Verwaltens in den des Gestaltens zu wechseln. Ich
höre die Klage, dass in Demokratien immer wieder der
Wunsch nach starken, charismatischen Führungsfiguren
hochkomme. Das ist von sich aus aber gar nicht beklagens-
wert, sondern unvermeidlich – und sogar sinnvoll. Denn solche Figuren stehen für ebenjene Gestaltungskraft, die in der
Politik jenseits des Sachzwangs gefragt ist. Nicht jener
Wunsch selbst ist das Problem, gefährlich wird die Lage nur
dann, wenn das spannende und spannungsvolle Wechselspiel
zwischen diesen Figuren und dem Volk zum Erliegen kommt

und das Volk seine Selbstbestimmung an der Garderobe des Totalitarismus oder Populismus abgibt.

Die große Sache der Demokratie erschöpft sich nicht in Verfassung und Verfahren. Weil diese große Sache *unsere* Sache ist, kann sie von der Person nicht abstrahieren – weder von uns allen als Personen, die wir in der Demokratie agieren, noch von den Personen, in denen sich unser politischer Wille konzentriert und in denen wir im Glücksfall eine »Verkörperung und Repräsentation« unserer »Würde« erkennen.[44] Selten – manchmal aber doch! – handelt es sich bei ihnen »in einem sehr schlichten Wortsinn« (Weber) um Helden. Es ist ein Unterschied, ob die Freiheit geliebt wird oder Freiheitshelden. Das eine geht aber nicht ohne das andere. Hier nur ein Beispiel von vielen: Wenn die Nachwelt ihr Urteil über Willy Brandt fällt, darf sie in ihm nicht nur den Entspannungspolitiker sehen, sondern auch denjenigen, der im Untergrund in Hitlerdeutschland und als Journalist im Spanischen Bürgerkrieg agiert hat.

Wie der Angriff des Kapitalismus, so scheitert auch der Angriff der Bürokratie auf das Heldentum. Die Gründe dafür verhalten sich genau spiegelbildlich zueinander. Der Kapitalismus setzt beim Helden an und versucht, die große Sache in dessen eigene Sache zu verwandeln. Dabei verkümmert der Held zu einem Pseudohelden und geht letztlich zugrunde. Umgekehrt verfährt die Bürokratie: Sie setzt bei der großen Sache an und erklärt den Helden für überflüssig. Damit verliert die Sache ihre Größe.

Gute Gründe und starke Kräfte stehen dieser Demontage des Heldentums entgegen. Auf der sicheren Seite ist es aber noch lange nicht. Der nächste Angriff kommt bestimmt.

Viele kleine Sachen, keine große Sache?
Heroismus und Pluralismus

Der Kapitalismus sagt, jeder denke nur an sich. Die Bürokratie behauptet, sie denke für alle und jeden. Weder mit dem Kapitalismus noch mit der Bürokratie darf sich die Demokratie gemeinmachen, sonst geht sie drauf – und die Helden mit ihr.

Nun gibt es aber eine wichtige Eigenschaft der Demokratie selbst, die dem Einsatz der Helden für eine große Sache entgegenzustehen scheint. Die Demokratie versteht sich als pluralistische Ordnung, in der alle in den Genuss von Freiheiten kommen und ihre individuellen Lebensentwürfe ausleben können. Im Kölner Karneval heißt es: Jeder Jeck ist anders. Im Pluralismus darf sich jeder seinen Teil denken und seine Sache im Sinn haben. Die Helden werden dabei unruhig. Die Sache, für die sie werben, erscheint demnach auch nur als »ihr Ding« oder als eine Sache unter vielen. Wie sollen sie unter diesen Umständen noch eine einigende, mitreißende Wirkung entfalten? Wie soll ihre Sache groß herauskommen?

Diese Fragen will ich beantworten, und hierzu muss ich klären, was Pluralismus überhaupt heißt und welchen Stellenwert er in der Demokratie hat. Drei Typen lassen sich unterscheiden: der Laissez-faire-Pluralismus, der Ist-alles-so-schön-bunt-hier-Pluralismus und der kämpferische Pluralismus. Alle drei kommen in der Demokratie vor, aber nur Letzterer gibt den Helden eine Chance.

Die Devise des *Laissez-faire-Pluralismus* lautet: Leben und leben lassen. Eine Bekannte von mir – nennen wir sie Anna Plurabelle – folgt dieser Devise, wenn sie auf Reisen ist. Sie liebt Brahms, ein Hotelgast im Zimmer nebenan hört Helene Fischer, und dies nimmt sie hin. Dabei wäre es arg übertrieben zu sagen, sie hätte dafür vollstes Verständnis. Ihr Pluralismus besteht darin, dass sie am Nachbarn vorbeilebt. Die Toleranz, die sie übt, grenzt an Gleichgültigkeit. Sie schätzt ein Arrangement, wonach alle – sie selbst natürlich eingeschlossen – tun können, wonach ihnen der Sinn steht. Zu diesem Arrangement gehören Regelungen, die greifen, wenn es zu Belästigungen oder Übergriffen kommt. Würde der Zimmernachbar im Hotel die Lautstärke hochdrehen, dann könnte Anna Plurabelle damit vielleicht noch leben, wenn er Brahms' Zweites Klavierkonzert hörte. Aber Helene Fischer? Da klopft sie an die Wand oder ruft gleich bei der Rezeption an.

Das spezielle Freiheitsverständnis, das diesem Pluralismus zugrunde liegt, hat Karl Marx präzise beschrieben: »Die Freiheit ist also das Recht, alles zu tun und zu treiben, was keinem andern schadet. Die Grenze, in welcher sich jeder dem andern *unschädlich* bewegen kann, ist durch das Gesetz bestimmt, wie die Grenze zweier Felder durch den Zaunpfahl bestimmt ist.« Marx fügte hinzu, diese Art von Freiheit gelte für den Menschen als »Monade« und beruhe »nicht auf der Verbindung des Menschen mit dem Menschen, sondern vielmehr auf der Absonderung des Menschen von dem Menschen«.[45]

An der Rede vom Zaunpfahl wird deutlich, dass hier die ökonomische Logik des Eigentums greift. Jeder Mensch ist eigen, jeder Mensch hat Eigenheiten, und mit diesen ist so umzugehen wie mit dessen Eigentum. Anna Plurabelle räumt ihrem Nachbarn das Recht ein, seine Eigenheiten zu entfalten, aber er soll gefälligst nicht ihre Kreise stören. Wenn sie ihn Helene Fischer mit gemäßigter Lautstärke hören lässt, dann freut sie sich nicht daran, dass er beim Hören dieser Musik gute Laune bekommt; vielmehr lässt sie ihn dies zähneknirschend tun, denn sie will umgekehrt auch nicht, dass er sich bei ihr einmischt. Ihr Motiv für Toleranz ist vom eigenen Interesse getrieben. Die Gesellschaft, die sich aus diesem Arrangement ergibt, setzt sich aus Individuen zusammen, die tun, was sie wollen, andere tun lassen, was sie wollen, und sich für eventuelle Streitigkeiten Polizei und Justiz leisten. Alle gemeinsamen Belange werden delegiert, für sie rührt niemand einen Finger. Diese Gesellschaft basiert letztlich auf dem Modell der Konkurrenz: Das Interesse des anderen steht im Verdacht, mit dem eigenen Interesse zu konkurrieren oder in Konflikt zu treten, aber es findet sich ein Modus Vivendi. In diesem Laissez-faire-Pluralismus sind Helden unnötig wie ein Kropf.

Im *Ist-alles-so-schön-bunt-hier-Pluralismus* läuft das Spiel ein bisschen anders. Anna Plurabelle hat nun ihr Hotel verlassen, steht am Straßenrand und schaut mit rund 600 000 anderen Menschen beim »Karneval der Kulturen« zu, also bei jenem großen Umzug, der alle Jahre wieder durch die Berliner Bezirke Kreuzberg und Neukölln führt. Sie sieht und hört Trommler aus Westafrika, Sambatänzerinnen aus Brasilien, Tigertänzer aus dem indischen Kerala, Vertreterinnen des Chinesischen Frauenvereins, Techno-Raver, Reggae-Bands, die Flüchtlingsinitiative »Wefugees«, die »Freien Schnappviecher Recklinghausen«, die Fahrradfreunde der Gruppe »12 Volt« und einen Mann mit dem Plakat »Free Hugs Free Kisses«. Das ist eine andere Vielfalt als diejenige, die sich im Nebeneinanderherleben erschöpft. Anna Plurabelle nimmt nicht nur hin, dass andere anders sind, sondern genießt es. Ihr Genuss steigert sich beim Mitmachen. Sie hat Nina Hagens Punk-Song *Ist alles so schön bunt hier* im Ohr und lebt ihre Freiheit – um nochmals Marx' Gegenüberstellung zu verwenden – nicht in der »Absonderung«, sondern in der »Verbindung« aus. Dieser Pluralismus begnügt sich nicht mit friedlicher Koexistenz, sondern setzt auf friedliche Interaktion. Dabei ist klar: Helden sind in diesem Straßenumzug nicht unterwegs.

Sie sind unnötig. Alles wirkt ganz selbstverständlich. Die Stimmung ist gut.

Pluralistische Gesellschaften operieren normalerweise mit einer Mischung aus Laissez-faire-Pluralismus und Ist-al-les-so-schön-bunt-hier-Pluralismus. Man arrangiert sich mit anderen, die anders sind, und erfreut sich an anderen, die anders sind. In beiden Versionen wird vorausgesetzt, dass Vielfalt herrscht. Sie wird als gegeben angenommen und allenfalls unterschiedlich aufgenommen.

Dieses Bild ändert sich, wenn die gelebte Vielheit nicht als Gegebenheit, sondern als Errungenschaft angesehen wird. Was zu erringen ist, kann auch gefährdet sein und verloren gehen. Pluralität ist nicht nur etwas, was ertragen oder genossen werden kann, sondern auch etwas, was zu erkämpfen und zu verteidigen ist. Damit bin ich beim *kämpferischen Pluralismus*.

Kämpferische Pluralisten müssen sich an zwei Fronten bewähren: Ihnen begegnen Gleichgültigkeit und Feindschaft. Die Vertreter der Gleichgültigkeit sind diejenigen, die ihren privaten Beschäftigungen nachgehen und die bestehende Vielfalt nur konsumieren. So fallen sie als Akteure, die sich für etwas Gemeinsames, Übergeordnetes einsetzen, aus. Viele Menschen, die in pluralistischen Gesellschaften leben, vergessen, dass sie die Vielfalt nicht nur konsumieren, sondern auch konstituieren, gestalten, mittragen müssen. So verschwindet die große Sache hinter lauter kleinen Sachen. Diese Vergesslichkeit ist umso gefährlicher, als es auch Gegner des Pluralismus gibt, die ihre Spielräume gezielt nutzen, um an dessen Abschaffung zu arbeiten.

Selbst in einem so verspielten Ereignis wie dem Karneval der Kulturen finden sich Spuren des kämpferischen Pluralismus. Ich zitiere aus der Selbstauskunft der Veranstalter: »Poetisch oder brachial, fein oder laut, raffiniert oder mitten ins

Gesicht – zum Karneval kann jeder das sein, was er möchte. Damit setzt der Karneval ein klares Zeichen für eine freie und pluralistische Gesellschaft.«[46] Das sind große Worte, und vielen Teilnehmern und Zuschauern sind sie vielleicht schnurzegal. Wenn man aber Zeit, Ort und Anlass wechselt, dann wird schnell deutlich, dass solche öffentlichen Veranstaltungen und Umzüge Bewährungsproben für Freiheit und Vielfalt sind.

Im Herbst 2018 fand im polnischen Lublin eine Schwulen- und Lesbendemonstration statt, die vom Bürgermeister zunächst verboten und dann von einem Gericht in zweiter Instanz genehmigt worden war. Von Gegnern wurden die Veranstalter als »entartet« und »degeneriert« bezeichnet. 2000 Teilnehmer zogen »fröhlich, wenn auch etwas bange«, wie eine Reporterin berichtet, durch die Straßen, von der Polizei abgeschirmt gegen rechtsradikale Gegendemonstranten der »Allpolnischen Jugend«.[47] Die ganze Sache ging glimpflich über die Bühne, aber es war spürbar, wie zerbrechlich die Errungenschaften der Freiheit sind. Was wäre, wenn das polnische Gericht das Verbot der Veranstaltung aufrechterhalten hätte? Wären die Demonstranten trotzdem zusammengekommen? Wie hätten die Gegendemonstranten und die Polizei sich verhalten? Wie wäre die Reaktion der Stadtbevölkerung ausgefallen? Schließlich: Wie wird die polnische Demokratie in fünf Jahren dastehen? Schnell wird aus einer kleinen Mutprobe eine große. Unversehens wird aus einer kleinen Veranstaltung ein Ereignis, in dem ein Mut gefragt ist, der als heroisch zu bezeichnen ist.

»Fröhlich, wenn auch etwas bange« – das trifft heute das Lebensgefühl von Menschen in vielen Ländern, die sich Demokratien nennen. Bange ist ihnen nicht nur deshalb, weil ihnen Gefahr von politischen Gegnern droht, sondern auch, weil sie nicht wissen, wie sich die Staatsorgane verhalten.

Manchmal werden sie sogar von ganz oben im Stich gelassen, so wie die Demonstranten gegen eine Nazi-Versammlung in Charlottesville im August 2017, die eine Tote und Dutzende von Verletzten in ihren Reihen zu beklagen hatten, aber von Präsident Donald Trump auf eine Stufe mit ihren Gegnern gestellt wurden.

Der kämpferische Pluralismus lässt sich mithilfe einer Grundunterscheidung erläutern, die im Begriff der Freiheit versteckt ist.[48] Demnach gibt es einerseits die Freiheit *von* etwas, andererseits die Freiheit *zu* etwas. Der erste Typ heißt negative Freiheit – und zwar deshalb, weil es etwas *nicht* gibt: Hindernisse, die mich blockieren. Dass dieses Freiheitsverständnis unvollständig ist, liegt auf der Hand. Wenn sich mir keine Hindernisse in den Weg stellen und ich zugleich keine Ahnung habe, was ich machen soll, fühle ich mich nämlich nicht frei, sondern werde depressiv und gehöre zu denen, die sagen: »Gleichgültig schreiten wir von Zweifel zu Zweifel.« (Michail Lermontow)[49] Zur negativen muss die positive Freiheit hinzukommen. Demnach sind nicht nur Hindernisse abwesend, sondern es ist auch etwas anwesend oder positiv gegeben – nämlich Erfahrungen, die ich auskoste, Ziele, die ich setze, und Wege, die ich einschlage.

Der kämpferische Pluralist verfolgt nun Ziele, die über ihn als Individuum hinausgehen. Ich ergreife die *in* einer pluralistischen Gesellschaft sich eröffnenden Möglichkeiten und setze mich *für* diese Gesellschaft ein. Weil mir an der Freiheit liegt, schaue ich über den Tellerrand meiner eigenen Wünsche hinaus und will eine Welt, in der solche Wünsche – meine und deine – Platz haben. Wer für den Pluralismus kämpft, sucht sich nicht nur aus der Vielfalt von Angeboten etwas Passendes heraus, sondern setzt sich dafür ein, dass Vielfalt als solche existiert. Die demokratischen Demonstranten in Lublin, Charlottesville und anderswo tun, genau genommen, zwei Dinge (so wie übrigens auch alle demokratischen Politiker eigentlich zweierlei zu tun haben): Sie vertreten ihre Forderungen, und darüber legen sich unausgesprochen die Bejahung und Bekräftigung einer politischen Ordnung, die es ihnen erlaubt, ihren Forderungen Ausdruck zu verleihen. Ihr Motto lautet: »Ich stimme dem, was Sie sagen, nicht zu, aber ich werde mein Leben dafür geben, dass sie das Recht haben, es zu sagen.«[50] So führt der Pluralismus am Ende zur Ausrichtung auf eine große Sache: die Sache der Demokratie. Das heißt auch: Das Heldentum geht in ihm nicht zugrunde, sondern ist in ihm gefragt.

Wie die Angriffe von Kapitalismus und Bürokratie, so führt also auch der Angriff auf die Helden und die große Sache, der unter Berufung auf den Pluralismus erfolgt, in die Irre. Dieser Angriff erfolgt, genau genommen, unter falscher Flagge. Denn es stimmt nicht, dass sich der Pluralismus in einer Vielfalt von Einzelinteressen und Sonderwünschen erschöpft. Zu ihm gehört der Einsatz für diese Vielfalt.

Viele sagen, beim Einsatz für Vielfalt sei Frustration programmiert. Es klingt abwegig, in Begeisterung darüber auszubrechen, dass andere etwas sagen, was einem gegen den Strich geht. Das mag sein. Aber mir geht es gegen den Strich, den Meinungsstreit als lästiges Übel abzutun. Was wäre denn, wenn alle immer das Gleiche sagten und täten wie ich? Weder wäre ich stolz, wenn alle täten, was ich tue, noch würde ich mich wohlfühlen, wenn ich tue, was alle sowieso schon tun. Diktator und Konformist gehören nicht zu meinen Traumberufen.

Vielleicht ist die Vielfalt ein idealer Kandidat für die Liebe auf den zweiten Blick, und so eine Liebe kann bekanntlich heiß und haltbar sein. Diese Liebe spielt auf zwei Ebenen. Ich liebe die Vielfalt als solche – aber nicht *nur* sie. Sie schafft einen Raum, in dem ich leidenschaftlich bestimmte Ziele verfolgen und andere dazu bewegen kann, sich ihnen anzuschließen. Diese Ziele lasse ich mir nicht zugunsten blasser Beliebigkeit abhandeln. Ich teile meine Liebe also zwischen der Liebe zur Vielfalt im Allgemeinen und der Liebe zu dem, was mich im Besonderen begeistert.

Das klingt irgendwie seltsam – so, als handle es sich dabei um den Versuch, ein erotisches Doppelleben zu führen. Aber so keck dieser Einwand ist, so plump ist er. Denn gerade die Liebe ist wie geschaffen dafür, auf verschiedenen Ebenen ausgelebt zu werden, ohne dass sie deshalb wahllos wirkte. Zum Beispiel können Menschen Gott lieben und ihre Nächsten lieben oder mit Gott hadern und mit den Nächsten streiten und rechten. Sowenig wie die Liebe schafft der Pluralismus den Streit aus der Welt.

Für die Bereitschaft der Menschen, sich für den Pluralismus auf politischer Ebene zu erwärmen, gibt es ein wichtiges persönliches Motiv. Menschen mögen starke Überzeugungen haben und über starke Wertungen verfügen, aber nur in seltenen – übrigens oft pathologischen – Fällen ist ihre Identität aus einem Guss. Sie haben viele Anlagen und Absichten in sich, tragen innere Konflikte aus, zweifeln an sich selbst, versuchen, ihre Lebensziele zu bestimmen sowie entschluss- und handlungsfähig zu werden. Diese innere Vielfalt befähigt Menschen auch dazu, sich in die Positionen anderer Menschen hineinzuversetzen. Der politische Pluralismus spiegelt sich im seelischen Pluralismus. Beide Formen des Pluralismus führen nicht dazu, dass die Menschen rat- und ziellos herumtorkeln. Vielmehr ist er die Voraussetzung dafür, dass sich Überzeugungen herausschälen und der Punkt erreicht ist, an dem jemand sagt: »Jetzt weiß ich, was ich will.« Diese Entschiedenheit ist die Haltung, die von Helden exemplarisch verkörpert wird. Wie sie mit dem politischen und seelischen Pluralismus umgehen, will ich im Folgenden herausfinden.

Pluralismus und Polytheismus

Diejenigen, die dem Pluralismus die Auflösung des gesellschaftlichen Zusammenhalts und das Erlahmen der Begeisterung für die große Sache anlasten, operieren gerne mit
einem Gegenbild: dem goldenen Zeitalter des Heldentums.
Sie berufen sich auf eine Welt, von der es heißt, sie sei dem
Heroismus zugetan und zugleich vom Pluralismus unbe-
rührt gewesen: die griechische Antike. Eine geschlossene
Welt wird einem offenen Universum gegenübergestellt. Weil
der Heldenkatalog bis heute mit Angeboten aus jener Zeit ge-
füllt wird, möchte ich mich den antiken Helden zuwenden
und fragen, wie sie es mit dem Pluralismus halten. Wenn es
nämlich wirklich so wäre, dass der antike Heroismus mit
dem Pluralismus – also auch mit der Demokratie, die sich für
ihn starkmacht – unvereinbar wäre, dann fiele er als wichtige
historische Ressource für die Gegenwart aus.

Das Stichwort, mit dem sich diese Gegenüberstellung aus-
hebeln lässt, stammt von Max Weber und lautet: »Polytheismus [der] Werte«.[51] Mit dieser Formel schlug er eine Brücke
zwischen der antiken Vielgötterei und der modernen Pluralität der Werte. Hier wie dort fänden sich eine »Mehrzahl von
Normen« und »Vielgeisterei«.[52] Darüber hinaus sah Weber im
»Polytheismus« ein Modell, mit dem eine – wie auch immer
spannungsreiche – Koexistenz von Werten vorstellbar sei.
Zwischen rivalisierenden Werten kommt es zu Konflikten,
die sich von keiner Ethikkommission aus der Welt schaffen
lassen. Gleichwohl wirken sie nicht ruinös und laufen nicht
darauf hinaus, dass ein einziger Wert gewissermaßen die mo-
notheistische Macht ergreift.

Die griechische Tragödie scheint die Hoffnung zu zer-
schlagen, dass eine Koexistenz von Werten denk- und lebbar
ist. In ihr tritt der Polytheismus der Werte in seiner härtesten

Form auf. Die Tragödie lässt Helden gegeneinander antreten – und hart im Raume stoßen sich die Sachen, für die sie sich einsetzen. Um mit äußerer Wucht und innerer Ruhe aufzutreten, müssen Helden sich mit Haut und Haaren einer Sache widmen und finden dafür Rückhalt bei den Göttern, auf die sie sich berufen. Die Tragödie zeichnet sich durch eine unbedingte Bejahung der Handlungsmacht des Menschen aus: »Ungeheuer ist viel. Doch nichts / Ungeheuerer, als der Mensch.«[53] In diesen Zeilen aus *Antigone* mischen sich Erschaudern und Bewunderung darüber, was Menschen ausrichten können.

Der klassische Heldenstreit wird zwischen Figuren ausgefochten, deren Anliegen unversöhnlich aufeinandertreffen. Sophokles schildert einen solchen Streit in der Tragödie *Antigone*. Die Titelheldin will ihren Bruder Polyneikes bestatten, der sich in einem Erbstreit gegen seine Heimatstadt Theben gewandt hatte und im Kampf zu Tode kam. Antigone kann nicht anders, als in Treue zu ihrem Bruder zu stehen. Ihre Identität steht und fällt mit dieser Aufgabe. Ihr Gegner ist Kreon, der Herr Thebens, der das Begräbnis auf dem Stadtgebiet keinesfalls zulassen will. Polyneikes ist zwar sein Neffe, doch er sieht in ihm nicht ein Familienmitglied, sondern einen Feind, von dessen sterblichen Überresten die Erde Thebens nicht beschmutzt werden soll. Zwei große Sachen, die familiäre und die politische Ordnung, prallen aufeinander. Wie dies in der griechischen Tragödie so üblich ist, sind am Ende fast alle tot – und in dem Scherbenhaufen, der bleibt, bluten die Überlebenden aus äußeren und inneren Wunden.

Antigone und Kreon sind Nichtverhandler. (Kreon wird zwar am Ende weich, aber da ist es viel zu spät.) Zwischentöne sind Krampf in ihrem Kampf. Vermitteln wollen Antigones Schwester Ismene und Kreons Sohn Haimon, doch sie geraten zwischen die Fronten, und ihnen wird vorgeworfen,

Verrat zu üben, an Wankelmut zu leiden oder einen faulen Kompromiss zu suchen. Die Tragödie setzt den Widerspruch zwischen großen Sachen auf radikale Weise in Szene. Entsprechend bietet sie für Helden ideale Arbeitsbedingungen – und sie scheint weit entfernt vom Pluralismus.

Der Philosoph Alasdair MacIntyre sah die »heroische Gesellschaft« bevölkert von Menschen, die auf Gedeih und Verderb den »Standpunkt«, der ihnen von der »Tradition« zugewiesen worden war, vertraten. »Dem Selbst der Heldenzeit fehlt« ihm zufolge »gerade jene Eigenschaft«, die im modernen Pluralismus gefragt sei: die Fähigkeit, sich von dem eigenen Standpunkt kritisch zu distanzieren und andere Gesichtspunkte zu berücksichtigen.[54] Dies wertete MacIntyre nicht als Mangel, sondern als Vorzug, mit dem sich der antike Held wohltuend vom modernen Relativismus abhebe.

Aber hat MacIntyre mit dieser Beschreibung recht? Ich glaube nicht. Er bleibt fixiert auf das Schicksal der einzelnen Figuren innerhalb der Tragödie und vergisst zu fragen, worin die Botschaft der Tragödie als ganzer, also ihr Gehalt als literarisches und auch als politisches Modell besteht.[55] Dass in der Tragödie am Schluss fast alle tot sind, weil die gegensätzlichen Werte aufeinanderkrachen wie Autos bei einem Frontalzusammenstoß, bedeutet nicht, dass die Theaterzuschauer dazu gebracht werden sollten, sich solch eine Lebensführung zum Vorbild zu nehmen und nun ihrerseits alles daran zu setzen, wahlweise die zukünftige Schwiegertochter, den Ehemann, die eigenen Kinder oder sich selbst umzubringen. Die Tragödie als ganze führt vor, wie es Menschen ergeht, die voll und ganz – oder, böse gesagt, borniert – auf ihre Sache fixiert sind. Die Überzeugung, die innere Entschlossenheit, mit der sie streiten, löst Bewunderung aus, doch in sie mischt sich die Trauer darüber, dass diese Helden nicht aus ihrer Haut können. Deshalb erleben viele tragische

Figuren Momente, die aus der Logik des Frontalzusammenstoßes ausbrechen, lassen also das Aushalten von Widersprüchen für das Publikum als lebbar erscheinen. Solche Momente gibt es gut versteckt auch in der *Antigone* des Sophokles[56] und ganz offen in der *Orestie* des Aischylos. Da die Tragödie nicht nur das Unausweichliche vollstreckt, sondern Auswege imaginiert, bahnt sie einen Weg vom Polytheismus zum Pluralismus. Das heißt: Wenn die Demokratie nach heroischen Potenzialen sucht, steht ihr auch der Rückgriff auf die antike Tragödie offen. Sie kann von ihr sowohl die Entschiedenheit des Handelns wie auch das Aushalten von Unterschieden lernen.

Was nun das entschiedene Vertreten von Standpunkten betrifft, so hat die griechische Antike mehr für Demokraten von heute zu bieten, als dies die Verteidiger antiken Heroentums wahrhaben wollen. Diejenigen, die – wie MacIntyre – einen scharfen Schnitt zwischen antiken und modernen Gesellschaften, zwischen Heroismus und Demokratie ziehen, feiern die geschlossene Identität der Helden, die tun, was sie tun müssen, und von der »Gewissheit des Fehlens einer Wahl« getragen sind.[57] Sie bewundern deren moralische Strahlkraft, die sich aus der Tradition speise, und beklagen den Niedergang der Helden in der Moderne, dem die Ausbreitung von zerrissenen, unschlüssigen Charakteren auf dem Fuße folge. Ich möchte diese traditionelle These infrage stellen und greife dafür beispielhaft jemanden heraus, der einen Spitzenplatz in der antiken Heldenliga einnimmt. Er tritt nicht in der Tragödie auf, sondern im Epos.

Es war einmal ein Feldherr, der nach einem schier endlosen Krieg den Dienst quittierte und sich auf den Weg nach Hause begab, wo Frau und Sohn auf ihn warteten. Ein paar Wochen hätten normalerweise für die Seefahrt gereicht, am Ende dauerte sie zehn Jahre. Immer wieder kam er durch widrige Umstände vom Kurs ab, aber allzu eilig hatte er es mit der Heimkehr offenbar nicht, denn die Umwege, die er einschlug, waren oft selbst gewählt. Ein Jahr verbrachte er mit einer Göttin, die einen Teil seiner Gefährten in Schweine verwandelte, sieben Jahre mit einer Nymphe, die ihm Unsterblichkeit versprach. Er besiegte einen einäugigen Riesen, hörte sich den Gesang verführerischer Frauen an, erlitt Schiffbruch an einer Meerenge, überlebte aber, an einen Feigenbaum geklammert, den tödlichen Strudel. Als er endlich zu Hause ankam, überwand er das Misstrauen seiner Frau, die ihn zunächst nicht erkannte, tötete die Freier, die ihr nachgestellt hatten, und legte die Beine hoch auf dem Ehebett, das er einst selbst gebaut hatte.

Das ist, kurz gefasst, die Geschichte von Odysseus. Ginge es nach den Theoretikern des heroischen Zeitalters, dann müsste klar sein, wofür dieser Held steht, und es wäre anzunehmen, dass seine innere Festigkeit zerredet und verwässert wird, wenn er den postheroischen Interpreten in die Hände fällt. Die Vertreter der Moderne würden ihre eigene Unschlüssigkeit oder, hart gesagt, Wertlosigkeit in den antiken Helden hineininterpretieren und ihn zum beliebigen Spielball ihrer vielfältigen Deutungen herabwürdigen.

Hat jener Held solch ein trauriges Schicksal erlitten? Schon in der griechischen Antike gerät die große Sache, die er angeblich in aller Entschlossenheit vertritt, ins Wanken. Der Lyriker Pindar greift Odysseus scharf an und wirft ihm vor, mit falscher Zunge zu reden und seine Mitmenschen hinters Licht zu führen. Bei Euripides ist er ein zynischer Bösewicht (in *Hekuba*). Sophokles schildert ihn mal als rücksichtslosen Opportunisten (in *Philoktet*), mal als Menschenfreund (in *Ajax*).[58]

Die Geschichte geht weiter im alten Rom, wo Odysseus dann Ulysses heißt. Horaz schätzt an ihm, dass er standhaft bleibt und sich von »widrigen Wellen« nicht beirren lässt. Seneca lobt Ulysses als »Verächter des Genusses«. Von den Epikureern hört man dagegen, dass sie sich an der Neigung des Helden zu »Müßiggang und Wollust« erfreuten.[59] Es gibt einen geradezu unverschämt pluralistischen Streit um die Frage, für welche Sache er genau steht und was von ihr – und von ihm – moralisch zu halten ist.

Die nächste Runde im Heldenstreit wird im Italien des 14. Jahrhunderts eingeläutet. Dante bewundert in Odysseus einen Abenteurer, der »nach Tugend und Wissen« strebt und ein »Weltkundiger werden« will (*divenir del mondo esperto*), beklagt allerdings dessen mangelnde Demut und lässt ihn in der Hölle schmoren. Rund fünfzig Jahre später tut Petrarca ihn als jemanden ab, der »zu viel von der Welt sehen wollte« (*desiò del mondo veder troppo*).[60]

Im 19. Jahrhundert geht das Spiel weiter. 1826 begrüßt Heinrich Heine Odysseus als Seelenverwandten, der sich liebend und leidend durch eine widrige Welt schlägt und sich nichts sehnlicher wünscht als »Heimkehr«. 1833 dreht Alfred Tennyson das Bild um: Odysseus ist zu Hause in Ithaka angekommen, langweilt sich mit seiner »gealterten Frau«, spürt noch sein »heldenhaftes« und »hungriges Herz« und ist wild entschlossen, zu einer »neueren Welt« aufzubrechen.[61] (In dem James-Bond-Film *Skyfall* zitiert die Chefin des britischen Geheimdienstes, gespielt von Judy Dench, einige Verse aus Tennysons Gedicht.)

Im 20. Jahrhundert findet der Streit um Odysseus kein Ende. James Joyce lässt ihn 1922 in seinem Roman *Ulysses* als Abenteurer des Alltags wiederauferstehen und scheinbar ziellos, aber unverdrossen durch Dublin streifen. Max Horkheimer und Theodor W. Adorno sehen in Odysseus 1947 den Vorläufer einer zutiefst zwiespältigen Aufklärung, der mit der »Lockung der Selbstpreisgabe« spiele und sich als

»kommandierende[s] Subjekt« die »Herrschaft über die Natur« – auch über die eigene, triebhafte Natur – sichere. Gleichfalls 1947 berichtet Primo Levi in seinem Buch *Ist das ein Mensch?*, wie er sich im Konzentrationslager an Odysseus' Schicksal aufgerichtet habe, und bewundert in ihm den Sterblichen, der Ungeheuerliches zu überleben vermag und nach Hause findet.[62]

Zweierlei will ich mit dieser – klitzekleinen! – Auswahl aus der Wirkungsgeschichte dieser Figur zeigen.

Erstens: Diese Geschichte ist tatsächlich durch Pluralismus gekennzeichnet. Odysseus wird für unterschiedliche Lebensentwürfe herangezogen; er wird mal angegriffen, mal verteidigt, mal schlechtgeredet, mal gutgeheißen. Dieser Befund scheint denen in die Hände zu spielen, die der Moderne vorwerfen, das klassische, festgefügte Heldenbild zu zerreden und zu untergraben. Doch dieser Pluralismus ist kein Symptom einer modernen Verfallsgeschichte, sondern tritt schon in den frühesten Deutungen auf. Überdies tut er dem Status des Odysseus als Helden keinen Abbruch – im Gegenteil. Anziehend an ihm ist gerade nicht, dass er mit unverbrüchlicher, unbeirrbarer Entschlossenheit nur für das eine steht, sondern dass er eine ambivalente, vieldeutige Persönlichkeit ist.

Zweitens: Der Pluralismus ist nicht Symptom postheroischer Unschlüssigkeit, vielmehr trägt Odysseus selbst in sich, was ich am Ende des letzten Kapitels als seelischen Pluralismus bezeichnet habe. Er hat keine geschlossene Identität, sondern ficht einen Widerstreit in seinem Inneren aus. Auf der einen Seite hält er standhaft an seinem Ziel, der Heimkehr, fest. Auf der anderen Seite ergeht er sich in der Abenteuerlust, die ihn vom Kurs abbringt. Einerseits ist er König und Herrscher, andererseits wird er als schwacher Sterblicher von höheren Mächten herumgestoßen. Einerseits zeigt er sich im

Kampf gegen Widrigkeiten umsichtig, klug, vernünftig, andererseits ist er Genüssen zugetan, solange sie ihn nicht das Leben kosten. Wäre er *nur* das eine oder das andere, zöge er wohl weniger Aufmerksamkeit auf sich. Zu Odysseus' Faszination trägt bei, dass auch er von sich sagen könnte, was Walt Whitman, einer der größten Dichter der Demokratie, von sich sagt: »Ich bin groß. Ich enthalte Vielheiten.« – »I am large, I contain multitudes.«[63]

Das heißt nicht, dass Odysseus so etwas wie eine Patchwork-Identität besäße, in der eine Menge besonderer Eigenschaften mehr oder minder lieblos vernäht wären. Sein Heldentum hängt auch an der Fähigkeit, mit diesen Eigenschaften umzugehen, sich ihnen auszusetzen und sie einzusetzen. Er ist ein Mensch in seinem Widerspruch. Dieses Motiv spielt eine wichtige Rolle, wenn von Odysseus' Modernität die Rede ist.[64] In diesem Helden selbst steckt also Pluralismus. Odysseus spiegelt sich in dem Streit, der in den Interpretationen um ihn ausgefochten wird, er passt zu dem Pluralismus, der sich in der Demokratie entfaltet.

Damit habe ich – so hoffe ich – mein Ziel erreicht. Ich wollte deutlich machen, dass die Demokratie als pluralistische Gesellschafts- und Staatsform keinen Grund hat, mit den Helden zu fremdeln. Weder ist sie von dem Heroismus, wie er in der griechischen Antike vorgelebt oder vorgeführt wird, durch einen Abgrund getrennt, noch lädt sie die Schuld auf sich, die große Sache durch die Entfesselung individueller Bestrebungen zu zerstören. Vielmehr kann der Pluralismus selbst ein großes Ziel sein, auf das sich diese Bestrebungen richten.

Die Bühne für Helden, die sich für die große Sache der Demokratie einsetzen, ist also errichtet. Jetzt gilt es zu zeigen, wie Helden auf dieser Bühne agieren. Diese Frage werde ich in zwei Schritten beantworten. Zunächst möchte ich schauen, welche Ziele sie verfolgen. Sodann möchte ich (im übernächsten Kapitel) darlegen, wie sie bei der Verfolgung dieser Ziele mit der Gesellschaft, in der sie sich bewegen, zurechtkommen.

Altruistische und holistische Helden

Menschen, die heldenhaft agieren, setzen sich für eine große Sache ein. Was sie tun, geht über persönliche Anhänglichkeiten, Verbindungen und Zuständigkeiten hinaus. Wenn ein Vater sich in einen reißenden Fluss stürzt, um sein Kind zu retten, das dort hineingefallen ist, wird man atemlos zusehen, ob ihm dies gelingt; man wird ihn aber nicht als Helden feiern. Das hat nichts damit zu tun, dass man seinen Einsatz kleinreden will, sondern damit, dass er sich eben genau für dieses Kind, für sein Kind, einsetzt. Die allgemeine, übergreifende Agenda, die zur großen Sache gehört, wird von ihm nicht vertreten und beansprucht. Anders ist das Bild bei Gelegenheitshelden, die einem wildfremden Menschen helfen. Sie versuchen gleichfalls, genau nur ein Leben zu retten, aber werden damit zu Trägern einer Botschaft, die über die einzelne Tat hinausgeht. Mit ihrem Einsatz stehen sie für die Verteidigung einer Welt, in der jedes einzelne Leben kostbar ist.

Seit Menschen zusammenleben, hat es solche humanitären Helden gegeben. Die Demokratie macht es zu einer ihrer vornehmsten Aufgaben, das Leben und Wohlergehen von Individuen zu schützen und zu verteidigen. Ich sehe deshalb in humanitären Helden Menschen, die sich für einen zentralen demokratischen Wert einsetzen – entweder im Vorgriff auf eine kommende Demokratie oder im Rahmen derselben. Sie nehmen Gefahren auf sich, um Leben zu retten und die

Schutz- und Freiheitsräume anderer zu verteidigen. Ich möchte diese Helden *altruistisch* nennen.

Daneben gibt es Menschen, die sich für die Demokratie als solche ins Zeug legen. Ihnen geht es um die Erstreitung, Verbesserung oder Verteidigung einer demokratischen Ordnung, welche den Menschen zugutekommen soll, die in ihr leben. Die Grundsituation, von der sie ausgehen, ist nicht die akute Not Einzelner, mit der sie mehr oder minder zufällig konfrontiert werden, sondern ein allgemeiner Missstand, der sie auch selbst betrifft. Sie kommen nicht von außen hinzu, sondern stecken immer schon mittendrin. Nicht ein schreiendes Kind ruft sie zum Handeln auf, sondern ein schreiendes Unrecht. Da es ihnen um die Demokratie als ganze geht, möchte ich sie *holistische* Helden nennen.

Wie ergeht es denjenigen, die Einzelnen beistehen, welche in Not, bedrängt oder verfolgt sind? Manchmal suchen diese Gelegenheitshelden aktiv Situationen, in denen es hoch hergeht, manchmal geraten sie zufällig in sie hinein. Wenn ein Leben bedroht ist, wenn in der U-Bahn, auf der Dorfstraße, in der Kneipe oder am Arbeitsplatz eine Frau belästigt oder ein Ausländer angepöbelt wird, hängt alles daran, dass Menschen zur Stelle sind und geistesgegenwärtig handeln. Sie sehen, dass sich die Lage zuspitzt, und nehmen diese Zuspitzung wahr wie einen Finger, der genau auf sie weist und sie zum Eingreifen auffordert. Sie nehmen auf sich, dass es auf sie ankommt, und übernehmen persönliche Verantwortung, indem sie sich einmischen. Der Schutzbehauptung, dass alles von selbst gut ausgehen werde, glauben sie nicht. Auch lassen sie sich nicht damit beruhigen, dass schon irgendjemand nach dem Rechten sehen oder eine höhere Stelle Krisenmanagement betreiben wird.[65] Das Verschieben von Verantwortung an kollektive Institutionen oder anonyme Prozesse liegt ihnen nicht. Vielmehr greifen sie ein und bringen sich dabei mitunter selbst in Gefahr. Wie die Geschichte für sie ausgeht, ist schwer vorherzusehen. Sie können die Gunst der Stunde auf ihrer Seite haben, mit einem blauen Auge davonkommen, oder es kann schlimm für sie enden. Menschen, die sich in Gefahr begeben, um anderen beizustehen, sind zu bewundern. Sie handeln heldenhaft – wie zum Beispiel Tuğçe Albayrak und Anne Dufourmantelle.

Es war in den frühen Morgenstunden des 15. November 2014. Nach einer langen Partynacht war die 22-jährige Lehramtsstudentin Tuğçe Albayrak mit ihren Freundinnen in einem McDonald's bei Offenbach gelandet. Sie hörte – so wurde berichtet – Hilferufe aus dem Untergeschoss, eilte sofort die Treppe hinunter und wurde Zeugin, wie der 18-jährige Sanel Masovic und seine Freunde zwei Teenagerinnen in der Toilette belästigten und bedrängten. Tuğçe stellte die Männer zur Rede, und es gelang ihr zusammen mit anderen Gästen, die Mädchen in Sicherheit zu bringen. Kurze Zeit später wurde sie von Sanel Masovic auf dem Parkplatz vor dem Restaurant derart zusammengeschlagen, dass sie auf den Kopf fiel und starb. »Sie war Heldin und Engel zugleich«, sagten Tuğçes Verwandte bei ihrer Beerdigung.[66]

Es war am späten Nachmittag des 21. Juli 2017. Die Philosophin Anne Dufourmantelle lag am Strand von Pampelonne an der Côte d'Azur. Der Mistral blies heftig an diesem Tag. Als sie bemerkte, dass zwei Kinder von der tückischen Strömung ins Meer hinausgezogen wurden und gegen das Ertrinken kämpften, sprang sie ins Wasser und versuchte, ihnen zu Hilfe zu kommen. Die Kinder überlebten, sie selbst kam ums Leben. Anne Dufourmantelle wurde 53 Jahre alt. Ein paar Jahre vor ihrem Tod veröffentlichte sie ein Buch mit dem Titel *Lob des Risikos*, in dem sie dazu aufrief, sich von Ängsten nicht kleinkriegen zu lassen:

Sein Leben zu riskieren bedeutet womöglich in erster Linie, sich dem Sterben zu verweigern: einem Sterben zu Lebzeiten [...]. In den entscheidenden Augenblicken unseres Daseins sein Leben zu riskieren ist ein Akt, der uns unwillkürlich zuvorkommt, wie eine innere Prophezeiung und Bekehrung.[67]

Angesichts der Gefahr spüre man, so sagte sie, »einen starken Ansporn zum Handeln, zur Selbstlosigkeit und zur Selbstüberwindung«.[68]

Tuğçe Albayrak kann nicht mehr gefragt werden, ob sie sich Anne Dufourmantelles Sätze zu eigen gemacht hätte. Die Situationen jedenfalls, in die sie beide gerieten, waren ähnlich. Plötzlich war die Freizeit vorbei. Es war alles anders. Es gab nur noch eines. Sie wussten, was zu tun war, und wagten, es zu tun. Dies haben sie mit ihrem Leben bezahlt.

Nun gibt es aber auch diejenigen, die sich für die Demokratie als ganze ins Zeug legen, also für deren Durchsetzung und Gedeihen oder gegen deren Beschädigung kämpfen. Sie sind nicht die Einzigen, die von einem Missstand Kenntnis erlangen oder von ihm betroffen sind, aber sie sind es, die etwas dagegen tun. Es ergibt sich hier das Phänomen unterschiedlicher Geschwindigkeiten. Unter den Zeitgenossen sind viele am Boden zerstört, wursteln sich durch, zögern in den Startlöchern, flüchten in Scheinwelten. Doch einige – Helden nämlich – gehen voraus, gehen vor gegen das, was falsch läuft. Damit versuchen sie, andere mitzureißen. Diese Ungleichzeitigkeit ist nicht schädlich, sondern unvermeidlich.

Nun haben sich die Umstände, unter denen sich solche holistischen Helden für die große Sache der Demokratie einsetzen, in der Geschichte politischer Kämpfe stark verändert.

Vier Grundsituationen gibt es, in denen der holistische Held sich bewähren kann.

Erstens: Wer in einem repressiven Regime lebt, mag daran leiden, dass Freiheitsrechte mit Füßen getreten werden, und sich vornehmen, etwas dagegen zu tun. Beim Versuch, der Demokratie zum Sieg zu verhelfen, bekommt der holistische Held die geballte Macht derer, die am Drücker sind, zu spüren.

Zweitens: Wer in einer Gesellschaft lebt, in der der Sieg der Demokratie bereits verkündet worden ist, mag sich daran stoßen, dass die politischen Versprechen, die mit ihr verbunden sind, gebrochen werden. Der holistische Held kämpft dafür, dass die politische Ordnung den Namen der Demokratie wirklich verdient, und zieht den Zorn der Repräsentanten des Status quo auf sich, die meinen, das Erreichte könne auf kleiner Flamme warmgehalten werden.

Drittens: Wer als holistischer Held die Demokratie verteidigt, rückt ins Visier militanter politischer Gegner, die ihren Hass an ihm auslassen.

Viertens: Wer die Demokratie erhalten will, sieht mit Sorge, wie sie ausgehöhlt wird. Der holistische Held legt sich mit einem Staat an, der sich von einer demokratischen in eine autokratische oder totalitäre Ordnung verwandelt, und wird von ihm drangsaliert oder verfolgt.

In allen vier Szenarien sind also Helden gefragt, die sich für die Sache der Demokratie einsetzen. Für sie wird die Luft dünn und das Leben gefährlich. Zu den vier Szenarien gehören historische Momente und Menschen, zum Beispiel Regimegegnerinnen in China (Lin Zhao 1957) und Pakistan (Malala Yousafzai 2009), schwarze Bürgerrechtler in den USA (Tommie Smith und John Carlos 1968), Lokalpolitiker in Deutschland und Polen (Henriette Reker 2015, Andreas Hollstein 2017, Pawel Adamowicz 2019, Walter Lübcke 2019), Journalistinnen und Wissenschaftlerinnen in der Türkei, in

Ungarn und anderen Ländern, deren Regierungen zur Demokratie laut oder leise Servus sagen.

Es liegt nahe, jene Helden besonders bewundernswert zu finden, die sowohl altruistisch als auch holistisch handeln, die also einzelnen Menschen helfen und zugleich die Gesellschaft wachrütteln. Solch eine Großtat wäre tatsächlich zu feiern, aber sie muss dem hohen Anspruch, den sie zu erfüllen hat, gewachsen sein.

Ein interessantes Beispiel dafür bietet die junge schwedische Aktivistin Elin Ersson. Am 23. Juli 2018 ließ sie die Facebook-Welt per Live-Video daran teilhaben, wie sie in einem Flugzeug von Turkish Airlines gegen die Abschiebung eines Ausländers protestierte, der mit ihr an Bord war. Sie weigerte sich, ihren Platz einzunehmen, und blockierte damit den Abflug. Zwischen ihr, dem Flugpersonal und anderen Passagieren kam es zu einem Streit, der damit endete, dass die Polizei nicht nur sie, sondern auch jenen Ausländer aus dem Flugzeug holte. Mit ihrer Aktion ist Elin Ersson auf viel Zuspruch und natürlich auch auf Widerspruch gestoßen. In vielen Kommentaren zu dem Video, das bis heute mehr als fünf Millionen Mal gesehen worden ist, wurde sie als Heldin bezeichnet. Im Februar 2019 hat ein Gericht sie wegen Gefährdung der Flugsicherheit zu einer Geldstrafe in Höhe von rund 300 Euro verurteilt.

Elin Ersson operierte offensichtlich auf zwei Ebenen. Auf der holistischen Ebene setzte sie ein Zeichen gegen die Ausländerpolitik Schwedens und der Europäischen Union. Auf der altruistischen Ebene wollte sie einen Ausländer vor der Abschiebung bewahren, mit dem die politische Gruppe, der sie angehörte, engen Kontakt hatte. Es ging um Ismail K., einen 26-jährigen Afghanen, dessen Vater von den Taliban getötet worden war und der mit seinem Antrag gescheitert war, bei seiner Familie in Schweden bleiben zu dürfen. Ismails Schwester Basireh hatte die Gruppe über die bevorstehende Abschiebung informiert. Elin erklärte sich zum Protest im Flugzeug bereit und führte die Aktion durch.

Leider hat Elin Ersson bei der Verbindung der altruistischen und der holistischen Agenda mehr Schaden angerichtet als einer großen Sache gedient. Als sie die Aktion startete, verfügte sie über falsche Informationen. Bei dem Ausländer, der mit ihr im Flugzeug war und abgeschoben werden sollte, handelte es sich nicht um Ismail K., sondern um Bismallah S., der in Schweden wegen des Vorwurfs vor Gericht stand, seine Frau und seine Töchter mit einem Plastikkabel ausgepeitscht zu haben. Warum sollte ihm geholfen werden?

Die Moral von der Geschicht' lautet: Eine Großtat ist leichter gepostet als getan. Am Ende steht Elin Ersson als ziemlich wirre Aktivistin da. Das ist deshalb schlimm, weil Ismail K. altruistische Hilfe allemal verdient gehabt hätte. Er war in einer geradezu irrsinnigen Weise zwischen die Stühle der Asylrechtsprechung in Schweden geraten und wurde kurz nach Elin Erssons Aktion – übrigens ebenso wie Bismallah S. – nach Afghanistan abgeschoben. Nach allem, was man weiß, versucht er dort nun fern von seiner Familie Fuß zu fassen.[69]

Grundsätzlich finden sich unter demokratischen Helden solche, die altruistisch oder holistisch handeln, die sich also für einzelne Menschen einsetzen oder denen es ums Ganze geht. Im Glücksfall – aber eben nur im Glücksfall – kommt beides zusammen. Einstweilen habe ich mich mit der Frage befasst, für wen oder was sich diese Helden ins Zeug legen. Dabei wurde schon deutlich, dass ihre Handlungen mal mehr, mal weniger im Einklang mit der bestehenden Ordnung stehen, dass sie als Fürsprecher und Verteidiger geltender Werte auftreten oder aber Widerspruch gegen den Status quo anmelden. Dieses spannungsvolle Verhältnis möchte ich jetzt ausleuchten.

Helden der Übererfüllung und Helden der Überwindung

Ein Haus brennt. Kinder schreien um Hilfe. Die Feuerwehr ist noch nicht da. Schnell versammeln sich Nachbarn und Passanten auf der Straße. Was tun? Jede Minute ist kostbar … Man könnte vielleicht … Kommt man mit einem klatschnassen Mantel durch? … Jemand muss doch … Soll ich etwa? … Wer macht's?

Während die anderen zuschauen, greifen Helden ein. Sie zögern nicht (jedenfalls nicht zu lange), geraten nicht in Panik, sind von bewundernswerter Klarheit, nehmen ihr Herz in beide Hände und eilen ins Haus.

Die Moral und auch das Recht kennen den Tatbestand der unterlassenen Hilfeleistung und fordern von uns, denjenigen Nothilfe zu leisten, die in Gefahr sind. Diese Forderung geht jedoch nicht so weit, dass wir uns selber gefährden müssten. Wenn wir als Zeugen des Brandes draußen stehen bleiben, machen wir uns nicht der Verletzung einer Pflicht schuldig. Die heldenhafte Tat geht weit über die Pflicht hinaus. Helden, die mehr als das Geforderte tun, nenne ich *Helden der Übererfüllung*.

Es gibt eine Zwischenstufe zwischen normalen Menschen und Helden. Bei manchen Personen rutscht die Latte der Pflicht ein Stück nach oben – und zwar deshalb, weil sie sich von Berufs wegen darauf eingelassen haben, um anderer Menschen willen Gefahren einzugehen. So gehört zum Beispiel bei Bergrettern, Polizisten oder eben Feuerwehrleuten das Risiko zur Arbeitsplatzbeschreibung. Was den meisten von uns nicht abzuverlangen ist, darf ihnen zugemutet und sogar von ihnen erwartet werden. Dafür sind sie ausgebildet, es ist Teil ihres Jobs. Mit der Latte der Pflicht wandert bei ihnen auch der Punkt nach oben, an dem die heldenhafte Übererfüllung der Pflicht beginnt.

Wegen dieser verschiebbaren Grenze des Pflichtgemäßen wird immer wieder über Bergretter, Feuerwehrleute und ähnliche Berufsgruppen diskutiert. Die Eckpunkte der Debatte sind besetzt: Manche erklären sie pauschal zu Helden, andere sprechen ihnen das Heldentum mit Verweis auf ihr Berufsrisiko rundweg ab. Die Wahrheit liegt dazwischen. Mitglieder jener Berufsgruppen stehen häufiger, als ihnen lieb ist, vor Situationen, in denen nicht klar ist, wo die Pflicht aufhört und das über die Pflicht Hinausgehende anfängt. Sie operieren mit Ungewissheit und müssen abwägen, ob sie einen letzten Versuch wagen, sich noch weiter in Gefahr begeben oder aber sagen: Mehr geht nicht. Wer diese alltägliche Mischung aus Berufsausübung und Heroismus näher kennenlernen will, lese David Halberstams große Reportage *Firehouse* über eine Gruppe von Feuerwehrleuten, die nach dem Anschlag vom 11. September 2001 im Einsatz waren.

Ich spreche so ausführlich über die Grenze der Pflicht, weil sich an ihr die Handlungen »normaler« Menschen von Heldentaten scheiden. Bei John Stuart Mill findet sich eine nüchterne, geschäftsmäßige und doch hilfreiche Definition der Pflicht: »Pflicht ist etwas, das von jemandem *erzwungen* werden kann, so, wie man die Bezahlung einer Schuld erzwingt. Nur wenn wir meinen, es von ihm erzwingen zu können, nennen wir es seine Pflicht.«[70] Im Kontrast wird deutlich, dass es sich bei der heroischen Übererfüllung einer Pflicht nicht um etwas Erwartbares und Erzwingbares im Sinne der Begleichung einer Schuld handelt, sondern um einen asymmetrischen, einseitigen Akt: ein *Geschenk*. Helden sind Gebende, sie verschwenden sich.

Moralphilosophen diskutieren ausgiebig über Pflichten,

aber nicht so gerne über Helden. Gelegentlich tun sie es freilich doch – und sie müssen es tun, denn von Pflichten können sie nur reden, wenn sie auch wissen, wo deren Grenzen liegen. Damit gelangen sie zu Handlungen, die über das pflichtgemäß Geforderte hinausgehen oder – um das Gleiche hochgestochen auszudrücken – »supererogatorisch« sind. (Dieser Ausdruck geht zurück auf die Geschichte vom barmherzigen Samariter, der das Geben über das übliche Maß hinaus – im lateinischen *Neuen Testament* eben: *supererogare* – praktizierte.) Der englische Philosoph James O. Urmson hat diesen schwerfälligen Ausdruck in die Diskussion eingebracht, in einem Aufsatz mit dem beschwingten Titel *Heilige und Helden*. Er meint, die Moral dürfe nicht auf die Erfüllung von Pflichten fixiert bleiben, denn dann blieben gerechterweise nur Handlungen übrig, die dem »Leistungsvermögen der gewöhnlichen Menschen« entsprächen. Das hält Urmson für zu dürftig.

Ich gebe ein nur scheinbar abwegiges Beispiel. Es wäre völlig unangebracht, wenn man zur Pflicht erklärte, dass alle Menschen täglich einen Salto schlagen. Was dagegenspricht, liegt auf der Hand: Salti sind keine moralisch wertvollen Handlungen. Der Salto-Pflicht steht aber noch ein zweiter, etwas versteckter Grund entgegen – und er ist es, der mich hier interessiert: Demnach kann man von Menschen nichts verlangen, was ihr »Leistungsvermögen« (Urmson) übersteigt. Das heißt freilich nicht, dass das Nichtverlangte unerwünscht wäre – im Gegenteil. Wir empfinden es als eine Art Geschenk, wenn ein Mensch einen Salto – oder eben das moralische Pendant dieses Kunststücks – vollführt. Eine solche Handlung zeichnet sich nach Urmson durch besondere Freiheit aus: Hier tut jemand etwas, das über die Pflicht hinausgeht und allgemein geschätzt wird. Aber niemand würde wagen, ihm dies vorzuschreiben – im Gegenteil. Es »liegt etwas

Erschreckendes in dem Gedanken, dass man Druck ausübt, um jemanden zu einem heroischen Akt zu bringen«.[71]

Mit der Übererfüllung einer Pflicht kann man den Einsatz der Helden für eine große Sache gut greifbar machen – jedenfalls bis zu einem bestimmten Punkt, an den ich gleich gelangen werde. Wenn wir vor dem brennenden Haus stehen und Zeugen werden, wie ein Held zur Tat schreitet, dann denken wir vielleicht wie er, aber handeln nicht wie er. Dass wir nicht einzugreifen wagen und unser Leben nicht aufs Spiel setzen, macht uns nicht zu schlechten Menschen. Vorbehaltlos feiern wir freilich denjenigen, der dies doch tut und den Menschen im brennenden Haus zu Hilfe eilt. Nicht nur altruistische Helden können sich zur Übererfüllung aufschwingen, sondern auch holistische Helden. Wenn zum Beispiel Amtsträger oder Bürger den Mut haben, sich in irgendeiner »national befreiten Zone« für Freiheit und Toleranz zu engagieren, tun sie mehr als das, was sie müssten. Sie nehmen Gefahren auf sich und müssen mit Drohungen leben. Ihre Hauswände werden beschmiert, Reifen zerstochen, Fenster eingeschmissen. Sie setzen ihre ganze Kraft dafür ein, die bestehende politische Ordnung zu verteidigen – und das ist bewundernswert.

James O. Urmson meinte, viel mehr sei über den Helden nicht zu sagen, als dass »er Handlungen tut, die weit außerhalb des Umfangs seiner Pflicht liegen«. Dies sei der Held *»par excellence«*.[72] Da allerdings täuschte Urmson sich gewaltig – und damit komme ich an den Punkt, an dem das »Supererogatorische« an seine Grenzen stößt. Die Helden der Übererfüllung bevölkern nicht den ganzen Heldenkosmos, sondern nur eine Hälfte davon. Um sich an den Rand dieses halben Kosmos heranzutasten, muss man Urmsons sperriges Wort »supererogatorisch« unter die Lupe nehmen. Gemeint sind damit Handlungen, die »super« in dem Sinne sind, dass sie großzügig über das Geforderte, Pflichtgemäße hinausgehen. Der Held der Übererfüllung steht genau senkrecht über den anderen. Er tut mehr von dem, was sie gut finden, und ist dabei doch mit denen, die ihn bewundern, im Reinen. Sie alle gehören zu ein und derselben Welt und teilen die gleichen moralischen Überzeugungen. Gut ist es, ein Kind zu retten oder die Freiheit zu verteidigen. Viele trauen sich das nicht, wenige wagen es.

Die Helden der Übererfüllung haben ihre Grenze darin, dass das, was sie tun, nur etwas mehr von demselben ist. Sie haben fast etwas von Strebern und erinnern an den Bergwerksarbeiter Alexej Stachanow, der am 31. August 1935 das Plansoll um das Dreizehnfache übertraf und damit zum legendären Helden der Arbeit wurde. Ich sage das so böse – natürlich viel *zu* böse –, um einen wichtigen Punkt zu verdeutlichen.

Zwar spricht nichts gegen Helden, die etwas tun, was von sonnenklarer Güte ist und die Unterstützung all derer hat, die sich diese Tat nur nicht selber zutrauen. Oft aber ist die Lage nicht klar und die Welt nicht geschlossen. Oder die Welt ist geschlossen in einer Weise, die borniert erscheint. Wenn sich unter diesen Umständen ein Held ins Getümmel stürzt und in Gefahr begibt, ist seine große Sache nicht automatisch auch die Sache aller anderen. Der Held büxt aus. Seine Reise geht nicht senkrecht nach oben, zielt also nicht auf die Übererfüllung der Pflicht. Vielmehr erkundet er andere Vokabulare und Werte. Er bewegt sich schräg, seitlich, hoch, in alle möglichen Richtungen.

Wenn ein Held so agiert, darf er nicht mit allseitiger Begeisterung rechnen. Ihm ergeht es anders als demjenigen, der sich ein Herz fasst, das brennende Haus betritt und von den Zeugen dafür gefeiert wird. Er überbietet nicht nur das Gesollte, sondern er verrückt Maßstäbe. Ein solcher Held wendet sich im Zweifelsfall gegen diejenigen, die brav mitspielen, mitmachen, weitermachen. Man könnte sagen: Er sitzt mit vielen anderen Passagieren in einem Zug, der sie angeblich zum richtigen Ziel bringt, und zieht in einer einsamen Entscheidung kurzerhand die Notbremse.[73] Das gibt Ärger.

In der Geschichte – gerade in der Geschichte von Demokratien – kommt es immer wieder zu Situationen, in denen weder die Befolgung von Spielregeln noch die Übererfüllung von Anforderungen genügt. Dann spitzt sich die Lage zu. Es eröffnet sich die Gelegenheit oder Notwendigkeit, das ganze Spiel zu ändern. Diejenigen, die nicht einfach die Pflicht übererfüllen, sondern die Vorgaben des Pflichtgemäßen infrage stellen, nenne ich *Helden der Überwindung.*

Sowohl die altruistischen wie die holistischen Helden kennen sich nicht nur mit der Übererfüllung aus, sondern auch mit der Überwindung. Hier ist ein Beispiel aus der Mitte des 19. Jahrhunderts, aus der Zeit vor Ausbruch des amerikanischen Bürgerkriegs. Wenn Bürger der Nordstaaten der USA in jener Zeit Sklaven, die aus dem Süden geflohen waren, bei sich versteckten oder ihnen halfen, nach Kanada zu entkommen, verstießen sie gegen das Gesetz. Es verbot zwar im Norden die Sklaverei, legte aber fest, dass entflohene Sklaven im Norden festgenommen und zu ihren Eigentümern zurückgeschickt werden mussten. Die altruistischen Helden, die entflohenen Sklaven halfen, konnten sich nicht darauf berufen, ihre Pflicht überzuerfüllen, sondern stellten das, was als pflichtgemäß galt, infrage und überschritten den Status quo.

Für holistische Helden gilt erst recht, dass sie nicht nur eine bestehende Werteordnung durch persönlichen Einsatz zur Geltung bringen, sondern auch auf die Überschreitung des Pflichtgemäßen zielen. Als Provokateure lassen sie sich von ihren eigenen Überzeugungen leiten, verlassen den bestehenden Konsens und werben um Unterstützung für ihre neue, große Sache. Sie fordern die Zeitgenossen heraus, ihr Selbstverständnis zu verändern. Dabei treffen sie einerseits auf solche, die ihre Grundsätze starr und hart verteidigen, andererseits auf solche, die umdenken. Die einen halten die Helden der Überwindung für Verbrecher, die anderen für Wohltäter. Tatsächlich stellt sich erst im Laufe dieser großen Überwindung heraus, ob die große Sache, für die sich die Helden starkmachen, in die Irre oder ins Freie führt.

Die Helden der Überwindung haben, allgemein betrachtet, erfreulich viele Fürsprecher. Deren Voten klingen ziemlich ähnlich, egal welchem politischen Lager sie angehören. So sagte Hegel beim nostalgischen Rückblick auf Helden, die es seines Erachtens in der Gegenwart gar nicht mehr gab:

Sie sind insofern *Heroen* zu nennen, als sie ihre Zwecke und ihren Beruf nicht bloß aus dem ruhigen, geordneten, durch das bestehende System geheiligten Lauf der Dinge geschöpft haben, sondern aus einer Quelle, deren Inhalt verborgen und nicht zu einem gegenwärtigen Dasein gediehen ist, aus dem innern Geiste, der noch unterirdisch ist, der an die Außenwelt wie an die Schale pocht und sie sprengt.[74]

Friedrich Nietzsche schrieb 1881:

Man hat viel von der Verunglimpfung wieder zurückzunehmen, mit der die Menschen alle Jene bedacht haben, welche durch die *That* den Bann einer Sitte durchbrachen, – im Allgemeinen heissen sie Verbrecher. Jeder, der das bestehende Sittengesetz umwarf, hat bisher zuerst immer als *schlechter Mensch* gegolten: aber wenn man, wie es vorkam, hinterher es nicht wieder aufzurichten vermochte und sich damit zufrieden gab, so veränderte sich das Prädicat allmählich; – die Geschichte handelt fast nur von diesen *schlechten Menschen*, welche später *gutgesprochen* worden sind![75]

Peter Kropotkin, als Fürst geboren und zum Revolutionär geworden, fragte 1885, wie ein »Bedürfnis nach einem neuen Leben«, das allerorten »fühlbar« sei, sich ins Handeln übersetze, und wurde fündig bei Menschen, die sich »in Helden verwandel[n]«:

> Begeisterte Menschen, [...] die die Gefangenschaft, die Verbannung und den Tod einem Leben, welches ihren Überzeugungen widerspricht, vorziehen; mutige Männer und Frauen, die wissen, dass man etwas wagen muss, um zu siegen – dies waren die verlorenen Vorposten, welche in der Geschichte der Revolutionen den Kampf begannen, lange bevor die Massen genügend erregt waren, um offen die Fahne des Kampfes zu erheben und zur Erkämpfung ihrer Rechte überzugehen.[76]

Der niederländische Philosoph Johan Huizinga fällte 1935 ein nüchterneres Urteil über die Helden der Überwindung und wies – abgestoßen von der faschistischen Heldenrhetorik – darauf hin, dass bei ihnen Glanz und Elend eng beieinanderliegen:

> Heroismus übertritt eine Regel. Von Zeit zu Zeit müssen in dieser Welt Regeln übertreten werden. [...] Der Wert politischer Heroik bemisst sich an der Reinheit ihres Zwecks und am praktischen heroischen Verhalten. [...] [Sie] muss [...] allem, was Hysterie, Angeberei, barbarische Arroganz, Drill, Parade und Eitelkeit heißt, diametral entgegengesetzt sein; allem, was Selbsttäuschung, bewusste Übertreibung, Lüge und Irreführung ist.[77]

Wie die Demokratie an die Demagogie grenzt,[78] so können sich auch demokratische in demagogische Helden verwandeln. Huizinga zeigte sich besorgt darüber, war aber gleichwohl überzeugt davon, dass Helden der Überwindung, also des Regelbruchs, »von Zeit zu Zeit« gefragt und dringend gebraucht seien.

Diese Überzeugung teile ich. In der Demokratie gibt es beide Typen – die Helden der Übererfüllung und die Helden der Überwindung. Zum Glück ist das so. Ebenso wie die altruistischen und holistischen Helden stehen diese Typen nicht in Konkurrenz zueinander, sondern haben jeweils ihre Zuständigkeiten. Man kann kurzerhand sagen: Der Modus Operandi der Helden der Übererfüllung ist die Defensive, derjenige der Helden der Überwindung die Offensive. Wer defensiv denkt, will schützen; wer offensiv denkt, will verändern.

Heute werden beide Typen gebraucht. Die Helden der Übererfüllung sind für die Rettung von Kindern in brennenden Häusern zuständig, aber nicht nur dafür. Sie sehen ihre Aufgabe auch darin, die Errungenschaften der Demokratie zu bewahren, und dafür braucht es in Deutschland, Österreich, Ungarn, der Türkei und vielen anderen Ländern mal weniger, mal mehr Mut – aber eben immer Mut. Manchmal sind die Fronten so klar, dass man sich an einem Katalog mit Notfällen und Rettungsmaßnahmen orientieren kann. Manchmal verschieben sich aber die Fronten, und dann kommt die Überwindung neben der Übererfüllung ins Spiel.

Einen vollständigen Katalog heroischer Bewährungsproben würde es dann geben, wenn die Demokratie fertig wäre, wenn es sich bei ihr um ein Bauwerk handelte, das nur zu bewohnen wäre. Die Demokratie ist aber im besten Sinne unfertig oder im Werden. In den Kämpfen, die für die Demokratie und in der Demokratie ausgefochten werden, wird immer wieder neu bestimmt, was diese politische Ordnung eigentlich ausmacht. Entsprechend gibt es für politische Helden viel zu tun. Sie erledigen nicht nur Rettungseinsätze, sondern sie denken auch über den Status quo hinaus und bewegen sich in Bereiche hinein, in denen die Ziele nicht in Stein gemeißelt sind.

Ich höre mich einwenden, die heutige Zeit sei für hochfliegende Vorstellungen demokratischen Wandels ungünstig. Doch wenn der große demokratische Jurist Hans Kelsen kurz vor 1933 dafür plädierte, den Staat nicht als »ruhende[n] Zustand«, sondern als »sich immer wieder erneuernde[n] Prozess«[79] anzusehen, dann darf ich mich heute erst recht nicht ins Bockshorn jagen lassen. Bestandsschutz genügt nicht. Die bloße Verteidigungshaltung greift zu kurz. Dies hat der Journalist Mark Siemons in einem glänzenden Essay mit dem Titel *Die große Erschlaffung* gezeigt. Darin wandte er sich gegen ein Modell der Demokratie, das sich darin erschöpft, Besitzstände zu wahren und Inseln der Freiheit einzudämmen, und schrieb:

Es sieht so aus, als solle ausgerechnet die Kultur, die Haltung der Europäer zur Welt ringsum und zu sich selbst, ausgenommen werden von der Notwendigkeit zur Neuorientierung [...]. Es gibt Anzeichen dafür, dass genau diese Selbstzufriedenheit ein Teil des Problems ist, das das liberale Europa derzeit hat. Womöglich wird es nicht nur durch systemische Konkurrenten wie China, Russland oder den Islamismus auf die Probe gestellt, und auch nicht nur durch Gegner im Inneren, die mit völkischen Kategorien die Geltung seiner universalistischen Prinzipien aufweichen wollen. Sondern auch durch eigene Faulheit, die sich auf diesen Prinzipien ausruht, statt sie im lebendigen Austausch mit anderen Kulturen anzuwenden. Schon die Vorstellung, überhaupt von anderen lernen zu sollen, erscheint da als befremdlich – wenn man doch schon selbst das Optimum an gesellschaftlicher Normativität erreicht hat. [...] Wenn man von der Welt ringsum nichts Wertvolles mehr erwartet, droht eine Sklerotisierung auch der eigenen Prinzipien. [...] Eine eigentümliche Zukunftslosigkeit ist die Folge: Man pflegt nur noch die unbestimmte Hoffnung, dass alles nach Möglichkeit so bleiben oder wieder werden solle, wie es gerade war.[80]

Wie Siemons plädiere ich dafür, dass die Demokratie mit Sendungsbewusstsein auftritt, aber auch mit Empfängerbewusstsein. Die Alternative zu der Neigung, sich auf den eigenen Prinzipien »auszuruhen«, besteht – wie Siemons klarstellt – nicht darin, sie Hals über Kopf aufzugeben, sondern darin, sie im Lichte anderer Erfahrungen weiterzuentwickeln. Es wäre absurd anzunehmen, die Demokratie könnte die Lösung für alle kommenden Probleme in ihrer Nachttischschublade finden. Allein der Klimawandel fordert tief greifende Änderungen im Umgang mit der Natur, im Verhältnis zwischen den Generationen, im Konsumverhalten, in der Urlaubsgestaltung, in Wohn- und Verkehrsformen – von der Unterstützung der Opfer von Naturkatastrophen und der Organisation der Wanderungsbewegungen ganz zu schweigen. All diese Änderungen liegen nicht auf einer technokratischen Ebene, sondern betreffen tief sitzende, moralisch, kulturell, politisch aufgeladene Haltungen. Man könnte sagen: Diese Herausforderungen werden die Demokratie zu einer tief greifenden Selbstverwandlung zwingen. Aber das ist grundfalsch. Wenn die Demokratie die Verwandlung als Zwang ansieht, ist sie schon in der Defensive. Nur in der Offensive wird sie ihre Strahlkraft wiedergewinnen.

John McCain und Edward Snowden

Ich möchte die Unterscheidung zwischen Helden der Übererfüllung und Helden der Überwindung an zwei Beispielen illustrieren: an John McCain und Edward Snowden.

Nach John McCains Tod im August 2018 überschlugen sich diejenigen, die Nachrufe auf ihn verfassten, im Lob seines Heldentums. Alle hatten dabei einen Gegner im Auge: Donald Trump, der im Wahlkampf 2016 über McCain gesagt hatte: »Er ist kein Kriegsheld [...]. Ich mag Leute, die nicht gefangen genommen werden.« Trump spielte darauf an, dass McCain mit seinem Kampfbomber 1967 über Hanoi abgeschossen worden und den Nordvietnamesen in die Hände gefallen war.

Zweierlei ist dreist an Trumps Bemerkung. Zum Ersten lästert hier jemand, der sich selbst vor dem Kriegsdienst gedrückt hat, über einen Vietnam-Veteranen. Zum Zweiten wendet er die Logik des Geschäftsmanns auf das Heldentum an und macht es am Output fest. »Sieg, Sieg, Sieg«, so lauten die letzten Worte eines Buches von Trump.[81] Wenn es allein darauf ankäme, wäre Stauffenberg kein Held, sondern ein Versager.

Dass McCain als Held der Übererfüllung anzusehen ist, hat hauptsächlich mit seinem Verhalten während seiner fast sechsjährigen Gefangenschaft zu tun, nämlich damit, dass er die Offerte der vorzeitigen Freilassung ausschlug. Von ihr versprachen sich die Nordvietnamesen Vorteile, denn kurz nach McCains Gefangennahme war sein Vater Oberbefehlshaber der amerikanischen Streitkräfte im pazifischen Raum geworden. Der Sohn sah in der Entlassung, die eine Begünstigung gegenüber den anderen Gefangenen bedeutet hätte, einen Verstoß gegen den militärischen Ehrenkodex und blieb im Gefängnis. Er brachte ein persönliches Opfer, wie dies

wohl nicht viele andere getan hätten, um eine gegebene Ordnung zu wahren und zu sichern. Jener Ehrenkodex war vielleicht nicht jedermanns Sache, aber unter den Bedingungen
des Krieges war McCain mit seiner Unbeirrbarkeit Zuspruch
sicher.

Der Politikwissenschaftler Ari Kohen zog ein nüchternes
Resümee dieser Geschichte und verglich McCain mit John
Kerry, dem demokratischen Präsidentschaftskandidaten von
2004, der 1968/69 gleichfalls in Vietnam gekämpft hatte:

> John McCain war ein Kriegsheld, aber die Wahrheit ist, dass
> er eine ganz andere Art von Held war als John Kerry. Wäh-
> rend Kerrys Heldenstatus in den Taten gründet, die er in der
> Schlacht vollbrachte, ergab sich McCains Heroismus aus
> seiner Gefangenschaft in Hanoi. [...] McCain war nicht be-
> sonders erfolgreich als Soldat. Auch wenn er wie Kerry bei
> der Erfüllung seiner Pflicht verwundet wurde, hat er seine
> Mission nicht wie Kerry erfolgreich abgeschlossen. Viel-
> mehr wurde sein Flugzeug abgeschossen, er wurde gefan-
> gen genommen, gefoltert, und die vietnamesischen Wärter
> taten ihm über mehrere Jahre großes Leid an. Statt beson-
> ders eindrucksvolle Taten auf dem Schlachtfeld zu vollbrin-
> gen, wurde McCain als Überlebender zu einem Helden, der
> fähig war, sich schrecklich schwierigen Bedingungen und
> Herausforderungen zu stellen.[82]

Die Öffentlichkeit und die Nachwelt bewundern an McCain,
dass er die Wahrung von Werten über das eigene Wohlbefin-
den stellte und Härten auf sich nahm, die er hätte meiden
können. Diese Prinzipientreue zeichnet alle Helden der
Übererfüllung aus. Darin genau liegt ihre Stärke. Sie haben
freilich auch eine Schwäche. Mit starrem Blick schauen sie
auf einen Standard, den sie als gegeben voraussetzen und

überbieten wollen. Damit bekommen die Werte, an denen sie sich orientieren und für die sie Opfer bringen, etwas Dogmatisches. Sie beanspruchen ein Monopol auf das Gute, das ihnen aber nicht zusteht.

Zu bewundern ist die Prinzipientreue, die McCain bewies. Jenseits aller Pflicht, unerbittlich gegen sich selbst, hielt er an einem militärischen Kodex fest. Damit trug er allerdings dazu bei, dass Großtaten anderer Art in den Schatten gerieten, anstatt gerühmt zu werden. Wer kennt zum Beispiel heute noch den Piloten Hugh Thompson junior? Ein halbes Jahr nach McCains Gefangennahme, im März 1968, überflog er mit seinem Hubschrauber den Ort My Lai und wurde Zeuge, wie amerikanische Soldaten unbewaffnete Dorfbewohner massakrierten. Er landete, stellte sich in die Schusslinie und rettete auf diese Weise einigen Vietnamesen das Leben. Dabei konnte er sich auf humanitäre, aber auch auf kriegsrechtliche Prinzipien stützen. Das hat ihm nicht viel geholfen. Er machte seine Aussage in dem Prozess, der gegen die am My-Lai-Massaker beteiligten Soldaten geführt wurde, doch nach diesem Prozess, der ohne eine einzige Verurteilung endete, wurde Thompson jahrzehntelang gemobbt. Erst spät bekam er einen Orden.

John McCain stand als Soldat für Prinzipientreue, und dabei blieb es auch in der Zeit seiner politischen Tätigkeit als Senator. Oft versetzten die Prinzipien ihn in den Stand, jenseits parteipolitischer Vorgaben sachliche Positionen zu vertreten, »manchmal« führten sie auch zu »extrem beängstigenden, rechtsextremen Standpunkten«.[83] Am Ende erntete McCain Lorbeeren von allen Seiten, weil er sich wohltuend von der Prinzipienlosigkeit seines Gegenspielers Trump abhob.

Den Streit zwischen Linken und Rechten, Liberalen und Konservativen um McCain kann ich getrost beiseitelassen –

und zwar deshalb, weil es im Jahr 2000 zu einer grenzüberschreitenden Begegnung zwischen McCain und einem Schriftsteller kam, der sich dem gegnerischen politischen Lager zurechnete. David Foster Wallace, der mit seinem Roman *Unendlicher Spaß* berühmt geworden war, hatte seinerzeit von der Zeitschrift *Rolling Stone* den Auftrag erhalten, John McCain im Wahlkampf zu begleiten und ein Porträt über ihn zu verfassen. McCain bewarb sich – letztlich erfolglos – um die Nominierung als republikanischer Präsidentschaftskandidat. Wallace machte es sich nicht leicht mit seinem Urteil, er vermied Lobhudelei, mischte Ironie mit Pathos, näherte sich McCain und zog sich von ihm zurück. Sein Porträt zu lesen ist ein Genuss – und darin geht es passenderweise vor allem um eines: um Heroismus.

Mit Blick auf die Vietnamzeit kam Wallace zu einem klaren Urteil: »John McCain ist ein echter Held.« Wie sah er dann den Wahlkämpfer 2000? Er hörte McCain sagen, er wolle »junge Amerikaner inspirieren, sich für größere Anliegen als ihren Eigennutz zu engagieren«.[84] Davon war Wallace beeindruckt, darin erkannte er den Anspruch auf Heldentum: »Eine echte Führungspersönlichkeit ist jemand, der uns dabei hilft, über die Grenzen unserer Faulheit und Selbstsucht hinauszuwachsen, Schwäche und Angst zu überwinden, der uns dazu bringt, Besseres und Schwereres zu schaffen, als wir aus eigenem Antrieb fertigbrächten.« Die Gegenfigur dazu nannte Wallace den »großen Verkäufer«; als Beispiel diente ihm Ronald Reagan. Solche großen Verkäufer waren aus seiner Sicht »keine echten Führungspersönlichkeiten: Weil ihre tiefsten, elementarsten Motive als selbstsüchtig durchschaut wurden, konnten sie uns unmöglich inspirieren, unseren eigenen Eigennutz zu transzendieren.« Was ihnen fehlte, war »dieses komische kleine *bisschen mehr*«.[85] Ob McCain dieses »kleine *bisschen mehr*« wirklich verkörperte, wagte Wallace nicht zu entscheiden. Letztlich war er sich nicht sicher, ob der Wahlkämpfer McCain ein Verkäufer oder eine Führungspersönlichkeit war – oder beides. Doch für Wallace war die Begegnung mit McCain allein schon deshalb kostbar, weil sie ihm die Gelegenheit gab – vielleicht! – auf einen Helden zu treffen.

Es ist schnell gesagt, welche Lehre ich aus David Foster Wallace' McCain-Porträt ziehe: Helden der Übererfüllung, die sich von der »Hingabe an die Sache«[86] tragen lassen, sind nicht nur in Kriegszeiten gefragt. Vielmehr gibt es ein lebendiges, geradezu brennendes Bedürfnis danach in friedliebenden Demokratien, also gerade auch heute. Wenn jene Hingabe hinfällig ist, bleibt nur der Eigennutz. Demokratische Helden der Übererfüllung nehmen keine Rücksicht auf sich selbst, sie gehen über das pflichtgemäß Erwartbare hinaus. Dabei verlassen sie sich darauf, dass die Werte, die sie verteidigen, gut und richtig sind. Im Einsatz für eine demokratische Ordnung, deren Werte gesetzt und gegeben sind, liegt ihre Größe. In ihrer Verteidigungshaltung steht ihnen die Idee fern, die Ordnung selbst auf den Prüfstand zu stellen und etwa zu fordern, sie möge sich weiterentwickeln oder verändern. Dafür sind Helden der Übererfüllung nicht zuständig, hier geraten sie an ihre Grenze.

Es gibt Situationen, in denen genau diese Infragestellung der bestehenden Ordnung angebracht ist. Deshalb gibt es demokratische Helden, die sich nicht der Übererfüllung, sondern der Überwindung verschrieben haben.

Anders als John McCain hat Edward Snowden nach derzeitigem Stand keine Chance, als amerikanischer Nationalheld anerkannt zu werden. 2013 spielte er einigen Journalisten eine Unmenge von NSA-Daten zu, seitdem sitzt er in Moskau fest. In den USA droht ihm die Strafverfolgung wegen Geheimnisverrats. Trotzdem hat er eine ziemlich wilde, stattliche Mischung von Fürsprechern. Ich gebe nur zwei Beispiele. Der Schriftsteller Hans Magnus Enzensberger sagte über ihn: »Solche Leute sind wahrscheinlich die Helden des 21. Jahrhunderts.« Der Apple-Mitbegründer Steve Wozniak nannte ihn einen »totalen Helden« – und zwar deshalb, weil Snowden »aus seinem eigenen Herzen, aus seinem eigenen Glauben an die amerikanische Verfassung und daran, worum es bei Demokratie und Freiheit eigentlich geht«, gehandelt habe.[87]

Auch ich halte Edward Snowden für einen Helden – und zwar für einen Helden der Überwindung. Er traf nach eigenem Bekunden eine »moralische Entscheidung«, als er die geheime Massenüberwachung durch die amerikanischen Behörden öffentlich machte, brach bewusst das Gesetz und nahm dafür erhebliche persönliche Nachteile und Gefahren in Kauf. Er betonte: »Meine Absicht war nicht, mich zu bereichern.« Eigennutz kann man ihm beim bösesten Willen nicht vorwerfen. Snowden berief sich auf einen Grundsatz des Kriegsverbrechertribunals in Nürnberg: »Individuen haben internationale Pflichten, die die nationalen Gehorsamspflichten überschreiten. Jeder einzelne Bürger hat die Pflicht, nationale Gesetze zu brechen, um Verbrechen gegen den Frieden und gegen die Menschlichkeit zu verhindern.«[88] Snowden ging über die bestehende Ordnung hinaus – und zwar im Rückgriff auf die amerikanische Verfassung und im Vorgriff auf eine Politik, die diese Verfassung im Sinne des Schutzes vor Überwachung neu und radikal auslegt.

Im Juni 2008, also fünf Jahre vor Snowdens Aktion, sagte Barack Obama:

Wir mögen hoffen, dass unsere Führer und unsere Regierung für unsere Ideale einstehen [...]. Aber wenn unsere Gesetze, unsere Führer oder unsere Regierung nicht im Ein-

153

klang mit unseren Idealen stehen, dann mag sich der Widerspruch der einfachen amerikanischen Bürger als eine der echtesten Äußerungen des Patriotismus erweisen. […] Wer erkennt, dass im Namen unseres Landes etwas Übles getan wird, wer darauf beharrt, dass wir die Versprechen unserer Verfassung erfüllen, handelt als Patriot.[89]

Obama vertrat damals fast die gleiche Position wie später Snowden. Er unterschied zwischen einer amtierenden Regierung und den politischen Idealen eines Landes. Er bezeichnete diejenigen als Patrioten, die illoyal gegenüber einer Regierung handeln, weil sie ihren Idealen Geltung verschaffen wollen. Obama griff damit eigentlich nur einen Gedanken auf, den Henry David Thoreau während des Kampfes gegen die Sklaverei in den USA entwickelt hatte. 1849 schrieb er: »Wenn tausend Menschen dieses Jahr keine Steuern zahlen, dann ist dies kein gewaltsamer und blutiger Akt; wohl aber läge ein solcher vor, wenn sie Steuern zahlten, denn dann ermöglichten sie dem Staat, Gewalt anzuwenden und unschuldiges Blut zu vergießen.«[90]

Chelsea Manning, die militärische Unterlagen an Wikileaks weitergegeben hatte und wegen Kriegsverbrechen verurteilt worden war, wurde von Barack Obama kurz vor Ende seiner Amtszeit begnadigt. An Snowden hat er kein gutes Haar gelassen. Das spricht nicht gegen Snowden, sondern gegen Obama.

Edward Snowden ist ein demokratischer Held der Überwindung. Er wollte den Status quo nicht bewahren, sondern über ihn hinausgehen. Wie bei den Helden der Übererfüllung, so kommen auch bei den Helden der Überwindung Stärke und Schwäche zusammen. Sie fühlen sich stark genug, es mit einem übermächtigen Gegner, der Regierung eines ganzen Landes, aufzunehmen. Ihr Handeln steht, anders als das der Helden der Übererfüllung, nicht im Dienst einer Ordnung, die fest etabliert und mehr oder minder allgemein anerkannt ist. Ihre Sache ist nicht die Verteidigung, sondern der Verstoß. Sie legen sich mit einem Regierungsapparat an – und auch mit den Wählern, die diesen autorisiert haben. Die Helden der Überwindung halten ihren Mitbürgern vor, dass sie falsch liegen, und wollen sie in eine andere Zukunft mitnehmen. An der Zukunft, an der anderen Ordnung hängt die Rechtfertigung ihrer Taten. Dafür stehen sie einsam ein. Darin liegt ihre Stärke, aber auch ihre Schwäche. Der Grund, auf dem sie stehen, schwankt – und so ergeht es ihnen anders als denen, die nur das Bestehende verteidigen. Streng genommen haben die Helden der Überwindung gar keinen Grund unter ihren Füßen, sondern wünschen sich diesen Grund, die Basis einer anderen, besseren Welt, erst herbei. Ihre Sache liegt in der Luft, hängt aber auch in der Luft. Deshalb können sie – anders als die Helden der Übererfüllung – nur umstritten sein. Doch im Einsatz für die große Sache der Demokratie sind die einen wie die anderen unverzichtbar.

Heldentum und der Höhenunterschied

Alle Menschen sind gleich

Im ersten Satz der amerikanischen Unabhängigkeitserklärung von 1776 heißt es, »alle Menschen« seien »gleich geschaffen«. Artikel 1 der französischen Erklärung der Menschen- und Bürgerrechte von 1789 lautet: »Die Menschen werden frei und gleich an Rechten geboren und bleiben es. Soziale Unterschiede dürfen nur im gemeinschaftlichen Nutzen begründet sein.« Die von den Vereinten Nationen 1948 verabschiedete Allgemeine Erklärung der Menschenrechte der Vereinten Nationen beginnt mit dem Satz: »Alle Menschen sind frei und gleich an Würde und Rechten geboren.« Artikel 3 des Grundgesetzes der Bundesrepublik Deutschland von 1949 sagt: »Alle Menschen sind vor dem Gesetz gleich.«

Demokratische Verfassungen formulieren Rechte, die allen Menschen gleichermaßen zustehen: das Recht, Einfluss auf die politische Ordnung zu nehmen, das Recht, die eigene Meinung zu sagen, das Recht auf Leben und Unversehrtheit etc. Die Gleichheit, für die sich die Demokratie einsetzt, besagt nicht, dass alle Menschen sich gleichen wie ein Ei dem anderen. Sie ist der Vielfalt gewogen und nicht auf Gleichmacherei aus.

Vielfalt ist freilich ein in seiner Unschuld gefährliches Wort – und die Gefahr, die darin steckt, schleicht sich in die Ungleichheit ein. Dass Menschen ungleich sind, kann bedeuten, dass sie verschieden sind, was sich dann im Pluralismus ertragen oder sogar genießen lässt. Ungleichheit kann aber auch meinen, dass Menschen ungleich behandelt werden, dass es Menschen besser oder schlechter ergeht, sie mehr oder weniger haben oder zu sagen haben. Dann greift nicht mehr die horizontale Logik der Verschiedenheit, sondern die vertikale Logik von Vorteilen und Nachteilen. Dann gilt die Unterscheidung zwischen denen, die Vorrechte genießen, und denen, die das Nachsehen haben – sowie letztlich die Unterscheidung zwischen denen, die über Rechte verfügen, und Rechtlosen.

Beim Umgang mit den Ungleichheiten, die in der Gesellschaft – auch in einer demokratischen Gesellschaft – auftreten, muss man sich warm anziehen, wenn denn etwas Warmes zum Anziehen zur Hand ist. Die einen wachsen behütet auf, die anderen werden vernachlässigt. Den einen dient der Schulhof in der großen Pause als Laufsteg, die anderen zwingt er zum Spießrutenlauf. Die einen haben große Gaben, die anderen sind hart im Nehmen. Die einen können etwas besser, die anderen schlechter. Die einen werden gewürdigt, die anderen werden verkannt. Die einen sind zur rechten Zeit am rechten Ort, die anderen verpassen den Zug der Zeit. Die einen sind stinkreich, die anderen bettelarm. Männer verdienen für die gleiche Arbeit mehr als Frauen. Manche sind bis ins hohe Alter gesund und munter, andere leiden frühzeitig an Gebrechen.

Mit all diesen Ungleichheiten ist menschliches Leid verbunden. Der demokratische Kampf dagegen ist zum Verzweifeln unvollständig. Manche Ungleichheiten sind einfach gegeben und gehören zur Lotterie des Lebens, manche lassen sich gezielt ins Visier nehmen, bekämpfen und beseitigen. In der Grauzone dazwischen gibt es Ungleichheiten, die zwar kontingent, aber kaum praktisch-politisch zu beeinflussen sind. So haben diejenigen, die Ismail Hamed oder Hamit Yilmaz heißen, in Deutschland – übrigens vor allem in München – Nachteile bei der Wohnungssuche,[1] doch ihre Diskriminierung rutscht durch die Maschen von Recht und Politik.

Die Demokratie konzentriert sich auf den Kampf gegen die Art von Ungleichheiten, durch die den Bürgern die Wahrnehmung ihrer Rechte erschwert oder gar unmöglich gemacht wird. Ein klassischer Konflikt ergibt sich daraus, dass Menschen vor dem Gesetz gleich, aber im Geschäft ungleich sind. Wenn Menschen sich durch ökonomisches Kapital politischen Einfluss verschaffen, schmälern sie die Gestaltungsmöglichkeiten anderer. Theoretiker der Demokratie plädieren deshalb für eine Sicherung der Grenze zwischen Wirtschaft und Politik und widmen sich den Fragen, »was man für Geld nicht kaufen kann« und »warum manche Dinge nicht zum Verkauf stehen sollten«.[2]

Die Alarmglocken der Demokratie läuten immer dann, wenn die Vielfalt nicht nur in die Breite geht, sondern auch in die Höhe wächst, wenn also aus Unterschieden Vorrechte werden. Höhenunterschiede haben mit Hierarchien zu tun, Hierarchien mit Macht – und deren ungleiche Verteilung beißt sich mit dem gleichen Recht für alle. Die Demokratie hält nichts von Machtmenschen, die übergriffig werden.

Sind Helden übergriffig? Jedenfalls sind sie etwas Besonderes. Wer Helden kennt, ist bereit, sie zu bewundern und zu ihnen aufzuschauen. Diese Ungleichheit ist nicht, wie im Bereich der Wirtschaft, eine Sache des Finanzhaushalts, sondern dringt in den Seelenhaushalt, in das innere Befinden der Betroffenen ein. Keine Frage: Der Umgang mit Helden ist ein Spiel mit dem Feuer. Ob das Feuer zerstörerisch wirkt oder wärmende Kraft entwickelt, hängt davon ab, wie die Helden agieren und wie die anderen mit ihnen umgehen. Kritisch wird es, wenn Helden ihre Macht auf eine Art einsetzen, die mit dem demokratischen Prinzip der Gleichheit unvereinbar ist.

Die Szenarien, die der Demokratie beim Umgang mit dem Heldentum offenstehen, sind schnell sortiert. In zwei Szenarien ist Gleichheit von vornherein garantiert. Sie laufen nämlich darauf hinaus, dass entweder alle Helden abgeschafft oder umgekehrt alle Menschen zu Helden befördert werden. Die Heldenabschaffung steht für eine Angleichung nach unten, die Heldenvermehrung für eine Angleichung nach oben. Das dritte Szenario ist am heikelsten, aber auch am spannendsten. Demnach gilt, dass eben nur manche Menschen das Zeug zum Heldentum haben. Nach diesem dritten Szenario soll die Demokratie Ungleichheit zulassen, aber vor dem Machtmissbrauch durch Helden bewahrt sein.

1938 entstand ein Theaterstück, in dem alle drei Szenarien durchgespielt werden: *Leben des Galilei*.

Unglücklich das Land …

Bertolt Brechts *Leben des Galilei*[3] kreist um Ereignisse, die sich 1633 in Rom zugetragen haben. Damals widerrief Galileo Galilei vor dem päpstlichen Tribunal seine bahnbrechenden Behauptungen zum Aufbau des Sonnensystems, wurde von der Todesstrafe verschont und zu lebenslanger Haft verurteilt. Keiner, der sich mit Heroismus beschäftigt, kann an den zwei berühmten Sätzen vorbeigehen, die Brecht in seinem Theaterstück aufeinandergehetzt hat.

»Unglücklich das Land, das keine Helden hat!« Diesen Satz lässt Brecht Andrea Sarti sagen, den eifrigen Schüler Galileis. Seine ganze Hoffnung hat der Junge darauf gesetzt, dass der große Meister dem Druck des Papstes standhalte, den Widerruf seines neuen wissenschaftlichen Weltbilds verweigere – und wenn es ihn das Leben koste: »Der Mensch fürchtet den Tod nicht«, sagt Andrea beschwörend und meint damit, genau genommen, »nur *eine[n]*«, der »*Nein*« sagen soll. Als Galilei einknickt, sieht der bitter enttäuschte Andrea »Wahrheit« und Wissenschaft »[ge]köpf[t]« und das Land ins Unglück gestürzt.

»Unglücklich das Land, das Helden nötig hat.« Diesen Satz legt Brecht Galilei als Replik in den Mund – einem Galilei, der sich der Heldenrolle verweigert oder ihr nicht gewachsen ist. Aus Furcht vor dem »körperlichen Schmerz« unterwirft er sich dem Papst, und fortan lebt er, von der Welt abgeschnitten, »als Gefangener der Inquisition«.

Mit diesen Aussagen treten die zwei Szenarien der Heldenverehrung und der Heldenabschaffung gegeneinander an. (Die Heldenvermehrung wird gleich noch ins Spiel kommen.) So, wie das Stück angelegt ist, scheint alles darauf hinauszulaufen, dass der Meister mit seinem Szenario der Heldenabschaffung den Sieg über seinen Schüler davonträgt. Am Ende gelingt es ihm sogar, Andrea Sarti von den Vorzügen des Unheroischen zu überzeugen. Als der Schüler viele Jahre nach dem Widerruf von seinem Meister hört, dass dieser der Auseinandersetzung aus dem Weg gegangen sei, um heimlich die Schrift zur Grundlegung einer »neue[n] Physik« zu vollenden, revidiert er sein früheres harsches Urteil: »Mit dem Mann auf der Straße sagten wir: Er wird sterben, aber er wird nie widerrufen. – Sie kamen zurück: Ich habe widerrufen, aber ich werde leben. – Ihre Hände sind befleckt, sagten wir. – Sie sagen: Besser befleckt als leer.« Andrea tritt zunächst als Heißsporn auf, der von einem anderen eine Heldentat fordert, die freilich nichts gefruchtet hätte, und wird am Ende eines vermeintlich Besseren belehrt. Ihm erscheint sein Lehrer gerade deshalb als »Sieger«, weil er nicht den Helden gespielt hat.

Gerade im Nachkriegsdeutschland, als das Heldentum gründlich desavouiert war, sahen viele Theaterbesucher in

Galilei nicht den Feigling, sondern den Repräsentanten unfanatischer Klugheit. Kein Geringerer als Jürgen Habermas hat die Hauptfigur des Stücks geradewegs mit dessen Autor identifiziert und gemeint, sich »Brechts Warnung« vor den Helden anschließen zu können.[4] Wie aber steht der Autor selbst dazu?

Anders als Habermas annimmt, will Brecht gar nicht vor dem Heldentum warnen. Galilei wird von ihm keineswegs als Sprachrohr für eigene Überzeugungen genutzt. In den Aufzeichnungen zu *Leben des Galilei* gibt Brecht – »wenn es jemanden interessieren sollte«, wie er sarkastisch notiert – das »Urteil des Stückschreibers« über seine Hauptfigur zum Besten. Es lautet, »daß der Widerruf« Galileis »ein Verbrechen« gewesen sei und durch das in der Folgezeit von ihm verfasste wissenschaftliche »Werk, so wichtig es auch sein mochte, nicht aufgewogen« werde. Brechts Urteil über seine Hauptfigur fällt brutal aus, er nennt Galilei einen »Verräter« und »Schädling«.[5] Der Regisseur Erich Engel, der vom todkranken Brecht im Frühjahr 1956 die Probenarbeit für die Aufführung am Berliner Ensemble übernahm, hielt es für »wahrscheinlich unmöglich«, beim Zuschauer »die Entstehung der Sympathie für Galilei zu verhindern«. Brechts harsche Worte wirken wie ein verzweifelter Versuch, dieser Sympathiebildung entgegenzuwirken, in der er selbst die »große Schwäche des Werkes« sieht.[6]

Doch das »Urteil des Stückschreibers« über Galilei hat Brecht nicht nur in Arbeitsnotizen ausgelagert, sondern auch ins Stück eingebaut. Der Dramatiker demontiert seine Hauptfigur mit gezielten Schlägen und lässt das Stück in der »Selbstverdammung des Opportunisten« gipfeln.[7] Zwar händigt Galilei seinem Schüler die neue, bahnbrechende Schrift aus, doch zugleich bezichtigt er sich, seinen »Beruf verraten« zu haben: »Ein Mensch, der das tut, was ich getan habe, kann in den Reihen der Wissenschaft nicht geduldet werden.«

Andrea versucht ihn zu beschwichtigen: »Ich kann mir nicht denken, daß Ihre mörderische Analyse das letzte Wort sein wird.« Brechts Galilei bleibt aber hart – gegen sich selbst. In seiner Selbstkritik wendet er sich gegen die großzügige Deutung, sich mit dem öffentlichen Widerruf »aus einer hoffnungslosen politischen Schlägerei zurück[ge]zogen« zu haben, »um das eigentliche Geschäft der Wissenschaft weiter zu betreiben«: »Wenn Wissenschaftler, eingeschüchtert durch selbstsüchtige Machthaber, sich damit begnügen, Wissen um des Wissens anzuhäufen«, dann wird ihr »Fortschritt […] nur ein Fortschritt von der Menschheit weg sein«.

Mit dem Satz »Unglücklich das Land, das Helden nötig hat« hat Brecht zwar allen Freunden der postheroischen Gesellschaft einen Leitspruch auf dem Tablett serviert. Doch nach Brecht muss man diesen Satz mit Vorsicht genießen. Im Stück selbst hat er eher die Funktion einer faulen Ausrede. Das Szenario der Heldenabschaffung wird von Brecht ausgehebelt. Das heißt nun aber nicht, dass er von Heldenabschaffung auf -verehrung umschwenken und von großen Männern schwärmen würde, die das Land beglücken. Wenn Brecht Galilei darüber sinnieren lässt, welch »große Erschütterungen« die »Standhaftigkeit *eines* Mannes« – also seine eigene – hätte »hervorrufen können«, so wirkt dies eher wie eine Altherrenfantasie.

»Unglücklich das Land, das Helden nötig hat« – »Unglücklich das Land, das keine Helden hat«: Weder das Szenario der Heldenabschaffung noch das der Heldenverehrung macht Brecht sich zu eigen. Er entscheidet sich vielmehr für das Szenario der Heldenvermehrung. Wenn Galilei widerstanden hätte, dann hätte er sich nach Brecht in die Reihen des Volkes begeben und an dessen Kämpfen teilgenommen. Er wäre einer von vielen geworden – und diese vielen wären allesamt Helden oder Bestandteile eines Kollektivhelden, nämlich des Volkes. Brechts abschließende Auskunft zum Thema lautet also: »Der ›Held‹ des Werks ist so nicht Galilei, sondern das Volk.«[8] Als guter Marxist hält Brecht nichts vom heroischen Individuum. Aber er streicht das Heldentum nicht aus dem politischen Vokabular, sondern verschiebt es aufs Kollektiv. Die Gleichheit stellt sich demnach nicht her, weil keiner ein Held ist, sondern, weil alle Helden sind. Im Sinne Brechts ist demnach zu sagen: Unglücklich das Volk, das nicht selbst zum Helden wird. Oder: Unglücklich das Volk, das andere Helden als sich selbst nötig hat.

Brecht hat das Repertoire komplett bestückt, aus dem sich die Demokratie beim Umgang mit Helden bedienen darf. Ihr stehen, nochmals gesagt, drei Wege offen: Sie kann alle zu Helden erklären, das Heldentum ganz abschaffen oder nur einige wenige Helden küren. Alle drei Wege möchte ich erkunden – und einen von ihnen am Ende einschlagen.

Vermehrung der Helden im Namen der Gleichheit

Der Vorschlag, das Volk selbst zum Helden zu erklären, ist keine Schrulle Bertolt Brechts. Es handelt sich dabei um eine überschwängliche Idee, die im Zuge vieler Revolutionen und Befreiungsbewegungen hochgekommen ist – zum Beispiel während der Französischen Revolution.

Am 10. August 1793, anlässlich des »Festes der Einheit und Unteilbarkeit der Republik«, versammelte sich das Volk auf der Place des Invalides und bestaunte eine kolossale Gipsstatue, die Jacques-Louis David dort aufgestellt hatte. Auf einem knapp zwanzig Meter hohen Sockel erhob sich ein fast genauso großer Herkules, der mit seinem Fuß die Kehle des Feindes zerquetschte und mit seiner Keule zum tödlichen Schlag ausholte. Marie-Jean Hérault de Séchelles, Präsident des Nationalkonvents, stand neben der Statue und rief: »Französisches Volk! […] Der Riese […], das bist du!«[9] (»Le géant c'est toi!«) Die Spitze gegen die absolutistische Parole »L'État c'est moi« war unüberhörbar.

An der Parole »Der Riese, das bist du« wird deutlich, dass damals nicht eine – sowieso schlecht haltbare – Gipsfigur gefeiert wurde. Diese Figur war nicht Vorbild, sie diente nur als Nach- und Ebenbild der eigentlichen Helden – nämlich der Bürger, die sich um sie herum versammelten. Der Zweck der Übung lag darin, dass deren Selbstbewusstsein beim Blick nach oben einen Schub bekam. Der große Historiker Jules Michelet erkannte in der Revolution eine »heroische Bewegung, die das neue Leben herbeiführte« und mit der das Volk »durch die Größe der Krisis über sich selbst hinausgehoben« wurde.[10]

Ein Vorläufer zu jenem Fest auf der Place des Invalides war der sogenannte Ballhausschwur in Versailles am 20. Juni 1789. Die Vertreter des Bürgertums waren an diesem Tag gemeinsam mit einigen Vertretern des Adels und des Klerus zusammengekommen, um dem König die Stirn zu bieten und sich als verfassungsgebende Versammlung zu konstituieren. Eine Zeichnung Jacques-Louis Davids zeigt, was sich an diesem Tag zutrug. Zu sehen sind Hunderte von Menschen, die sich in einem karg ausgestatteten – eben für Ballspiele vorgesehenen – Raum versammeln und feiern. Angesichts dieser Sternstunde der Gleichheit werden die Betrachter eingeladen, über demokratische Heldenvermehrung nachzudenken. In der Mitte steht, leicht erhöht, der Sprecher der Versammlung, doch eigentlich ist er nur einer von vielen, und diese vielen liegen sich in den Armen und jubeln Aug' in Aug'. Ja, sie sind alle Helden, denn sie legen sich mit dem König an und müssen damit rechnen, dass er sie mit seiner – wie auch immer schwindenden – Macht verfolgt oder vernichtet. Die an diesem besonderen Tag in diesem bescheidenen Raum versammelten Menschen stehen als Vorkämpfer der Republik für Gleichheit ein, sie *leben* die Gleichheit.

Die revolutionäre Versammlung, der große Aufbruch, der gemeinsame Vorstoß – all dies sind politische Ereignisse, in denen es tatsächlich zur Heldenvermehrung kommt. Die Menschen im Ballhaus brauchen keinen Führer, sie erheben selbst ihr Haupt. Das ist im Sinne der Demokratie, denn wenn es mehrere Helden gibt, verteilen sich die sozialen und politischen Energien. Und doch sind der Heldenvermehrung in diesem Fall – und auch sonst – Grenzen gesetzt. Sie erstreckt sich nicht auf alle und jeden. Allzu leicht geht den Menschen die Ruhmestat nicht von der Hand. Diejenigen, die im Ballhaus zusammenkommen, sind Vorkämpfer des Volkes, nicht das Volk im Ganzen. Eingebaut in die von ihnen gelebte Gleichheit ist die Ungleichheit, mit der sie sich als Repräsentanten einer neuen Ordnung exponieren und an ihre erwartungsfrohen Zeitgenossen herantreten. »Held« ist und bleibt ein Kontrastwort. Vom Heldentum zu reden ergibt nur Sinn, wenn jemand etwas tut, was andere nicht tun, und sie ihn dafür schätzen. An dieser *conditio heroica* kommt man nicht vorbei – auch nicht, indem man das Volk zum Singular macht und das Kollektiv zu einem Helden erklärt, der allein auf weiter Flur übrig bleibt. Die Binnenstruktur dieses Kollektivs, ihre Zusammensetzung aus einzelnen Menschen, kann man nicht unterschlagen.

Ein Volk, das nur aus Helden besteht, kommt mir vor wie ein überfüllter Nachtclub, in dem die Hochstimmung kippt: Wer sich dauernd auf die eigene Schulter klopft, bekommt einen Krampf im Arm. Alle haben erhöhten Bewegungsbedarf und treten sich auf die Füße. Rousseau schrieb 1751: »Gewisse Umstände können, um das Wohl des Menschengeschlechts zu sichern, einen Helden erforderlich machen; doch zu welcher Zeit es auch sei, ein Volk von Helden würde unweigerlich dessen Untergang herbeiführen.«[11]

Die Idee, alle Menschen zu Helden zu befördern, ist kein One-Hit-Wonder, das mit dem revolutionären Enthusiasmus hochkam und danach wieder verschwand. Die Demokratie hat diese Idee in verkleinerter Form beibehalten, um sich vor der unangenehmen Herausforderung zu drücken, das Heldentum als etwas Besonderes, Seltenes anzusehen. Es wird einfach breit verfügbar gemacht. Damit die Inflationierung funktioniert, mit der das Heldentum weniger anstößig wirkt, müssen die Erwartungen, die sich darauf richten, gesenkt werden. Niemand braucht mehr eine Revolution anzuzetteln, um irgendwie und irgendwann ein Stück vom Heldenkuchen abzubekommen.

Der österreichische Publizist Robert Misik schreibt: »Von ›stillen Helden‹ ist da die Rede, von ›Helden des Alltags‹ und ›Helden der Menschlichkeit‹. Frau Bock gilt ebenso als Heldin wie der Chirurg in der Notaufnahme. Ist das Heroische schon nicht vergangen, so ist es doch demokratisiert. Jeder kann, jeder will ein Held sein.«[12] Was einst der Held der Arbeit war, ist jetzt der Mitarbeiter des Monats oder der »Workplace Hero«. Die niederösterreichischen Abfallverbände lancieren den Werbefilm »Sei ein Held – Lass nichts liegen«. Die »Netzwerkinitiative Businesshelden« versucht, »junge Fach- und Führungskräfte in den Unternehmen der Region Rheine-Emsdetten-Greven-Ochtrup« zusammenzubringen. Im Südwestrundfunk läuft die Serie »Unsere Helden – Kleines Dorf ganz groß«. Das Bistum Essen nennt seine Messdiener »Himmlische Helden«. Eine Schweizer Bank betreibt Crowdfunding für Sozialprojekte auf der Webseite lokalhelden.ch. Die Brauerei Ceres wirbt in Italien mit dem Spruch »Die Stadt braucht Helden«. Feuerwehr und Rettungsdienste im kanadischen Québec organisieren Kurse für die Bevölkerung unter dem Titel »Devenez un héros en 30 minutes«. Der kalifornische Radiosender KPBS feiert allmonatlich »Community Heroes«.[13]

Geht es nicht auch ein paar Nummern größer? Müssen Helden wirklich gesundgeschrumpft werden? Die Heldenvermehrung nimmt absurde Züge an, wenn *niemand* mehr *kein* Held ist. Es gibt eine Reihe von Leuten, die von der Inflationierung nichts halten, aber gegenüber dem Höhenunterschied zwischen wenigen Helden und dem Rest der Welt misstrauisch bleiben. Ihnen steht nur der Weg offen, das Heldentum komplett abzuschaffen.

Abschaffung der Helden im Namen der Gleichheit

Die Botschaft, die Brecht Galilei in den Mund legt – »Unglücklich das Land, das Helden nötig hat« –, findet Zuspruch bei denen, die das Heldentum um der demokratischen Gleichheit willen hinter sich lassen wollen. Demnach sind Helden nur »nötig«, wenn eine Notlage herrscht. Ist sichergestellt, dass Frieden herrscht und der Laden läuft, geht der Bedarf an Helden gegen null. Mehr noch: Ein Land rennt ins Unglück, wenn Menschen sich Helden an den Hals werfen, denn damit schleicht sich die Hierarchie ins soziale Leben ein. Dies tut – so heißt es – den Menschen nicht gut und ist Gift für die Demokratie.

Helden liegen demnach quer zu einer Gesellschaft, in der alle ein Wort mitzureden haben. Statt bewundernde Blicke auf Helden zu werfen, sollen die Bürger einander auf Augenhöhe begegnen und die Geschicke ihres Landes selbst in die Hand nehmen. Den Helden wird nachgesagt, einen unverhältnismäßig großen Einfluss auszuüben. Ihre Höherstellung erscheint als Affront gegen demokratische Gleichheit. Dazu passen diese beiden Aussagen aus jüngerer Zeit:

> Wenn der Held als Individuum bestimmt wird, das Ereignisse auslöst und den Gang der Geschichte verändert, dann folgt daraus sogleich, dass die demokratische Gemeinschaft vor ihm immer auf der Hut sein muss. [...] In solch einer Gesellschaft können sich Führer keine heroische Macht anmaßen.[14]

> Der Glaube an die Macht des gemeinen Volks, sich selbst zu regieren, der mit einer Leidenschaft für die menschliche Gleichheit einhergeht, hat zu einem Misstrauen [...] gegen individuelle, heldenhafte Größe geführt.[15]

Es sieht so aus, als würden sich normale Menschen im Verhältnis zu Helden selbst herabsetzen oder sogar demütigen, als würden sie sich unter das Joch der freiwilligen Knechtschaft begeben, welches die Demokratie doch mühsam abgeschüttelt hat.

Diese Botschaft klingt ziemlich eingängig. So wie bei der beliebten (aber verkehrten) Diagnose von der postheroischen Gesellschaft wird der Sieg der Demokratie mit dem Niedergang des Heldentums gekoppelt. Es könne zwar sein, dass die Demokratie bei ihrer Durchsetzung auf Helden angewiesen sei, doch langfristig werde sie der Helden überdrüssig. Wie der Kapitalismus, so gilt demnach auch die bürgerliche Demokratie prinzipiell als »unheroisch«. Des »Heroismus« habe es allenfalls bedurft, »um sie auf die Welt zu setzen«.[16]

Die Aversion gegen Helden – jedenfalls gegen bestimmte Helden – geht dem Sieg der Demokratie sogar voraus. Während sich im 18. Jahrhundert die revolutionären Helden warmliefen, übten sich manche schon in der Heldenkritik. Sie hielten den Höhenunterschied zwischen den Helden und dem Rest der Menschheit für unvereinbar mit der Gleichheit, in der doch alle Menschen geeint seien. So schrieb Gilbert Romme (dem freilich ein Märtyrertod in der Französischen Revolution bevorstand) im Jahre 1779: »In meinen Augen ist ein Held immer ein Verrückter und allzu oft ein Kerl, den man nur auszeichnet, weil man ihn fürchtet.«[17] Der englische Schriftsteller Henry Fielding zeichnete 1743 in seinem Roman *Jonathan Wild* das wenig schmeichelhafte Porträt eines vermeintlich großen Mannes: »Obwohl viel an seinem Charakter bewundernswert war, so viel, wie vielleicht üblicherweise bei einem Helden zu erwarten ist, [...] kann kein Sterblicher nach gründlicher Prüfung ein geeigneter Gegenstand unserer Verehrung sein.« Nach Fielding gibt es schon deshalb keine Helden, weil alle Sterblichen unvollkommen, anfällig und gebrechlich sind. Wer »Größe« für sich beansprucht, überschätzt sich selbst und schadet anderen: »Größe besteht in Macht, Stolz, Anmaßung und darin, der Menschheit Übel zu wollen.«[18]

Diese Heldenkritik hat einen Haken. Sie stützt sich auf das Argument, alle Menschen seien in ihrer Schwäche geeint. So enthält sie kein Kompliment an die Menschheit, sondern die Zumutung, sich in der eigenen Mickrigkeit einzurichten. Es ergibt sich das Bild einer Welt, in der die »letzten Menschen« – wie Nietzsche gesagt hat – ihr »Lüstchen für den Tag und ihr Lüstchen für die Nacht« pflegen. Damit verliert die Heldenabschaffung, die als Heilmittel gegen Hierarchie gepriesen wird, viel von ihrem Reiz. Sie erscheint nicht als emanzipatorische Errungenschaft der Demokratie, sondern als Erniedrigung der Menschheit.

Ein Problem der Heldenabschaffung im Namen der Gleichheit besteht also darin, dass sie zu einer Angleichung nach unten führen kann. Dieser Punkt ist unter anderem von denen begierig aufgegriffen worden, die sowieso nichts von der Demokratie halten. Die These, dass die Demokratie eine Gleichmacherei auf niedrigem Niveau erwirke, tritt als böser, verächtlicher Vorwurf auf, wird aber auch als gut gemeinte Warnung von ausgewiesenen Freunden der Demokratie vorgebracht. Deshalb muss ich diese These ernst nehmen und kann sie nicht einfach beiseitelassen.

Die Verächter der Demokratie werfen dieser vor, sie schaffe mit den Helden alles, was Rang und Namen hat, ab, überrolle das Besondere mit Mehrheiten, erhebe das Mittelmaß zum Sollwert und höhle alle Ordnung und Führung aus. Der Dichter Ezra Pound schrieb 1915, also bevor er zum Faschisten wurde:

> Der Geist der Mittelmäßigkeit ist der Fluch und der heimliche Schrecken der Demokratie. Demokratien sind untergegangen – und immer sind sie untergegangen –, weil die Menschheit sich nach einer herausragenden Persönlichkeit sehnt. Und bislang hat keine Demokratie solch einem Individuum genügend Platz eingeräumt.[19]

Robert Michels, ein einflussreicher, heute fast vergessener Pionier der Parteienforschung, schrieb 1911, bevor er zum Bewunderer Mussolinis wurde:

> Das Führungsbedürfnis, meist verbunden mit einem regen Heroenkultus, ist in den Massen [...] grenzenlos. [...] Das Führertum ist eine notwendige Erscheinung jeder Form gesellschaftlichen Lebens. Es [...] ist von wissenschaftlichem wie von praktischen Werte, festzustellen, daß das Führer-

tum sich nicht mit den wesentlichsten Postulaten der Demokratie verträgt.[20]

Den Vorwurf, die Demokratie sei heldenfeindlich und mittelmäßig, müsste man nicht allzu ernst nehmen, wenn er nur von denjenigen erhoben würde, die sowieso jede Gelegenheit nutzen, der Demokratie eins auszuwischen. Doch man hört ihn auch von Verfechtern der Demokratie, zum Beispiel von Alexis de Tocqueville, John Stuart Mill und William James. Tocqueville feierte 1840 die Errungenschaften der demokratischen Gleichheit in Amerika, meinte aber, dass sie den Konformismus und die Tyrannei der Mehrheit befördere:

> Wenn die Menschen ungefähr gleich sind und dem gleichen Wege folgen, so ist es für jeden von ihnen schwer, [...] die gleichförmige Menge zu durchbrechen, die ihn umgibt und drückt. [...] Die Menschheit büßt im Kern ihre Vielfältigkeit ein. [...] Die Menschen [...] gleichen Wanderern, die in einem großen Walde verstreut sind, dessen Wege alle am gleichen Punkt einmünden.[21]

John Stuart Mill machte sich Sorgen, dass die Demokratie dem Außergewöhnlichen das Wasser abgrabe. 1859 sagte er, die Gesellschaft müsse ein hohes Interesse daran haben, Menschen mit »energische[m] Charakter« zu fördern, und riet dringend davon ab, »den Stoff, aus dem Helden gemacht werden«, zu zerstören:

> Das Ausmaß der Exzentrizität in einer Gesellschaft stand immer im genauen Verhältnis zu dem Potential von Genie, Geisteskraft und sittlichem Mut, den sie enthielt. Dass so wenige wagen, exzentrisch zu sein, enthüllt die hauptsächliche Gefahr unserer Zeit.[22]

William James wehrte sich um 1900 gegen das Schlechtreden (im Englischen drastisch: »the pooh-poohing«) der »Heldenverehrung« und meinte, Helden seien nötig, um die »schöpferische Energie« in jedem Einzelnen zu »stärken«.[23] Dabei nahm er den Vorwurf, die Demokratie stehe dem Heroismus feindlich gegenüber, ziemlich ernst:

> Die Demokratie sitzt auf der Anklagebank [...]. Dass alles Höhere aus dem Weg geräumt werde, sei – so sagen [ihre Kritiker] [...] – unweigerlich unser Schicksal. [...] Wer kann absolut sicher sein, dass dies nicht die Zukunft der Demokratie ist?[24]

Nicht nur Verächter, sondern auch Verteidiger der Demokratie sehen also die Gefahr, dass Gleichheit zu Gleichmacherei führt. Sie setzen dagegen Helden in Bewegung – freilich Helden ganz unterschiedlicher Natur. Während die Verächter der Demokratie auf Heroismus bauen, um sie anzugreifen, versuchen die Verteidiger der Demokratie, ihr den Heroismus ans Herz zu legen. Sie meinen zwar, dass die Gleichmacherei in der Demokratie laure, nicht aber, dass sie ihr erliegen müsse. So hat William James betont, die Demokratie könne der Gleichmacherei trotzen und einen eigenen Weg zur Bejahung des Heldentums finden. Um der Demokratie und der Helden willen hoffe ich, dass dieser Weg begehbar ist.

Ich glaube nicht, dass die Unterscheidung zwischen Helden und Nicht-Helden aus Geschichte und Gegenwart herausgekürzt werden kann. Die Ungleichheit im Sinne des heroischen Höhenunterschieds steckt auch als Stachel im Fleisch der Demokratie. Sie ist gut beraten, diesen Stachel nicht herauszuziehen, sondern sich von ihm anstacheln zu lassen. Es wäre fahrlässig, die Suche nach Helden in der Demokratie abzubrechen. Selbst wenn die Demokratie auf gleiche Rechte und politische Teilhabe setzt, darf sie Helden dulden. Mehr noch: Sie sind in ihr sogar erwünscht. Wie kann das sein?

Verehrung der Helden in der Demokratie

Diejenigen, die die Demokratie auf einer schiefen Ebene von Gleichheit zu Gleichmacherei hinabrutschen sehen, begehen einen Denkfehler. Sie vergessen die Freiheit. Demokratische Gleichheit heißt, dass alle, die in deren Genuss kommen, über Rechte verfügen. Rechte sind dazu da, um ausgeübt zu werden – und das ist weniger trivial, als es klingt. Wenn eine Person ein Recht ausübt, tut sie etwas: Sie geht zur Wahl, sagt ihre Meinung, bildet sich, betet zu ihrem Gott. Wenn sie handelt, dann gehört dazu ihre Absicht, etwas so zu tun und nicht anders, das eine zu tun und das andere zu lassen.

Der Punkt, auf den ich hinauswill, ist ganz einfach: Wenn zwei Menschen ihr Recht auf freie Meinungsäußerung oder ihr Wahlrecht ausüben, heißt dies nicht, dass sie die gleiche Meinung äußern oder dieselbe Partei wählen. Demokratische Gleichheit produziert Ungleichheit. Das hört sich an wie ein Paradox,[25] ist aber keines. Indem Menschen die ihnen zustehenden gleichen Rechte wahrnehmen, werden sie ungleich.

Gleichmacherei ist ein Problem, aber nicht *das* Problem der Demokratie. Das Lamento darüber lenkt ab von dem eigentlich entscheidenden Punkt: Nicht an der Entfaltung von Unterschieden nimmt die Demokratie Anstoß, sondern sie ist nur dann herausgefordert, wenn Ungleichheiten zu einer Hackordnung führen. Dann nämlich werden Rechte beeinträchtigt, Spielräume beschnitten, Wege verbaut.

Diejenigen, die ein Problem mit dem Heldentum haben,

meinen, die Auszeichnung der Helden sei mit einer Abwertung der Nicht-Helden gekoppelt. Sie fassen dieses Problem mittels eines ökonomischen Schemas und behaupten, bei der Verteilung der Wertschätzung zwischen den Helden und uns handele es sich um ein Nullsummenspiel. Je mehr ein Held bewundert werde, desto peinlicher wirke unsere Schwäche. Je strahlender er dastehe, desto dunkler werde es um uns. Viele Theoretiker des Heldentums sind Anhänger dieser Logik des Nullsummenspiels. Eine Notiz des Historikers Jacob Burckhardt lautet: »Unser Knirpsthum; Unsere Zerfahrenheit und Zerstreuung. Größe ist[,] was wir nicht sind.«[26] Der Psychologe Erich Fromm warnt: »Je mächtiger ein Idol wird, desto ärmer wird man selber.«[27] Der Soziologe Niklas Luhmann fragt, »ob die Helden nicht vielleicht von vornherein nur zur Entmutigung der Alltagsmenschen geschaffen worden sind«.[28] Der schlimme Verdacht kommt auf, dass wir uns in der Mutlosigkeit, im »Bedürfnis der Unterwürfigkeit«[29] einrichten. Unsere Entmutigung wird ausgeglichen durch die Entlastung, dass uns unbequeme Aufgaben erspart bleiben und andere erledigen, wofür wir zu schwach sind. Das Gefühl eigener Schwäche ist häufig gekoppelt mit der Bereitschaft, sich mit einer autoritären Figur zu identifizieren. Begeisterte Gefolgschaft gilt als Beitrag zur Stützung eines starken Führers.

Wenn das Verhältnis zwischen den Helden und uns wirklich ein Nullsummenspiel wäre, würden wir in einen undemokratischen Teufelskreis hineingeraten: Jede Aufwertung der Helden ginge mit unserer Abwertung einher, Macht und Ohnmacht würden sich gegenseitig hochschaukeln. Aber muss es sich beim Verhältnis zwischen den Helden und uns um ein Nullsummenspiel handeln? Ich glaube nicht. Man kann aus diesem Spiel ausbrechen und Helden in der Demokratie willkommen heißen.

Nicht *alle* Helden passen zur Demokratie. Man tut gut daran, wählerisch zu sein und die Helden zu sortieren. Das wird auch fleißig gemacht. So wird zum Beispiel ein »demokratischer Heroismus« vom »Heroismus der Größe« abgegrenzt. Es wird unterschieden zwischen verschiedenen Versionen des Heldentums, die mit der Demokratie vereinbar oder aber unvereinbar sind. Den von Max Weber vorgestellten »charismatischen Helden« lässt man in einer »demokratischen« und einer »autoritären« Variante auftreten.[30] All diese Unterscheidungen laufen darauf hinaus, Helden auf die Bühne zu bitten, die nicht übermächtig wirken und zur Demokratie passen wie angegossen. Solche Helden kann man an zwei Merkmalen erkennen.

Der demokratische Held ist einer von uns. Vorhin hieß es, der Held sei ein Kontrastwort. Dabei bleibt es auch. Wie aber kann er im Kontrast zu uns stehen und doch einer von uns sein? Ralph Waldo Emerson gab darauf im Jahre 1844 eine so verblüffende wie überzeugende Antwort. Er sprach über diejenigen, die »uns als wertlos zurückweisen«, und erklärte kurzerhand, wir sollten sie dafür lieben. Dieser Gedanke ist eine Zumutung. Was hatte Emerson im Sinn?

Wenn Menschen uns zurückweisen, greifen sie unsere Lebensart an – und zwar nach Emerson vom Standpunkt eines »anderen Lebens«, von dem wir vorher nicht einmal »geträumt hatten« und von dem wir nun erst eine Ahnung bekommen. So »versorgen sie uns mit einer neuen Macht, die aus den Nischen des Geistes kommt, und drängen uns dazu, Neues und Unversuchtes zu leisten«.[31] Die Überschreitung unserer »Grenzen« ist für Emerson eine »Wohltat«, weil wir auf diesem Wege »niemals wieder die elenden Pedanten werden, die wir vorher waren«.[32]

Diese Beschreibung sprengt die Logik des Nullsummenspiels. Hier wird der Kuchen der Wertschätzung nicht so verteilt, dass die Helden den Löwenanteil kriegen und uns nur Krümel bleiben. Vielmehr wird der Kuchen größer. Es gibt Helden, die uns nicht in eine Ecke im engen Raum des Lebens drängen, sondern die Tür öffnen oder eine Wand einreißen. Über das Leben, das wir sowieso führen, legt sich ein anderes Leben. Bei Emerson heißt es: »Der Held [...] ist für andere die Welt« – also: eröffnet ihnen eine andere Welt.[33]

Zwischen diesen Welten und Lebensarten herrscht Ungleichheit. Gäbe es nicht den Kontrast zwischen ihnen, würden wir in unserem Trott verbleiben. Nun dämmert uns aber, dass alles anders sein könnte, und wir lassen uns zum Vergleich zwischen Lebensarten anstiften. Dieser Vergleich ist bedrückend und begeisternd zugleich. Wir spüren den Höhenunterschied zwischen den Helden und uns, doch genau dadurch, dass wir uns an sie hängen, machen wir uns frei für neue Möglichkeiten.

Der Vergleich mit Helden mag dazu führen, dass uns unser bisheriges Leben verleidet wird, doch er schafft auch den Freiraum, an einem anderen Leben zu schnuppern und mit ihm warm zu werden. Ein Held ist genau dann ein demokratischer Held – oder *einer von uns* –, wenn er uns zu jenem Vergleich anregt und anstiftet. Ein Held muss – wie es Jan Philipp Reemtsma ausdrückt – »eine Saite in uns zum Klingen bring[en]«. Das heißt aber auch: »Dass etwas eine Saite in uns anschlägt, setzt voraus, dass wir diese Saite haben.«[34] Wir müssen also etwas in uns haben, was uns mit dem Helden eint.

Hannah Arendt hilft uns, Zugang zu diesem Heldentum zu finden. Sie erinnerte daran, dass Homer die »Vortrefflichkeit« der Helden im Prinzip jedem freien Menschen (damals nur: »jedem freien Mann«) zugänglich gemacht hat. Demnach besteht das heroische Minimalprogramm darin, dass Menschen den »Mut« aufbringen, handelnd oder sprechend die »Initiative« zu »ergreifen« und sich »in die Welt einzuschalten«.[35] Arendt war, wie ich finde, ein bisschen zu großzügig mit der Vergabe des Heldentitels, aber in diesem Punkt hatte sie recht: Ein Held kann einer von uns sein, wenn er uns etwas zeigt, in dem wir uns wiedererkennen. Über die elementare Fähigkeit, zu handeln und loszulegen, verfügen auch wir, wenn wir nur Menschen sind. Bloß lassen wir diese Fähigkeit im Alltag verkümmern, während Helden die Gelegenheit am Schopf ergreifen, ihre Handlungsfähigkeit entfalten und ihren Tatendurst löschen. Demokratische Helden stoßen uns darauf, dass auch wir bei Gelegenheit so sein können wie sie. Ein Anfang ist gemacht, wenn wir spüren, wie das geht: Aufstehen, Aufbrechen, Anzetteln.

Der demokratische Held ist einer für uns. Wir können vielleicht werden wie er, aber solange wir zaudern, sehen wir nur aus der Ferne, wie er sich in den Wind stellt. Er wartet nicht darauf, »dass die Gesellschaft ihren Pfuhl von Hochmut, Furcht, heuchlerischem Geist und verstellter Feindseligkeit bereinigt«.[36] Die Einsamkeit ist sein Schicksal. Er wäre allerdings nur ein Möchtegernheld, wenn er, ganz auf sich gestellt, eine Schnapsidee verfolgen würde. Die Ungleichheit zwischen dem Helden und uns bedeutet nicht, dass er uns fremd wäre, sondern nur, dass er den Einsatz wagt – wir hingegen nicht. Diese Ungleichheit empfinden wir nicht als Schmach, wenn der Held sich für eine große Sache einsetzt, die er mit uns gemeinsam hat. Dann wirkt die Ungleichheit wohltuend, sie dient dazu, uns alle auf einer neuen Ebene zu vereinen. Dazu passt eine schöne Wendung, die der pragmatistische Soziologe Charles Horton Cooley im Jahre 1902 geprägt hat: Er sprach von dem »loyalen Enthusiasmus«, mit dem wir jene Helden verehren, die in Verbindung zu unseren eigenen Hoffnungen und Bestrebungen stehen.[37] Dieser Enthusiasmus macht uns nicht schwach, sondern stark.

Damit erledigt sich der über Jahrhunderte geschürte Verdacht, wir würden uns mit dem Heldentum unweigerlich ein Modell geschichtlicher Entwicklung einhandeln, bei dem die »großen Männer« die Zügel führen, die Peitsche schwingen und den Kurs vorgeben. Das Loblied dieser großen Männer wurde im 19. Jahrhundert von dem »Wirr- und Murrkopf«[38] Thomas Carlyle gesungen. Er wollte damit die zarte Knospe der Demokratie, die sich seinerzeit bildete, zertreten, bevor sie erblühen konnte. Die erste Reaktion auf diese Großmannssucht mag darin bestehen, den Helden umstandslos den Laufpass zu geben. Die Demokratie ist aber gut beraten, sich von Männern wie Carlyle nicht einschüchtern zu lassen, sondern die Helden anders zu deuten und neu zu würdigen.

Die besondere Gabe der Helden besteht nicht darin, Befehle auszugeben, sondern darin, auf das zu achten, was in der Luft liegt. Sie machen die Geschichte nicht, wie es ihnen passt, vielmehr greifen sie etwas auf, was als zartes Sehnen über die Gegenwart hinausreicht. Genau deshalb können die Ziele, die sie verfolgen, Anklang bei ihrer Mit- und Nachwelt finden. Ralph Waldo Emerson, seinerzeit der demokratische Gegenspieler Carlyles in Sachen Heldentum, hat darauf hingewiesen, dass die »Macht«, die wir den Helden zuschreiben, gar nicht »die ihre« sei, sondern in »Ideen« ruhe, deren »Schuldner« sie selber seien.[39] Diese übergreifenden Ideen sind keine Besitztümer großer Männer, sondern Gemeingüter, die der Demokratisierung offenstehen.

Der Vorwurf gegen den Helden, er koste seine Macht und unsere Ohnmacht aus, geht ins Leere, wenn ihm gar nicht daran liegt, sich über uns zu stellen, und er im Einsatz oder Dienst für die Sache aufgeht. Er hat nicht das Bedürfnis – oder sollte es jedenfalls nicht haben! –, seine Stärke auf die Schwäche anderer zu gründen. John Stuart Mill meinte sogar, der Held würde sich damit letzten Endes selbst Schaden zufügen: »Alles, was er beanspruchen kann, ist die Freiheit, den Weg vorzuzeichnen. Die Macht aber, ihn anderen aufzuzwingen, ist nicht bloß unverträglich mit der Freiheit und Entfaltung aller übrigen Menschen, sondern auch verderblich für den starken Menschen selbst.«[40] So liegt die Stärke des Helden darin, etwas für uns – oder für ein Wir, das ihn einschließt – zu tun. Damit wird er zum demokratischen Helden.

Man kann unser Verhältnis zu Helden probeweise in eine griffige Formel bringen: Wir nehmen sie wichtig, weil sie etwas *tun*, und die Helden nehmen sich selbst nicht wichtig, weil sie *etwas* tun. Wir bewundern Helden, weil sie Tatkraft zeigen. Diese Gabe ist es, die sie von uns abhebt. Die Höherstellung ist ihnen selbst aber egal, denn sie interessieren sich nicht für sich, sondern für das, wofür sie sich einsetzen.

Max Weber hat diese Konstellation genau beschrieben. Demnach besteht unsere »Hingabe an das Heroentum« darin, dass wir einer »Person und ihren Qualitäten« zugetan sind. Das ist die Personalisierung. Umgekehrt »lebt« der charismatische Führer für seine »Sache, ›trachtet nach seinem Werk‹, wenn er mehr ist als ein enger und eitler Emporkömmling des Augenblicks«.[41] Das ist die Versachlichung.

Diese Formel zum Verhältnis zwischen den Helden und uns ist ergiebig, verteilt die Zuständigkeiten der Beteiligten allerdings einseitig. Tatsächlich kommt es beim Verhältnis zwischen den Helden und uns auf die Balance zwischen Personalisierung und Versachlichung an, aber diese Balance muss von beiden Seiten beachtet und gewahrt werden. Wir können etwas falsch machen – und die Helden auch. Genau genommen heißt dies: Wir selbst können die Fehler begehen, auf totale Versachlichung oder aber umgekehrt auf totale Personalisierung zu setzen, und die Helden sind gleichfalls anfällig dafür, diese Fehler zu begehen. Wenn die Balance gestört wird, kommt es zu Folgeschäden. Erschwert wird dadurch zuallererst die Demokratisierung des Heldentums.

Auf unserer Seite lauern – erstens – Gefahren, wenn wir die Helden als Personen gewissermaßen überspringen und rein auf die Sache setzen, für die sie stehen. Dann verwandeln wir uns – wie Huizinga 1935 schrieb – in eine »fanatische Volksbewegung« und sehen in den »heroischen Akteuren« Vollstrecker eines höheren Auftrags.[42] In den Hintergrund rückt dabei die Interaktion zwischen den Helden und uns. Für die Demokratie aber ist genau diese Interaktion entscheidend, denn sie ist die Basis dafür, dass wir die Helden als Personen, die unser Anliegen vertreten, in die Verantwortung nehmen können und dürfen. Uns steht zu, ihnen die Anerkennung zu entziehen, wenn sie uns in die Wüste führen, aus der wir nicht mehr herausfinden. Den Helden ergeht es wie der charismatischen »Persönlichkeit« nach Max Weber: »Darauf allein, wie sie tatsächlich von den charismatisch Beherrschten, den ›Anhängern‹, bewertet wird, kommt es an.« – »Mit Aufhören der Anerkennung des Volkes ist [...] der Herr ein einfacher Privatmann und, wenn er mehr sein will, ein strafwürdiger Usurpator.« So lässt sich das Charisma nach Weber sogar »antiautoritär« deuten.[43]

Auf unserer Seite lauern aber auch – zweitens – Gefahren, wenn wir ganz auf die Helden als Personen fixiert bleiben. Dann rückt in den Hintergrund, *was sie tun*, und wir bleiben fixiert darauf, *wie sie sind*. Wir kaprizieren uns auf ihre individuellen Eigenarten und ihren Lebenswandel. Im Handumdrehen kann dies zur Demontage der Helden führen. Die dazu passende englische Devise lautet: *From Hero to Zero*. Die Medien reißen sich darum, uns über peinliche Schwächen oder schmutzige Geheimnisse von Helden zu unterrichten. Die Beziehung zwischen ihnen und uns ist aber eben nicht rein persönlich. »Es gibt keine privaten Helden«, erklärt kurz und knapp der Soziologe Bernhard Giesen, und er hat recht.[44] Entscheidend ist nicht, wie Helden insgeheim sind, sondern, was sie tun. Sie stehen für ihre Taten ein, und diese Stärke schließt nicht aus, dass sie Schwächen haben. Von Helden ist nicht zu erwarten, dass sie ohne Fehl und Tadel sind. Umgekehrt wird ein Schuh daraus: Es wäre unheimlich, wenn sie so wären. Ulysses Grant, der die Armee der Nordstaaten im amerikanischen Bürgerkrieg zum Sieg führte, war Kriegsheld, außerdem aber auch ein miserabler Geschäftsmann und Alkoholiker.[45] Martin Luther King war ein Held der Bürgerrechtsbewegung und nebenbei noch Ehebrecher. Nelson Mandela war ebenfalls eine Lichtgestalt mit Schattenseiten. Von Helden ist mit Fug und Recht zu erwarten, dass sie mit voller Überzeugung und Aufrichtigkeit tun, was sie zu tun haben. Das ist alles. Wer sich in seine Neugier hineinsteigert und den Helden nachspürt, wird zu dem Ergebnis gelangen, dass sie – so wie wir alle – aus krummem Holz geschnitzt sind.

Auf der Seite der Helden kann – erstens – etwas schiefgehen, wenn sie sich in ihrem Ruhm sonnen. Dann machen sie selbst den Fehler, die Sache, um die es geht, zu vernachlässigen und die Aufmerksamkeit gezielt auf sich (und weg von der Sache) zu ziehen. Die Rache, in der Mühle privater Enthüllungen zermahlen zu werden, folgt auf dem Fuß. Wenn Helden die große Sache auf ihre persönliche Größe verschieben, zerstören sie die Gemeinsamkeit, die zwischen ihnen und uns besteht. Sie sind dann besessen davon, Bestätigung zu erfahren, und verenden in dem Paradox, sich ihre Stärke von uns, also von Schwächlingen, bestätigen lassen zu müssen.

Auf der Seite der Helden kann – zweitens – etwas schiefgehen, wenn sie die Balance zwischen Personalisierung und Versachlichung zugunsten der Sache auflösen und sich dabei ganz aus dem Auge verlieren. Das ist eine Berufskrankheit, gegen die sie ankämpfen müssen: »Der Held ist vergesslich. [...] Er vergisst sich.«⁴⁶ Der junge Michail Bakunin erlag dieser Krankheit, als er 1837 schrieb: »Mein persönliches Ich ist tot für immer, mein Leben [...] hat sich gleichsam mit dem absoluten Leben identifiziert.«⁴⁷ Wenn Helden so tun, als könnten sie sich als eigenständige Personen auflösen, werden sie Werkzeuge eines Weltschicksals und drücken sich vor der Aufgabe, Haftung oder Rechenschaft zu übernehmen.

Heldenverehrung ist ohne Ungleichheit nicht denkbar – und passt dennoch zur Demokratie. Sie passt jedenfalls dann, wenn wir und die Helden die Balance zwischen Versachlichung und Personalisierung wahren und auskosten. Dann sind wir in der Lage, die Sache im Blick zu behalten und zugleich die Helden an ihrem Einsatz für die Sache zu messen und zu beurteilen. Dann nehmen sich die Helden so wichtig, wie sie eben sind – aber keinesfalls wichtiger als die Sache, um die es ihnen und uns geht.

Man könnte meinen, Heldenverehrung sei Gift für die Demokratie, aber in der richtigen Dosis ist sie eine heilsame Arznei. Charles Cooley schrieb 1902: »Keine Helden zu haben bedeutet, nach nichts zu streben, der Wucht der Vergangenheit zu erliegen, auf Routine, Sinnlichkeit und das eigene enge Selbst zurückgeworfen zu werden.«⁴⁸ Der Historiker Arthur Schlesinger, der zeitweise als Berater John F. Kennedys amtierte, griff diesen Gedanken auf: »Wenn wir keine großen Menschen bewundern, dann wird sich unser Trieb nach Bewunderung am Ende wahrscheinlich auf uns selbst richten. Das Eine, was für die Demokratie schlimmer ist als Heldenverehrung, ist Selbstverehrung.« Schlesinger war ein Verächter der Heldenverächter. Er wandte sich gegen eine »einflussreiche Schule von Philosophen« – er erwähnte Leo Tolstoi –, die »Helden als kindisches Überbleibsel einer Zeit«

ansahen, welche noch im Glauben an deren Großtaten befangen gewesen sei.[49] (Von Tolstoi ist der Ausspruch überliefert: »Helden sind Lüge und Erfindung; es gibt nur Menschen, Menschen und nichts weiter.«[50])

Für Schlesinger war – wie zitiert – Heldentum kein »kindisches Überbleibsel«. Unter den Freunden der Demokratie – vielleicht falschen Freunden? – ist diese Vorstellung freilich weitverbreitet. Sie sehen die Aufgabe der Emanzipation darin, das Stadium der Kindheit, das sie mit Unreife gleichsetzen, zu überwinden, und meinen, die Demokratie könne damit auch die kindische Heldenverehrung hinter sich lassen. Stimmt das?

Demokratie ist nichts für Erwachsene

Ich erinnere mich an eine Zeit, in der ich von Helden umgeben war und keiner sie mir madig machen wollte. Das war die Zeit meiner Kindheit. Viele dieser Helden standen – für mich jedenfalls – nur auf dem Papier, aber das störte mich nicht. Ich las Boy Lornsens *Robbi, Tobbi und das Fliewatüüt*, Karl Mays *Winnetou*-Romane, eine Biografie des Erfinders Thomas Alva Edison und Stefan Zweigs *Sternstunden der Menschheit*. Ich las *Was ist los mit Pondelli?*, ein wunderschönes Kinderbuch über einen Jungen, der sein Elternhaus verlässt, zum Zirkus kommt, auf große Fahrt geht, Akrobat wird und seinem Lehrmeister mit einer halsbrecherischen Kletterei hoch oben im Zelt das Leben rettet. Ich hasste die meisten Lehrer, aber liebte und verehrte einige. Ich schaute auf zu einem Jungen, der ein paar Jahre älter war als ich und den ich alljährlich beim Skifahren traf. Er wirkte auf mich so selbstsicher, so unabhängig, so cool. Als ich in die Pubertät kam, bewunderte ich John Coltrane, hörte hundert Mal *A Love Su-*

preme und wusste nicht, ob meine Liebe je so großartig sein würde wie diese Musik.

Diejenigen, die den Helden in der Demokratie das Leben schwer machen, gönnen ihnen eine Nische, in der sie ihren Platz behalten dürfen: die Welt der Kinder und Jugendlichen. Ihnen nimmt man nicht übel, wenn sie Helden verehren und ziemlich seltsame Favoriten wählen. Ihre Verehrung richtet sich auf Sportlerinnen, Musikerinnen und ihre männlichen Pendants, historische Persönlichkeiten, Romanfiguren, Filmstars, Mitglieder von Königshäusern, Angehörige der eigenen Familie etc.[51] In vielen Kinderzimmern finden sich Altäre, die den Auserwählten gewidmet sind; sie werden dann in vielen Jugendzimmern durch Poster ersetzt. Der Reigen reicht über mehrere Generationen hinweg von Martin Luther King bis Che Guevara, von Madonna bis Beyoncé, von Angela Davis bis Chadwick Boseman.

In der großzügigen Geste, mit der man Kinder und Jugendliche ihre Helden verehren lässt, ist die Botschaft versteckt, dass Erwachsene, die dies weiterhin tun, als kindisch anzusehen sind. Diese Botschaft klingt furchtbar plausibel. Schließlich besteht die Demokratie nicht aus Landeskindern, die von einem Landesvater bevormundet werden, sondern aus selbstbewussten Bürgern. Spätestens seit Immanuel Kants Aufruf zum »Ausgang des Menschen aus seiner selbst verschuldeten Unmündigkeit«[52] steht die Emanzipation für den Austritt aus der Kindheit, für das Ende eines Zeitalters, in der das Volk als ahnungslos, ungezogen oder schutzbedürftig hingestellt wurde. Demokraten bleibt – so scheint es! – keine andere Wahl, als an irgendeinem Punkt in ihrem Leben mit dieser Kindheit, also auch mit der kindlichen Heldenverehrung, Schluss zu machen.

Das Motiv dahinter ist ein Kampf gegen Ungleichheit. Sie gehört zum Leben von Kindern und Jugendlichen standardmäßig hinzu, denn sie werden ständig darauf gestoßen, dass sie noch klein oder jedenfalls nicht erwachsen sind, dies und das nicht können etc. In dieser Entwicklungsphase ist Ungleichheit Teil des Spiels. Dazu gehört die Lust der Heranwachsenden, sich beim Aufblicken zu Helden in einen anderen Zustand oder ein zukünftiges Leben hineinzuversetzen. Damit ist es vorbei, wenn sie groß sind. So heißt es jedenfalls.

Mein Plädoyer für demokratisches Heldentum gerät damit in ein Dilemma. Entweder muss ich behaupten, dass Demokratie gar nicht von Erwachsenen gemacht wird, oder ich muss erklären, dass Erwachsene zwanglos zur Heldenverehrung in der Lage sind. Letzteres ist offensichtlich nicht der Fall. Ersteres aber durchaus. Tatsächlich ist die Demokratie – in einem unerwarteten, unverächtlichen Sinn – nichts für Erwachsene.

Zwei Gewährsleute kann ich für mein Vorhaben aufbieten: einen Demokraten und einen Demokratieverächter. Sie sagen fast das Gleiche. Ralph Waldo Emerson, der Demokrat, schreibt 1841: »Wenn wir mit dem, was über uns ist, umgehen, werden wir nicht älter, sondern jünger.«[53] Friedrich Nietzsche, der Demokratieverächter, der freilich von Emerson so stark beeinflusst war wie von kaum einem anderen, notiert 1886 den rätselvollen Ausruf: »Warst einst du jung, jetzt – bist du besser jung!«[54] Ich verstehe diese beiden Sätze so, dass es beim Erwachsensein nicht darauf ankommt, die Kindheit wie eine Krankheit oder einen Mangelzustand hinter sich zu lassen, sondern darauf, sich ihr in einem guten, neuen Sinne zuzuwenden. Beide Philosophen meinten, man solle nicht einfach kindlich bleiben, sondern erst wieder jung werden.

Es klingt furchtbar abgedroschen, wenn man von einem Menschen sagt, er sei jung geblieben. Diese Wendung ist in der Tat trübselig, denn sie suggeriert, man könne die Jugend konservieren. Damit ist man bei Jugendwahn und Schönheitsoperation. Wenn ich im Sinne Emersons »jünger werden« oder im Sinne Nietzsches »besser jung« sein will, habe ich es auf etwas anderes abgesehen.

Alles, was ich getan habe, habe ich irgendwann zum ersten Mal getan – und zwar zum Beispiel in dieser Reihenfolge: weinen, lachen, stehen, gehen, schreiben, Holz spalten, knutschen, Geld verdienen, demonstrieren, zur Wahl gehen, die Frau meines Lebens finden, ein Kind windeln, einen Beruf ergreifen und einen Beruf wechseln. Das ist bekanntlich alles andere als heldenhaft. Doch mich an ein erstes Mal zu erinnern oder, radikaler, mich in dieses Gefühl eines ersten Mals zu versetzen bedeutet, die Zäune der Routine zu durchbrechen und Freude oder Schmerz ungeschützt, wie neu, zu spüren. Damit fällt ein Licht auf das Leben, das ich gerade führe. Es ist nie nur ein Weitermachen. Was auch immer ich jetzt tue, kann ich so oder anders tun. Diese Wahrheit kommt unter die Räder, wenn die Gewohnheit siegt.

Wer erwachsen ist, hat sich eingerichtet. Wer sich als Erwachsener mit seiner Reife brüstet, sollte sich daran erinnern, welches Schicksal reifen Äpfeln droht: Ihnen steht das Verfaulen bevor. Kindheit und Jugend stehen – nicht als Lebensphase, sondern als Lebenshaltung – für Unruhe, Ungestüm, Unbeholfenheit, aber auch für Beweglichkeit, Neugier, Veränderbarkeit.

So ist zu erahnen, warum die Demokratie nichts für Erwachsene ist. Sie ist jedenfalls nichts für Leute, die sich in einem System einrichten, das war, ist und bleibt, und die längst vergessen haben, was Walter Benjamin ihnen einst zugerufen hat: »Der Tag liegt jeden Morgen wie ein frisches Hemd auf unserm Bett [...]. Das Glück der nächsten vierundzwanzig Stunden hängt daran, daß wir es im Erwachen aufzugreifen wissen.«[55] Wenn die Demokratie sich nicht selbst zu Grabe tragen will, muss sie eine Ordnung sein, die immer wieder das Gefühl des Morgens wachruft, in dem jeder sich frisch überlegt, was der erste, nächste, beste Schritt sein wird. Dass in unseren Tagen Malala Yousafzai, Emma González, Greta Thunberg, Rezo und andere so große Aufmerksamkeit erhalten, ist ein gutes Zeichen für die Welt und ein schlechtes Zeichen für all jene Erwachsene, die im Vergleich echt alt aussehen.

Die großen Theoretiker der Demokratie lassen sich in zwei Lager aufteilen: Die einen sagen, die Staatsform der Demokratie sei nur für Völker geeignet, die für die verantwortliche Regelung der Geschäfte reif seien. Sie runzeln besorgt die Stirn, wenn ein Volk noch nicht erwachsen wirkt. Die anderen meinen, dieses Aufschieben führe zu nichts: Indem das Volk von der Macht ferngehalten werde, bleibe es eben in jenem Zustand der Unmündigkeit und der Unreife stecken, der ihm zum Vorwurf gereiche.

In der Gründungsphase der USA tobte der Kampf zwischen diesen beiden Lagern besonders heftig: Alexander Hamilton stand für das erste, Thomas Jefferson für das zweite Lager.[56] Wie Jefferson, so halte ich nichts davon, den Staat mit gut gemeinten Vorwänden vor dem Volk zu schützen. Dann wird man auf die Mündigkeit warten, bis man schwarz wird. Es lassen sich stets Gründe an den Haaren herbeiziehen, warum das Volk der Aufgabe, komplexe Prozesse zu steuern, nicht gewachsen sei und Experten die Sache richten müssten.

Jefferson war stark beeinflusst von Jean-Jacques Rousseau, und in dessen *Contrat social* findet sich eine schöne Stelle, die zum Streit um Demokratie und Erwachsensein passt. Dort heißt es, dass »für Völker wie für Menschen eine Zeit der Reife« komme, die man »abwarten« müsse, bevor man eine gesetzliche Ordnung errichte. Das klingt so, als gehöre Rousseau ins Lager derer, die nur wohlerzogene, reife Bürger für demokratiefähig halten. Er hat wohl selbst gespürt, welch falschen Eindruck sein Satz hinterließ, und so hat er ihn nachträglich korrigiert. In der letzten Fassung des *Contrat social* schrieb Rousseau: »Für Völker wie für Menschen gibt es eine Zeit der Jugend oder der Reife, wenn Sie so wollen.«[57] Das wirkt verquer, ist es aber nicht. Unter der wahren »Reife« verstand Rousseau eigentlich »Jugend«, und er meinte damit die Fähigkeit, eingeschliffenen Vorurteilen zu entgehen oder entgegenzutreten.

Wenn ich versuche, mich in diesen Zustand der Jugend zu versetzen, dann erfüllt mich sowohl das Gefühl, dass noch etwas kommt, als auch das Gefühl, dass ich noch nicht so weit bin. Deshalb bin ich für das empfänglich, was mir voraus ist, und denjenigen zugetan, die mir überlegen sind und Welten eröffnen, die ich noch nicht kenne. Daher rührt meine Bereitschaft, mich an Helden zu orientieren. Für ein besseres Kind im Sinne Nietzsches ist dies keine Schande, denn solch ein Kind kann ja noch werden. Mit Unterwürfigkeit hat diese Haltung nichts zu tun, eher mit gespannter Erwartung. Wenn ich Helden bewundere oder ihnen nacheifere, mache ich selber Schritte ins Unbekannte, übe mich also darin, nicht nur zu funktionieren, sondern echt zu handeln. Die Ungleichheit, die zwischen den Helden und mir besteht, bedrückt mich nicht, sondern beflügelt mich. Das heißt: Die Demokratie ist nichts für Erwachsene. Und sie hat etwas für Helden übrig.

Es ist Zeit für ein kurzes Resümee. Meine Frage war, wie die Demokratie mit dem Höhenunterschied, der zwischen den Helden und uns besteht, umgeht und ob sie ihn überhaupt zulassen kann. Ich habe die Idee verworfen, die Ungleichheit, die mit diesem Höhenunterschied einhergeht, abzuschaffen, indem alle Menschen auf Heldenniveau gebracht werden. Gleichfalls verworfen habe ich den Vorschlag, die Ungleichheit zu beseitigen, indem die Helden auf den Friedhof der Geschichte verfrachtet werden.

Die Helden sind weiterhin unter uns – oder, besser gesagt, über uns. Sie zu verehren ist in der Demokratie möglich, ja sogar nötig. Wir machen dabei die Erfahrung, dass Helden uns nah und fern zugleich sind. Für die Nähe steht die Erfahrung, dass wir in jedem von ihnen einen von uns entdecken, und für die Ferne die Einsicht, dass jeder von ihnen aus einer einsamen Position heraus für uns agiert. Mit dem Höhenunterschied, der zwischen ihnen und uns besteht, gehen wir um, indem wir »besser jung« (Nietzsche) werden.

Demokratische Helden kommen aus unserer Mitte – und lösen sich aus unserer Mitte, indem sie das Besondere tun oder eine Großtat vollbringen. Sie tun dies, indem sie mit sich ringen, sich Erfahrungen aussetzen und unverblümt für etwas einsetzen. Sie werden, was sie sind.

Wie demokratische Helden werden, was sie sind

Dass demokratische Helden werden, was sie sind, unterscheidet sie von ihren Vorgängern aus der Adelswelt. Diese mussten nur in die für sie passend bereitgestellten Schuhe schlüpfen, und schon standen sie fertig da. Solchen traditionellen Helden sagt die Demokratie den Kampf an. Zum neuen Heldenbild passt der Appell Ralph Waldo Emersons aus der Mitte des 19. Jahrhunderts: »Stehe zu deiner eigenen Tat und beglückwünsche dich, wenn du etwas Seltsames und Extravagantes getan und die Eintönigkeit eines anständigen Zeitalters durchbrochen hast.«[58] Wer in der Adelsgesellschaft Anspruch auf den Heldentitel erhob, wusste, was zu tun war:

Er sollte nicht ausbrechen, sondern die »Anständigkeit« zur Perfektion bringen.

Die Geschichte nahm einen langen Anlauf zur Verwandlung des Heroismus. Ein großartiger Abgesang auf das adlige Heldenideal erklang schon im frühen 17. Jahrhundert, als Cervantes den edlen Ritter Don Quixote an der Ehre irre werden ließ. Zum Schreien komisch – und aus der gleichen Zeit stammend – war die Demontage der Adelsehre, die Falstaff in Shakespeares Königsdrama *Heinrich IV.* vorführte: »Gut es mag sein: Ehre beseelt mich vorzudringen. Wenn aber Ehre mich beim Vordringen entseelt? Wie dann? Kann Ehre ein Bein ansetzen? Nein. Oder einen Arm? Nein. [...] Was ist Ehre? Ein Wort. [...] Luft. [...] Ich mag sie also nicht.«[59]

Trotz dieser scharfen Töne verlief der Aufstieg des Bürgertums mühsam und der Abstieg des Adels langsam. Ziemlich lebendig war er noch im Preußen des späten 19. Jahrhunderts. So dient die wahre Geschichte von Armand und Elisabeth von Ardenne als Vorlage für einen Roman, in dem ein »Ritterschaftsrat von Briest, ein wohlkonservierter Fünfziger von ausgesprochener Bonhomie«, seine ehebrüchige Tochter Effi verstößt und Effis Gemahl, der Baron von Innstetten, ihren Liebhaber Major Crampas im Duell erschießt. Die Vorgabe, der Innstetten folgt, stammt – wie er selbst zugibt – von einem »uns tyrannisierende[n] Gesellschafts-Etwas«: »Unser Ehrenkultus ist ein Götzendienst, aber wir müssen uns ihm unterwerfen, solange der Götze gilt.«[60]

Duellanten wie Innstetten zählten zu den sogenannten Helden der Adelswelt. Sie wirkten seltsam eintönig und hatten eigentlich nur eine Funktion: den Höhenunterschied zwischen ihrer eigenen Klasse und dem gemeinen Volk aufrechtzuerhalten. Die Welt war sortiert. Alexis de Tocqueville, der sich als Adliger in die Demokratie verliebte, schrieb 1840: »In den aristokratischen Völkern verharrt jeder einigermaßen fest innerhalb seines Bereiches […]. Nichts rührt sich da, alles ist da ungleich.«

Die Welt rührte sich, als das Bürgertum die Bühne betrat. Auch dafür fand Tocqueville treffende Worte: »Die Aristokratie bildete aus allen Bürgern eine lange Kette, die vom Bauern bis zum König hinaufreichte; die Demokratie zerbricht die Kette und sondert jeden Ring für sich ab.«[61] Die alte Rangordnung war hinfällig, also auch das exklusive Heldenprivileg der Adligen. Der Boden, auf dem sie standen und den sie mit ihrem Blut und dem Blut ihrer Untergebenen tränkten, geriet ins Rutschen.

Wie hält es nun eine Demokratie mit den Helden, wenn sie weder die Strategie der radikalen Heldenabschaffung noch diejenige der unendlichen Heldenvermehrung einsetzt? Dann bejaht sie die Höhenunterschiede zwischen den Helden und uns, will aber nicht, dass sie fix und fertig vorgegeben sind. Demokratische Helden werden erst, was sie sind. Wunderbar ist Tocquevilles Wendung, das Individuum löse sich als einzelner »Ring« aus der »Kette« des sozialen Zusammenhangs heraus. Um Ruhm zu ernten, genügt es also nicht, sich in den festgelegten Bahnen des adligen Ehrenkodex zu bewegen. Das Heldentum wird zu etwas Singulärem. Es besteht weniger in der Ausfüllung als vielmehr in der Erfindung einer Rolle. Die heroische Großtat bekommt Ähnlichkeit mit einem emanzipatorischen Akt.

Wie lässt sich dieser emanzipatorische Akt verstehen? Im Sinne des Heroismus liegt nahe, ihn als individuellen Kraftakt zu deuten, den Menschen aufgrund ihrer besonderen Begabung und Entschlossenheit vollbringen. Sie erscheinen demnach als *self-made*-Helden oder, weniger modisch ausgedrückt, als Helden der Selbstbehauptung und Selbstsetzung. Dieses streng philosophische, idealistische Bild des Heldentums ist um 1800 von Johann Gottlieb Fichte entworfen worden. Ihm zufolge ist der heldenhafte Mensch »seinem Dasein nach schlechthin unabhängig von allem, was außer ihm ist; er ist schlechthin durch sich selbst [...] und aus eigener Kraft.« Die Setzung des Subjekts wurde von Fichte im Jahre 1804 zu einer historisch-politischen Agenda ausgebaut, nach der das heroische Ich eine Welt, wie sie sein soll, hervorbringt:

> Heroen [...] stürzten [...] sich von Schlachtfeld zu Schlachtfeld, entsagend den Genüssen, die sie wohl hätten haben können, immer ihr Leben als Beute darbietend, oft verspritzend ihr Blut. Und was suchten sie mit dieser Mühe, und wodurch wurden sie dafür entschädigt? Ein Begriff, ein bloßer Begriff von einem durch sie hervorzubringenden Zustande [...] war es, der sie begeisterte.[62]

Diese Vorstellung von Emanzipation war ein idealistisches Konstrukt und ein praktisches Projekt zugleich. Der Dramatiker Christian Dietrich Grabbe baute eine Brücke zwischen Fichtes Ich-Setzung und der Politik, als er Napoleon sagen ließ: »Ich bin Ich, das heißt Napoleon Bonaparte, der sich in zwei Jahren Selbst schuf.«[63] Mit der Selbstschöpfung trat Napoleon auch die Nachfolge der Führer der Französischen Revolution an. So hatte Saint-Just im April 1794 den Abgeordneten des Nationalkonvents zugerufen: »Der Heroismus hat kein Modell.«[64]

Die Idee der Selbstschöpfung ist allerdings überzogen. Dass das Heldentum nicht mehr im Ausfüllen vorliegender Rollen besteht, ist eine Befreiung. Aber dass die Helden sich selbst erfinden und dabei auf keinerlei »Modell« zurückgreifen, ist eine Selbstüberschätzung. Schon in der Französischen Revolution selbst wurde diese Vorstellung nicht nur propagiert, sondern permanent unterlaufen, denn die Revolutionäre waren geradezu besessen von mythischen Vorbildern, zuvorderst von Herkules als Vor- und Ebenbild des Volkes. Letztlich besteht die Emanzipation nicht in der Selbstschöpfung, sondern im freien Umgang mit dem Vergangenen.

Die Kritik an der Selbstschöpfung kann direkt aus dem Wort »Emanzipation« abgeleitet werden. Ursprünglich meint dieses Wort »Freilassung«, also den Vorgang, durch den jemand aus der Herrschaft eines anderen entlassen wird. Dazu passt Johann Gottfried Herders schöne Formulierung, der Mensch sei der »erste Freigelassene der Schöpfung«.[65] Diese Wendung lenkt das Augenmerk nicht nur auf einen (göttlichen oder menschlichen) Herrn, der die Freilassung verfügt, sondern auch – was viel interessanter ist – auf Umstände, die es den Menschen erleichtern, sich loszuringen und frei zu machen. Demokratische Helden – auch die Helden der Französischen Revolution – haben eine Herkunft und eine Geschichte. Sie fallen nicht vom Himmel und sind dem Rest der Menschheit auch nicht – wie Robespierre meinte – »zweitausend Jahre voraus«.[66]

Zur Inszenierung der Helden gehört häufig die Verleugnung der Herkunft. Dazu passt, dass es bei ihnen von Waisen nur so wimmelt: Moses, Siegfried, David Copperfield, Tarzan, Batman, Spider-Man, James Bond, Pippi Langstrumpf, Harry Potter gehören dazu. Diese Familienlosigkeit hat zur Folge, dass Helden sich nicht in einem engen, privaten Raum orientieren. Sie sind in der Welt zu Hause. Wenn sie sich in ihrer Selbstgenügsamkeit und Machtvollkommenheit sonnen, wollen die Helden nicht wahrhaben, dass sie doch – wie alle Menschen – eine Herkunft haben. Die großen Dramatiker der Weltliteratur haben gezeigt, wie sie sich gegen diese Herabsetzung sträuben.

Shakespeare ließ seinen Helden Coriolanus stolz verkünden: »Ich steh', als wär' der Mensch sein eigner Schöpfer /

Und kennte keinen Ursprung.« Heinrich von Kleist sagte von seinem Helden Robert Guiskard, er würde »Entschlüss' im Busen wälzen, ungeheure, / Als ob er heut das Leben erst beträte«.[67] Über das »Als ob« bei Shakespeare und Kleist lohnt es sich zu grübeln, denn damit setzen beide Autoren das Selbstverständnis der Helden, sie würden rein aus sich heraus handeln, in den Konjunktiv. Coriolanus, der erfolgreiche Feldherr, ist so von sich eingenommen, dass er die römischen Senatoren brüskiert, die ihn an Beschlüsse binden wollen. Guiskard, dem »Herzog der Normänner«, wird zugetraut, Ungeheures zu leisten, weil er als totaler Neuling oder Fremdling auftritt. Coriolanus und Guiskard wirken so, »als ob« sie nicht von dieser Welt wären, sie sind es aber doch.

Niemand kommt aus dem Nichts, alle kommen irgendwoher. Für jeden – zumal für demokratische Helden – gilt: »Was ich bin, bin ich geworden.«[68] In einem Drama, in dem Menschen mit harten Haltungen und vorgefassten Überzeugungen aufeinandertreffen, kommt dies unweigerlich zu kurz. Wenn man im Rahmen der Literatur bleibt, so ist damit klar, wo nach demokratischen Helden gesucht werden muss: nicht im Drama, sondern im Roman. Wie engagiert die Hauptfiguren hier auch immer zur Sache gehen, sie haben immer eine Geschichte. Friedrich Schlegel schrieb 1797, dass jeder, der »sich bildet, in seinem Innern einen Roman« enthält.[69]

Kurz und schmerzlos sei gesagt, dass der Roman *die* literarische Form, *die* bevorzugte Gattung der Demokratie ist. Um 1800 behauptete Friedrich Schlegel, der »Roman« sei die »*herrschende Dichtart* [...] bei den Modernen«, und da Georg Wilhelm Friedrich Hegel dieser These des von ihm bestgehassten Schlegel ausnahmsweise zustimmte, darf man sich getrost daran halten.[70] Der Roman schildert eine Welt, rollt einen Teppich aus, knüpft ein Beziehungsnetz. Er dementiert und demontiert die *self-made*-Helden. Die Helden im Roman müssen sich mühen, herauszustechen und den Höhenunterschied herzustellen, der sie von anderen abhebt.

Vielleicht stoßen sich manche daran, dass ich die demokratischen Helden ausgerechnet im Roman, also im Reich der Fiktion suche. Tue ich dies aus Verlegenheit, weil ich Mühe habe, Helden in der Wirklichkeit zu finden? Zu diesem Verdacht passt ein sperriger, eindrucksvoller Satz Sigmund Freuds: »Auf dem Gebiete der Fiktion finden wir jene Mehrheit von Leben, deren wir bedürfen.«[71] Freud meinte, wir würden ein Bedürfnis, welches in der Wirklichkeit unerfüllt bleibt, auf die Kunstwelt verlagern und uns zugleich damit abfinden, dass alles bleibt, wie es ist. Von dieser Schwarz-Weiß-Malerei zwischen gefesseltem Leben und freier Kunst halte ich nichts. Freud selbst hat den Schlüssel geschmiedet, mit dem sich die Verbindungstür zwischen Wirklichkeit und Fiktion öffnen lässt. Zu Recht sagte er, wir bedürften einer »Mehrheit von Leben«. Diese Vielheit finden wir in der Welt der Fiktion, wenn wir probeweise andere Lebensweisen auskosten und abklopfen, aber auch dann, wenn wir in der Wirklichkeit verschiedene Rollen spielen oder unser Leben ändern. Der Roman – und die Fiktion überhaupt – ist nichts anderes als die Fortsetzung des Lebens mit anderen Mitteln. Die Selbstbilder, die Helden im Roman entwickeln, entsprechen dem Selbstverständnis, das sie sich in der Demokratie zulegen.

An Hegel muss ich mich abarbeiten, um die Herausforderungen, die der Roman für Helden bereithält, zu erkunden. In seiner Geschichtsphilosophie gab sich Hegel als Freund des Heldentums. Er feierte die »welthistorischen Individuen«, die sich große Ziele setzen und das »Allgemeine« zu »ihre[r] Sache«, zu ihrem eigensten »Zwecke« machen.[72] In seiner Ästhetik vertrat Hegel dagegen entschieden die These vom

Ende des Heroismus. Zwar suchte er das große Drama, aber er beschrieb die Prosa der Welt. Der Roman als Kunstform, als Leib- und Magen-Gattung der Demokratie, steht nach Hegel für den Abschied von der »Heroenzeit«.[73]

Warum soll sie an ein Ende kommen? Das Subjekt, das heroische Ambitionen hat, will nach Hegel, »was es getan hat, ganz und allein getan haben und das Geschehene vollständig in sich hineinverlegen«. Es agiert ungebrochen, entschlossen, ohne Naht und Bruch. Dagegen kann das »Individuum, wie es in dieser Welt des Alltäglichen und der Prosa erscheint, [...] nicht aus sich selbst«, sondern nur »aus anderem verständlich« werden. »Romanhaft« ist diese Welt, weil ein Mensch »in vielseitige besondere Umstände, Bedingungen, Hemmnisse und relative Verhältnisse verschlungen« ist. Das »Subjekt« legt es nach Hegel zwar darauf an, »ein Loch in diese Ordnung der Dinge hineinzustoßen«, doch sein Schwung erlahmt, es stößt sich »die Hörner ab« und tritt »in die Verkettung der Welt ein«.[74]

Diese Auskunft ist ziemlich deprimierend – auch deshalb, weil Hegel die Tatkraft hier als sexuellen Akt, als Penetration eines notgeilen Jünglings darstellte. Seine Schlussfolgerung lautete: Der Roman bringt Hauptfiguren hervor, aber keine Helden. Die Menschen stecken zu tief drin im Milieu.

Wenn ich den Helden in der Demokratie eine Chance geben will, darf ich mich mit dieser Diagnose nicht abfinden. Das heißt nicht, dass ich zu Hegels Feier der »welthistorischen Individuen« zurückkehre. Vielmehr will ich im Roman – also auch in der Demokratie – nach einer anderen Art des Heldentums suchen.

In seiner Geschichtsphilosophie verfolgte Hegel diejenigen, die die Helden »schlecht weg« kommen lassen, mit beißendem Spott: »Für Kammerdiener gibt es keinen Helden, ist ein bekanntes Sprichwort [...], nicht aber darum, weil dieser

kein Held, sondern weil jener ein Kammerdiener ist.«[75] Er sah
sich von Kammerdienern umzingelt, die alles Großartige mit
starrem Blick auf Schwächen oder Schrullen zusammen-
schrumpfen ließen. Just zu der Zeit, als Hegel den Heroismus
verenden sah, nahm sich ein Romancier gleichfalls jenes be-
kannten Sprichworts an und legte – ohne Hegel zu kennen –
entschieden Widerspruch dagegen ein. Stendhal schrieb
1822: »Nichts ist verkehrter als das Sprichwort: ›Niemand ist
ein Held vor seinem Kammerdiener‹.« Man könne sich umgekehrt gut vorstellen, so meinte Stendhal, dass ein Herr seinem Kammerdiener viel eher als Held erscheine als »jedem
andern«.[76] Erklären lässt sich dies damit, dass ein Kammerdiener seinem Herrn in treuer Bewunderung verbunden ist,
also rein gar nichts auf ihn kommen lässt. Die intime Kenntnis einer Person führt zwar zur Desillusionierung, doch die
Unterwürfigkeit zur Idealisierung des Herrn. Mal zieht der
Kammerdiener den Helden in den Alltag herab, mal stellt er
ihn auf den Sockel.

Demokratische Helden fühlen sich weder dort noch hier
wohl. Sie wollen sowieso nicht mit Kammerdienern zu tun
haben, sondern mit Bürgern. Diese treten im Roman auf, und
die Frage ist nun, welchen Platz Helden in ihm finden.

Stendhal und die anderen großen Romanciers des 19. Jahrhunderts beschrieben eine Welt, in der klare, festgelegte Hierarchien geschwunden waren und jeder – wie schon Hegel
sagte – »in vielseitige besondere Umstände« eingebettet war.
Im Vorwort zu einem seiner Romane brachte Stendhal die
eigene Position auf den Punkt: »Der Verfasser [ist] der Ansicht, ein Roman müsse, abgesehen von der Leidenschaft des
Helden, ein Spiegel sein.«[77] Dieser kurze Satz hat es in sich.
Als »Spiegel« schildert der Roman die Welt, wie sie ist. Wie
ein schwerer Klotz baut sich die Welt vor den Menschen auf,
und sogar diese selbst erscheinen als Klötze, die von anony-

men Kräften hin- und hergeschoben werden. Freie Gestaltung oder fantastische Verwandlung sind in einem solchen Roman kaum darstellbar, denn als Spiegel kann er nur zeigen, was ist, und nicht, was *nicht* ist, aber vielleicht sein oder werden kann.

Genau deshalb genügt es nicht, den Roman nur als Spiegel zu verwenden. Damit verpasst man etwas an der Wirklichkeit – und zwar das, was bei Stendhal die »Leidenschaft des Helden« heißt. Bei vielen anderen Autoren finden sich ähnliche Voten. So sprach zum Beispiel Gustave Flaubert von den zwei Herzen, die beim Schreiben in seiner Brust schlügen: Das eine stelle sich der Aufgabe, den »kleinen Fakt« in seiner ganzen Banalität zu reproduzieren, das andere sei den »große[n] Adlerflüge[n]« der Seele zugetan. In seinen Romanen wollte Flaubert diese zwei Seiten »verschmelzen«.[78]

Stendhals Gegenüberstellung von Tatsachen und Tatkraft ist ein bisschen unbeholfen. Sie trifft nicht ganz, was er selbst eigentlich meinte. Denn er hatte es nicht auf eine Zwei-Welten-Lehre abgesehen, wonach der banale Alltag strikt vom leidenschaftlichen Erleben der Helden zu trennen sei. Helden sind keine Aliens, sie kommen wie alle Menschen aus dieser Welt, fügen ihr allerdings etwas hinzu. Genau darauf kommt es im Roman an. Ohne diesen Zusatz wäre er nicht mehr als ein naturwissenschaftliches Experiment. (Es gibt naturalistische Romane, die sich diesem Modell angenähert haben, und sie sind nicht besonders gut.) Dank jener handelnden, über die Stränge schlagenden Figuren erscheint die Welt nicht als natur- oder gottgegeben, sondern ist angreifbar, kritisierbar, veränderbar. Die Sache der Helden ist die – oft scheiternde – Bemühung darum, dass etwas *passiert*.

Die Romanciers des 19. Jahrhunderts befassten sich kritisch und hingebungsvoll zugleich mit dem Heldentum. Manche sagten den Helden tatsächlich Lebewohl, wie zum

Beispiel William Makepeace Thackeray mit dem Buch *Jahr-markt der Eitelkeit* – Untertitel: *Ein Roman ohne Held*. Andere stellten sich gegen traditionelle Heldenbilder, suchten aber neue Herausforderungen und Bewährungsproben für die Helden. Victor Hugo ist dafür ein gutes Beispiel. Er zog ein vernichtendes Resümee der Napoleonischen Kriege, nannte den traditionellen, kriegerischen Heroismus »monströs«, schickte die »Helden« dann in den Kampf gegen einen neuen Feind – »Dieser Feind heißt Finanzwelt« – und ließ einen von ihnen, Jean Valjean, umständliche moralische Bewährungs-proben bestehen.[79]

Wenn vom Heldentum im Roman die Rede ist, darf der Hinweis auf ein Buch nicht fehlen, das 1850 erschienen ist. Am Beginn seines Romans *David Copperfield* ließ Charles Dickens seine Titelfigur sagen: »Ob ich mich als Held meines eigenen Lebens entpuppen werde oder jemand anderes diese Stelle ausfüllen wird, muss sich auf den folgenden Seiten zei-gen.«[80] Copperfield will offensichtlich nicht nur eine Haupt-figur, sondern ein echter Held sein. Gelingt ihm dies? Di-ckens stattete ihn jedenfalls mit einer schier unverwüstlichen Tatkraft aus, und so kann sich Copperfield dagegen zur Wehr setzen, dass andere die Fäden ziehen und seinen Lebensfaden spinnen, etwa sein Stiefvater Mr. Murdstone, der ihn als Kind verprügelte und als Zehnjährigen in seiner Fabrik schuften ließ. Copperfield kommt von ganz unten, aber er will nicht nach ganz oben, sondern einfach nur tun, was ihm richtig er-scheint. Seine Geschichte ist keine Erfolgs-, sondern eine Emanzipationsgeschichte und wirkt als Ansporn in den All-tag derer, die sie lesen, hinein.

Bei Dickens' Zeitgenossen, dem Philosophen John Stuart Mill, heißt es: »Wo nicht der eigene Charakter, sondern Tra-dition und Sitten anderer Leute die Lebensregeln aufstellen, da fehlt es an einem der hauptsächlichsten Bestandteile menschlichen Glücks, ja dem wichtigsten Bestandteil individuellen und sozialen Fortschritts.«[81] Oft sind es nicht Sitten, sondern Unsitten, die die Welt zur Hölle machen. Menschen wie Copperfield stecken im Dreck, spüren den Druck, schlagen sich durch, strampeln sich frei. Allen Widrigkeiten zum Trotz gelingt es ihnen am Ende, ein selbstbestimmtes Leben zu führen oder eben – in Dickens' Sinn – Helden ihres eigenen Lebens zu werden.

Aber ergibt es überhaupt Sinn, von Helden des eigenen Lebens – nur des eigenen Lebens! – zu sprechen? Solche Typen zeigen keine Ambitionen, zu Nationalhelden oder gar zu Helden der Menschheit zu werden, und so mögen sie zwar gegenüber ihren Mitmenschen herausstechen, aber die große Sache, auf die Helden doch verpflichtet sind, scheint ihnen zu entgleiten. Von wegen – das stimmt gar nicht! Als Helden ihres eigenen Lebens sind Copperfield und seine fiktiven und realen Verwandten Helden der Demokratie, denn deren große Sache besteht darin, dass Menschen in den Genuss der Freiheit kommen. Diejenigen, die sich im Kampf gegen widrige Umstände durchsetzen, tun nicht nur etwas für das »eigene Leben«, sondern leben anderen vor, was möglich ist, und bahnen ihnen damit den Weg. Jeder von ihnen unterbricht, wie Denis Diderot sagte,

> die lästige Einförmigkeit [...], die wir durch unsre Erziehung, unsre gesellschaftlichen Konventionen, unsre hergebrachten Anständigkeiten eingeführt haben. Kommt ein solcher in eine Gesellschaft, so ist er ein Krümchen Sauerteig, das das Ganze hebt und jedem einen Teil seiner natürlichen Individualität zurückgibt.[82]

Darauf eben kommt es an: auf das »Zurückgeben« oder darauf, dass hier nicht irgendein Spinner sein Ding macht, sondern ein Held auf andere ausstrahlt, sie aufreizt, anstachelt, befördert.

Wenn man sich von der engstirnigen Vorstellung des männlichen, kriegerischen Helden gelöst hat, dann entdeckt man das Heldentum auch in Romanen, denen dies auf den ersten Blick nicht zuzutrauen ist. Ich will ein berühmtes, scheinbar abwegiges Beispiel wählen: Virginia Woolfs Roman *Zum Leuchtturm* von 1927. Eigentlich passiert in diesem Buch fast nichts, scheinbar bietet es keinerlei Bewährungsproben für Heldentum. Eine Familie und ein paar Freunde verbringen die Ferien zusammen, eine Bootsfahrt zum Leuchtturm wird geplant, kommt aber wegen schlechten Wetters nicht zustande, ein Ehestreit wird mühsam vermieden, die Kinder haben schlechte Laune. Jahre später trifft man wieder zusammen, und der Ausflug zum Leuchtturm findet am Ende doch noch statt. Das ist alles. Na ja, nicht ganz.

Knapp unter der ereignisarmen Oberfläche brodelt es. Die Geschichte steht im Schatten des Ersten Weltkriegs, und beim zweiten Treffen fehlen diejenigen, die im Krieg geblieben sind, ohne Helden geworden zu sein. Der Vater, ein Philosophieprofessor, vergleicht seine vermeintlich bahnbrechende wissenschaftliche Arbeit mit dem Durchgang durch das Alphabet, steckt gerade zwischen Q und R fest, vermisst die gebührende Anerkennung und misst sich penetrant an britischen Kriegshelden sowie an Robert Scott, der den Kampf um den Südpol gegen Amundsen verlor und erfror. Die Kinder versuchen, der verschrobenen Tyrannei des Vaters zu entrinnen. Die Freundin der Familie muss sich sagen lassen, dass Frauen sowieso nicht zur Kunst taugen, begehrt dagegen auf und vollendet am Ende das Bild, an dem ihr so viel liegt. Viel geschieht, auch wenn es teilweise nur in den Köpfen stattfindet. Es tobt ein Kampf der Generationen und Geschlechter. Alte männliche und neue weibliche Heldenbilder werden aufgeboten. Es gibt »kleine tägliche Wunder, Erleuchtungen, Zündhölzer, die unerwartet im Dunkeln angerissen« werden.[83] Ist das nichts?

Meist treten Helden heutzutage – schon im Kapitel »Riesengroß und Klitzeklein« zu Beginn dieses Buches war davon die Rede – in zwei Größen auf: riesengroß und klitzeklein. Demokratische Helden sind weder das eine noch das andere, und das gilt auch für Romanhelden, die Helden des eigenen Lebens werden. Mit ihnen kommt es zu einer neuen Justierung des Heroismus. Die Helden werden in der Tat kleiner, aber sie schrumpfen nicht bis zur Bedeutungslosigkeit zusammen, und sie vermehren sich auch nicht zu Tode. Zwischen ihnen und uns bleibt ein Höhenunterschied bestehen, aber sie müssen nicht mehr einen Giganten besiegen, ein Land retten oder einen Tyrannen töten, um Anerkennung zu erfahren.

Nicht nur in Romanen wird mit dem neuen Heroismus experimentiert. Nicht nur dort gibt es Gelegenheitshelden, die zu Vorbildern avancieren. Ich wechsle von der Literatur zur Musik, halte mich aber weder an Beethovens *Eroica* noch an Richard Strauss' *Ein Heldenleben*, sondern springe ans Ende des 20. Jahrhunderts.

Wir sind Helden für einen Tag

Aus musikalischer Sicht ist der Herbst 1977 schlecht und gut für Helden zugleich. Am 23. September 1977 veröffentlicht die britische Punkband The Stranglers das Album *No More Heroes*. Drei Wochen später, am 14. Oktober, erscheint David Bowies Album »*Heroes*«. (Die Anführungszeichen sind Teil des Titels.) Die Stranglers haben mit dem Titelsong ihres Albums Erfolg. Dies über David Bowies »*Heroes*« zu sagen, wäre eine krasse Untertreibung: Sein Song ist legendär.

Mit *No More Heroes* stellen die Stranglers den Helden den Totenschein aus. Die Punks finden die Welt zum Kotzen, sehen aber keine Helden weit und breit, die daran etwas ändern, und haben keine Lust, selber welche zu sein. Sie wollen sich nicht mit Ruhm bekleckern und lassen hochfliegende Ideen platzen. Ihre Antwort an die kaputte Welt ist, aus dem Kaputtsein eine Kunst zu machen: Musik. Gegen die Ruhigstellung der Gesellschaft steht nicht Aufbruch, sondern Krach. Ihre Botschaft ist der Lärm. *No more heroes any more.*

Das Kontrastprogramm dazu stammt von David Bowie. Er komponiert, schreibt, singt »*Heroes*« im Sommer 1977 in den Hansa-Studios an der Berliner Mauer:

> I, I will be king
> And you, you will be queen
> Though nothing will drive them away
> We can beat them just for one day
> We can be heroes just for one day [...]
> I, I remember
> Standing by the wall
> And the guns shot above our heads
> And we kissed as though nothing could fall
> And the shame was on the other side
> Oh we can beat them forever and ever
> Then we could be heroes just for one day.

Wer den Song nicht mehr im Ohr hat, den lade ich zu einer Lesepause und Hörprobe ein. Auf YouTube gibt es neben der englischen eine fast noch eindrucksvollere deutsche Version, die Bowie radebrechend eingesungen hat. Was für ein wunderbares, rätselhaftes Lied ... Genau genommen sind es drei Lieder in einem.

Ein Liebeslied. Mann und Frau, König und Königin küssen

sich im Niemandsland an der Mauer, sie vergessen, was um sie herum ist, und tun »einen Tag« lang so, als gäbe es nichts auf der Welt als sie – und als gäbe es auch David Bowie nicht, der sie vom Fenster der Hansa-Studios aus beobachtet. Die Berliner Mauer war, so erinnerte sich der Sänger in einem Interview, »ungefähr zwanzig bis dreißig Meter entfernt vom Studio, der Regieraum schaute direkt drauf. Ein Geschützturm thront auf der Mauer, in dem die Wachposten sitzen, und jeden Mittag trafen sich ein Junge und ein Mädchen darunter. Sie hatten eine Affäre.«[84]

Ein politisches Lied. Schüsse fallen, doch die Liebenden scheinen unverwundbar, als wären sie Geister, Götter oder eben Helden. Die Macht der »anderen Seite« ist gebrochen oder jedenfalls für einen Moment unterbrochen. Bowie wendet einen Trick an, um in dem Lied eine politische Botschaft unterzubringen: Er tut so, als würden die DDR-Grenzer dem Liebespaar nach dem Leben trachten, und bewundert es dafür, unbeirrbar zu tun, was es tut. Das ist natürlich freie Erfindung. Dass man auf der Westseite der Mauer gefahrlos turteln konnte, weiß auch David Bowie, und so erfolgt die politische Dramatisierung mit einem Augenzwinkern. Er erklärte, der Titel sei »ironisch«[85] zu verstehen. Mit den Anführungszeichen, die das Titelwort *Heroes* einfassen, hält er sich die Hintertür offen, es mit dem Heldentum nicht wirklich ernst zu meinen. Im Lied selbst ist von Ironie freilich rein gar nichts zu spüren. Diesseits der großen politischen Agenda hält Bowie am kleinen Heldentum fest, also am Versuch, Held des eigenen Lebens zu werden.

Ein autobiografisches Lied. Bowie kommt nach Berlin aus Los Angeles, wo er sich »zuletzt von Milch und Koks ernährt« hat. In der Schöneberger Hauptstraße wird dies langsam anders, der Fluchtort wird zum Kurort: »Berlin war meine Klinik.«[86] »Einst hatte ich all die großen Träume«, sagte Bowie 1977 – Heldenträume also –, »bis ich dann lernte, einfach den Prozess der Arbeit und den Prozess des Lebens zu genießen.« Berlin hat einen auf kuriose Weise heilsamen Effekt auf Bowie: Er beschreibt die Stadt als kaputt – und wenn er sich an ihr misst, fühlt er sich ein bisschen weniger kaputt:

> Der Titelsong von »Heroes« handelt davon, dieser Art von Wirklichkeit ins Auge zu sehen und ihr standzuhalten. Der einzige heldenhafte Akt, den man in einer solchen Situation verdammt gut aus der Tasche ziehen kann, ist der ganz einfache Genuss daran, am Leben zu sein, trotz all der Versuche, die darauf angelegt sind, einen zu töten.[87]

Was Bowie nicht sagt, ist, dass es nur einen Einzigen gibt, der ihn umzubringen droht: ihn selbst. Auf Fotos aus Vorjahren zeigt er ein maskenhaftes, lebloses Gesicht *(Ziggy Stardust)* oder sieht aus wie eine Leiche. Bei Bowies Rede vom heldenhaften Akt, am Leben zu sein, denkt man unweigerlich an Rainer Maria Rilkes Vers von 1909: »Wer spricht von Siegen? Überstehn ist alles.«[88] Auch das »Überstehn« kann ein Kraftakt sein.

Zahllose Geschichten ranken sich um »Heroes«. Man könnte die Drogen- und Unglücksgeschichte von Christiane F. erzählen, die genau in die Zeit von Bowies Berliner Aufenthalt fällt. Im Film *Christiane F. Wir Kinder vom Bahnhof Zoo* tritt Bowie selbst auf und singt »Heroes«. Man könnte auch über die Band »Wir sind Helden« sprechen, die ihren Namen Bowie verdankt. Doch unter all diesen Geschichten gibt es nur zwei, die man erzählen *muss*. Sie drehen sich um einen Film von 1978 und ein Konzert von 1987.

Direkt nach der Veröffentlichung von »Heroes« stürzt sich Bowie in ein neues Projekt. Er spielt neben Marlene Dietrich die Hauptrolle in dem schwülstigen, auf interessante Weise missratenen Film *Schöner Gigolo, armer Gigolo.* Wie *Cabaret,* der Film mit Liza Minnelli von 1972, dem der *Gigolo*-Regisseur David Hemmings vergeblich nacheifert, zeichnet dieser Film den Weg verlorener Seelen und den Aufstieg der Nazis in der Weimarer Republik nach. Bowie spielt Paul von Przygodski, der in den letzten Kriegstagen an die Front kommt und sagt: »Mein Vater war Oberst. Heldentum ist meine Bestimmung.« Ohne irgendeine Kampfhandlung vollbracht zu haben, wird er schwer verwundet und bekommt nach der Rückkehr nach Berlin keinen Fuß mehr auf den Boden. Paul versucht sich in allen möglichen Jobs, läuft zum Beispiel – sehr komisch! – als wandelnde Litfaßsäule für »Mampe Halb u. Halb« herum und verdingt sich schließlich als Gigolo. Marlene Dietrich spielt seine Zuhälterin, schickt ihn auf die Tanzfläche zu den älteren Damen und sagt: »Das ist dein Schlachtfeld.«

Hier passt die Ironie. Paul rutscht zwischen zwei Stühle, besetzt von den abgewrackten Helden des Kaiserreichs und den brutalen Helden der NS-Bewegung. Auf der einen Seite sagt Paul zu seinem Vater, dem Oberst, der gelähmt im Sessel sitzt: »Du warst ein gemachter Mann. Du hattest alles, worauf du je hoffen konntest: Krieg, Hungersnot, Pest. Was ich sagen will: Es war wirklich nicht schwierig, unter diesen Umständen jemand zu *sein.*« Auf der anderen Seite bändelt Paul halbherzig mit den Nazis an. Nachdem er bei einem Schusswechsel getötet wird, schwört der schwule Nazi-Anführer, »einen Helden aus ihm zu machen«. Der Film kreist um die Leerstelle, die zwischen kaisertreuem und faschistischem Heldentum klafft, und hinterlässt die Frage, ob sich diese Leerstelle füllen lässt.

Bowie verlässt Berlin 1979 und kehrt acht Jahre später zurück. Am 6. Juni 1987 tritt er bei einem Konzert vor dem

Reichstag auf und sagt im Originalton – den Wechsel vom Englischen ins Deutsche hat er mühsam eingeübt –: »This is, as you know, a special evening for us and wir schicken unsere besten Wünsche zu all unseren Freunden, die auf der anderen Seite der Mauer sind.«[89] Natürlich singt er »Heroes«. Auf der anderen Seite haben sich seine Fans versammelt, darunter der DDR-Liedermacher Stefan Krawczyk (»Wir standen an Pfingsten Unter den Linden«, wird er später singen). Es kommt zu Unruhen, Sprechchören, Steinwürfen. Stasi-Oberst Kunze setzt um 2 Uhr 40 eine Meldung ab: »Im Zusammenhang mit der in Berlin (West) vor dem ehemaligen Reichstagsgebäude, Platz der Republik, stattgefundenen Veranstaltung zum Rockfestival ›Concert für Berlin‹ am 6.6.87 kam es […] zu einer größeren Ansammlung dekadent aussehender Jugendlicher. […] Die Musik von Westberlin war […] lautstark zu hören.« Es wurden »volkspolizeiliche Zurückdrängungs- und Sperrmaßnahmen« ergriffen und zahlreiche Festnahmen durchgeführt.[90] Der Kulturjournalist Tobias Rüther schreibt: »Zwei Jahre hält die Mauer noch. Ost-Berlin hat in diesen Junitagen schon ein paar der Helden kennengelernt, die sie bald zum Einsturz bringen werden.«[91] Es gab sie also, die Helden.

Weltverändernde Taten haben die demokratischen Helden in der DDR ganz allein vollbracht, doch vielleicht hat ihnen das Lied »Heroes« dabei ein bisschen Mut gemacht. Oft springt ein Funke von der Fiktion auf die Realität über. Häufig wird die Fiktion zur Plattform, auf der die Realität probeweise aufs Spiel gesetzt wird. So oder so ist der Realitätsgehalt der Fiktion nicht zu verachten. Das zeigen literarische und musikalische Helden, aber auch Figuren, die in einer ganz anderen Liga spielen: Superhelden.

Kleine Verteidigung der Superhelden

Demokratische Helden werden, was sie sind. Bei ihnen steht das Wachsen an einer Aufgabe im Vordergrund. Eine solche Entwicklung ist Superhelden fremd. Mit ihnen erleben wir im Kino Auszeiten von unserer Schwäche, schalten um von Ohnmachtsgefühl auf Allmachtsfantasie – bis der Film aus ist und das Licht angeht. Dann sind wir wieder so klein mit Hut. Es sieht so aus, als hätten Superhelden mit demokratischen Helden herzlich wenig zu tun. Und doch sind sie eng miteinander verwandt.

Die meisten Superhelden, die im Kino auftreten, sind gespaltene Persönlichkeiten. Mal handelt es sich um ganz normale Menschen, die dank außergewöhnlicher Ereignisse an übermenschliche Fähigkeiten gelangt sind. So wird Peter Parker von einer seltsamen Spinne gebissen und verwandelt sich in Spider-Man. Mal handelt es sich um Superhelden von Geburt an, die sich für den Alltagsgebrauch eine zweite Identität zulegen. So arbeitet Wonder Woman nebenbei als Sekretärin und nennt sich Diana Prince. Auch am Rande des Superheldenreichs gibt es ähnliche Szenarien und Varianten. Asterix muss einen Schluck aus der Flasche mit dem Zaubertrank nehmen, bevor er die Römer verprügelt, Obelix dagegen hat als Kind eine derart große Dosis abbekommen, dass er ein Leben lang davon zehren kann.

Entscheidend ist, dass sich in der doppelten Identität der Superhelden zwischen Normalmensch und Überflieger genau der Anfangs- und Endpunkt jener Entwicklung spiegeln, mit der demokratische Helden werden, was sie sind. Damit werden Superhelden anschlussfähig für Normalsterbliche. Dieses Zusammenspiel funktioniert auch deshalb so gut, weil die Menschen sich seit jeher am Auskosten verschiedener Identitäten ergötzt haben. Dieses Spiel ist nicht in Hollywood erfunden worden, sondern – wie könnte es anders sein? – im alten Griechenland.

Ein pfiffiges Beispiel dafür ist die Geschichte Amphitryons, eines ruhmreichen Feldherrn und mittelprächtigen Ehemanns. Er avanciert zwar nicht selbst zum Superhelden, wird aber – was fast noch besser ist – zeitweise von Jupiter ersetzt. Das Doppelspiel zwischen Jupiter und Amphitryon ähnelt dem Identitätswechsel, der im modernen Comic-Universum zwischen dem Superhelden und seinem alltäglichen Alter Ego stattfindet. Jupiter spielt eine bessere, charmantere Version Amphitryons und vermag damit dessen Ehefrau Alkmene schwer zu beeindrucken. Sie verbringt eine Liebesnacht mit ihm, in der ihr die eheliche Pflicht wie eine geile Kür vorkommt. Heinrich von Kleist lässt in seiner Version der Geschichte Alkmene sagen, dass sie Amphitryon »schöner niemals fand, als heut«.

Im Spiel der Identitäten legt Jupiter Amphitryon nahe, sich in sein besseres Ich hineinzuversetzen und darüber nachzudenken, »was du, in mir, dir selbst getan«. Diesem fällt es schwer, über seinen Schatten zu springen oder über sich hinauszuwachsen. So wird das Heldentum in die nächste Generation verschoben. Die Frucht der Liebesnacht Alkmenes mit Jupiter wird Herkules sein: »Es wird an Ruhm / Kein Heros sich, der Vorwelt, mit ihm messen.«[92]

Der Wechsel der Rollen, also das Schwanken zwischen Extravaganz und Normalität, Held und innerem Schweinehund, kennzeichnet das Leben all derer, die keine flache Identität haben, sich also nicht beharrlich und unbeirrbar gleich bleiben. Manchmal führt die Spannung zwischen Heldentum und normalem Leben zu einem inneren Zwist ohne Aussicht auf Schlichtung. So notiert der expressionistische Dichter Georg Heym am 16. Juli 1905 in sein Tagebuch: »O diese unselige Zweiheit in mir. In mir ist Alltagsmenschentum und Höhenmenschentum getrennt verbunden. Getrennt verbunden. Nicht zu einem verschmolzen.«[93]

Genau diese doppelte Identität oder »Zweiheit« tritt auch bei Superhelden auf, und für deren Wirkung ist entscheidend, wie sie mit den zwei Seelen, die sie in sich tragen, umgehen. Wenn sie ganz in ihrer Allmacht aufgehen und die Alltagsrolle als lästige Verkleidung abtun, wird den normalen Menschen, also auch den Zuschauern, nur die Botschaft serviert, dass sie ziemlich armselig seien. Bill (David Carradine) hat es in Quentin Tarantinos Film *Kill Bill 2* genau darauf abgesehen und will seine Ex-Freundin Beatrix Kiddo (Uma Thurman) von der Mickrigkeit des Alltags überzeugen. Er beruft sich dazu auf Superman, dem der Alltag fremd bleibt, weil er als Alien vom Planeten Krypton nur zwischendurch so tut, als sei er ein Mensch. Bill sagt:

> Der Superhelden-Mythos folgt dem Muster, dass der Superheld ein Alter Ego hat. Batman ist eigentlich Bruce Wayne, Spiderman ist eigentlich Peter Parker. [...] Was diesen Punkt betrifft, fällt Superman allerdings heraus. Er ist nicht Superman geworden, sondern wird als Superman geboren. Wenn Superman am Morgen aufwacht, ist er schon Superman. Sein Alter Ego ist Clark Kent. [...] Was Kent trägt – die Brille, den Anzug –, ist eine Verkleidung. Superman trägt sie, um nicht aufzufallen. Superman zeigt anhand von Clark Kent, wie er uns Menschen sieht. Und was hat Clark Kent für Eigenschaften? Er ist schwach, unsicher, feige. Er steht für all das, was Superman an der Menschheit zu bemängeln hat.

Bill stellt Beatrix auf eine Stufe mit Superman. Er sieht ihre wahre Identität darin, eine Kampfmaschine zu sein, und meint, sie hätte sich nur verstellt, als sie ihn verließ, sich einen anderen Mann suchte, die Rolle der Verkäuferin im Schall-

plattenladen spielte und Rabattmarken im Supermarkt ein-
löste. Deshalb zögerte Bill auch nicht, ihren Bräutigam zu töten und ihr die Tochter wegzunehmen: »Du wolltest dich an
den Haufen anpassen. Aber du bist keine Arbeitsbiene.«

Beatrix Kiddo zeigt sich von Bills Bekehrungsversuch
zum Bösen unbeeindruckt, tötet ihn im finalen Showdown
und macht es sich mit ihrer Tochter vor dem Fernseher ge-
mütlich. Ob sie auf so etwas wie ein normales Leben wirklich
Lust hat, lässt Tarantino im Dunkeln. Immerhin heißt es am
Schluss: »Im Dschungel ist alles im Lot.«

Bill, der Killer, will keinesfalls ein Alltagsmensch werden.
Bei den spannendsten Superhelden der Populärkultur des 20.
und 21. Jahrhunderts ist dies anders. Sie bleiben erstaunlich
nah am Alltag – und das gilt nicht nur für die Geschichten, in
denen sie auftreten, sondern auch für die Vorgeschichten, die
zu ihrer Erfindung geführt haben. So rücken diese Superhelden nahe an demokratische Helden heran. Zwei Beispiele zeigen dies besonders deutlich: Wonder Woman und Black Panther.

Zum Beispiel eine Superheldin: Wonder Woman

Geboren wird Wonder Woman im Herbst 1941, also mitten
im Zweiten Weltkrieg.[94] Sie ist stark und sexy. Sie kann mit
ihren metallenen Armbändern Geschosse abwehren und mit
ihrem goldenen Lasso andere zur Ehrlichkeit zwingen, trägt
ein knappes rot-weiß-blaues Kostüm mit einem Adler auf der
Brust und heißt im normalen Leben Diana Prince. Sie ent-
stammt dem Geschlecht der Amazonen, kämpft gegen Herkules wie auch gegen die Nazis und wird als erste Frau zur
Präsidentin der USA gewählt.

Ihr langes, erfolgreiches Leben, das Wonder Woman unter anderem in Comics und Fernsehserien verbrachte, erreichte mit dem Kinofilm *Wonder Woman* von 2017 seinen jüngsten, nicht aber letzten Höhepunkt. Bekanntlich ist eine Superheldin unsterblich.

Der geistige Vater von Wonder Woman und Autor des Comic-Hefts, in dem sie zum ersten Mal auftrat, war ein mäßig erfolgreicher Psychologe namens William Marston. Er hasste blutrünstige Männlichkeit, war der Überzeugung, dass Frauen »die Welt regieren« sollten, und wollte mit Wonder Woman »psychologische Propaganda für einen neuen Typ von Frau« machen. Marston bewunderte die Frauen sogar so sehr, dass er mit zweien von ihnen jahrelang unter einem Dach zusammenlebte: mit seiner offiziellen Ehefrau, der Juristin Elizabeth Marston, und mit der Journalistin Olive Byrne, einer Nichte Margaret Sangers, der wichtigsten amerikanischen Feministin des frühen 20. Jahrhunderts. Mit Elizabeth und Olive hatte William Marston jeweils zwei Kinder. Folgt man zeitgenössischen Zeugnissen, so war William ein launischer Patron, Elizabeth verdiente das meiste Geld, Olive kümmerte sich um die Kinder und schrieb nebenbei Artikel für Zeitschriften. Der Ménage-à-trois basierte auf einer seltsamen Mischung aus alten und neuen Geschlechterrollen, aber sie lief wohl ganz gut. Die beiden Frauen blieben nach Marstons frühem Tod 1947 im gemeinsamen Haus wohnen – jahrzehntelang.

Ich erzähle diese Details, um eine einfache Nachricht zu überbringen. Zwar wirkt es im Hollywood-Film von 2017 so, als sei der Abstand zwischen Kunstfigur und Publikum riesig, aber Wonder Woman war wirklichen, aus Fleisch und Blut und Kopf und Herz bestehenden Frauen nachempfunden und ihnen auch zugedacht. Neckisch sagte Marston einmal zu Olive Byrne: »Hello, hello, my Wonder Woman!« Olive und

Elizabeth liehen der Comicfigur nicht nur äußere Merkmale, sondern steckten auch hinter deren inhaltlicher Agenda. Darüber hinaus fanden die Artikel, die Margaret Sanger in ihrer Zeitschrift *Woman Rebel* im frühen 20. Jahrhundert veröffentlichte, zum Teil fast wörtlich Eingang in die Comic-Sprechblasen.

Die Verbindung zur Realgeschichte hat Wonder Woman mit Superman gemeinsam. Auch er ist Träger einer konkreten politischen Botschaft. Seine jüdischen Erfinder schickten ihn 1940, also schon vor Kriegseintritt der USA, in den Kampf gegen Hitler. »Anders als Superman«, so betonte William Marston, sollte Wonder Woman aber verwundbar bleiben. Sie war nicht nur als schöne Fremde aus der Scheinwelt, sondern als Ab- und Vorbild einer »starken, freien, mutigen Weiblichkeit« gedacht. Um der Alltagstauglichkeit willen wurden in die frühen *Wonder Woman*-Hefte regelmäßig Geschichten über reale Heldinnen eingefügt, zum Beispiel über Susan Anthony, die Initiatorin der ersten Erklärung der Frauenrechte in den USA 1848. Marston schrieb: »Nicht mal Mädchen wollen noch Mädchen sein, wenn es unserem Bild der Frau an Kraft, Stärke und Macht fehlt. [...] Die naheliegende Lösung besteht darin, einen weiblichen Charakter zu schaffen, der über Supermans ganze Stärke sowie über die Ausstrahlung einer guten und schönen Frau verfügt.«

Marstons Feminismus war ziemlich kurios. Er kämpfte gegen die Vorstellung, »dass die Frauen den Männern unterlegen seien«, und sah ihre Überlegenheit in ihrer Friedlichkeit und Fähigkeit zur Liebe. Frauen waren für ihn »love leaders«, und die Liebe war für ihn »ein Geben, kein Nehmen«.[95] Mit der Liebe als Bereitschaft zur Hingabe meinte er – jetzt wird es pikant – die Bereitschaft, Abhängigkeit zu bejahen. Dazu passte, dass Marston nicht nur von der Entfesselung der Frauen träumte, sondern auch von erotischen Fesselspielen besessen war. Mit seiner Pin-up-ähnlichen Heldin lebte er diese Fantasien ziemlich freizügig aus. Einerseits stand die Fesselung für einen Zwang, von dem Frauen (und Männer) sich befreien sollten, andererseits für eine Hingabe, die Frauen (und Männer) genießen konnten. Nach Marston sollten Männer Frauen nicht unterwerfen, sondern die Unterwerfung von ihnen lernen.[96]

Nach Marstons Tod 1947 begann der Niedergang seiner Superheldin. In den Comics wurde sie immer angepasster. Sie verdingte sich als Babysitterin oder als knapp gekleidetes Model – und verfolgte ein Ziel, das Wonder Woman in ihren frühen Jahren weit von sich gewiesen hatte: die Heirat. In den 1970er-Jahren stritten die Feministinnen Gloria Steinem und Betty Friedan darum, ob sie Wonder Woman für ihre Bewegung zurückgewinnen oder als sexistische Männerfantasie begraben sollten. Eben zu jener Zeit wurde sie in einer Fernsehserie von einer Schönheitskönigin gespielt. Dann wurde es ruhig um sie, bis Hollywood beschloss, nicht nur mit Superhelden, sondern auch mit Superheldinnen Kasse zu machen. Der Marvel-Film *Wonder Woman* mit Gal Gadot feierte 2017 einen Megaerfolg.

Dieser Film kommt der Weltanschauung William Marstons ziemlich nahe. Wonder Woman sagt: »Früher wollte ich die Welt retten, dem Krieg ein Ende setzen und der Menschheit Frieden bringen. […] Nun weiß ich, dass nur die Liebe die Welt wirklich retten kann.« Solange der Sieg der Liebe noch aussteht, muss Wonder Woman allerdings tüchtig kämpfen. In dem Film, der überwiegend in der Zeit des Ersten Weltkriegs spielt, schlägt sie sich unter anderem mit General Ludendorff herum, der das alte, kriegerische Heldenbild repräsentiert: »Der Krieg gibt den Menschen eine Aufgabe. Einen Sinn. Eine Chance, ihr läppisches, sterbliches, kleines Selbst hinter sich zu lassen.« Wonder Woman meint in Ludendorff ihren ewigen Feind, den Kriegsgott, zu erkennen und durchbohrt ihn mit ihrem Schwert, um dann enttäuscht festzustellen, dass die Menschen auf eigene Faust weiter Krieg führen. Sie schlägt sich also, wie Victor Hugo in *Die Elenden* und David Bowie in *American Gigolo*, mit alten, militaristischen Heldenbildern herum. Zugleich agiert diese Superheldin demokratisch, denn sie erkennt, dass sie die Welt nicht als einsame Erlöserin von allen Übeln befreien kann, sondern die Selbstheilungskräfte der Menschen befördern muss. Sie nimmt ihnen nicht die Arbeit ab, sondern lockt sie aus der Reserve.

Wonder Woman ist Mitglied in einem Superheldenclub, der eigentlich wegen Überfüllung geschlossen werden müsste. Und doch ist sie nicht nur Fabrikat der Kulturindustrie, sondern Repräsentantin politischer Kämpfe und auf ihre überdrehte, manchmal platte Weise Gefährtin realer Heldinnen. Das gilt analog für Black Panther.

Zum Beispiel ein Superheld: Black Panther

Geboren wird Black Panther im Jahre 1966. 25 Jahre dauert es also, bis nach der ersten weiblichen Superheldin ein schwarzer Superheld das Licht der Öffentlichkeit erblickt. Black Panther heißt eigentlich T'Challa und ist König von Wakanda, einem Land irgendwo in Afrika, das nach einem Meteoriteneinschlag exklusiven Zugriff auf das Metall Vibranium hat und dank dessen einzigartiger Eigenschaften zur Hightech-Nation aufgestiegen ist. Black Panther bezieht seine Kraft aus dem Vibranium, aber auch aus einem Wunderkraut mit herzförmigen Blättern. Er kämpft gegen den Ku-Klux-Klan in den USA sowie gegen die Apartheid in Südafrika und setzt sich erfolgreich gegen zahlreiche Gegner durch, die es auf die Wundermittel von Wakanda abgesehen haben.

Die geistigen Väter von Black Panther, dessen Erfolgsgeschichte mit dem gleichnamigen Kinofilm 2018 ihren vorerst letzten Höhepunkt erreicht hat, waren Stan Lee, der Begründer des Marvel-Imperiums, und sein langjähriger Kompagnon Jack Kirby. Lee hatte sich vorgenommen, bei der Charakterisierung dieses schwarzen Superhelden »Stereotypen« zu vermeiden,[97] weshalb er ihn unter anderem zum Physikstudium nach Oxford schickte. Zugleich legte Lee Wert auf die Feststellung, dass der Name seines Helden nichts mit der gleichfalls 1966 gegründeten Black Panther Party zu tun hatte.

Die Veränderung der Black-Panther-Figur erfolgte im Vergleich zu Wonder Woman genau in umgekehrter Richtung. Während Wonder Woman einen feministischen Hintergrund hatte und ihr die politische Botschaft im Lauf der Jahre ausgetrieben wurde, war Black Panther am Anfang ziemlich unpolitisch und wurde erst im Lauf der Zeit zu einer Symbolfigur der schwarzen Bürgerrechtsbewegung.

Ryan Cooglers *Black-Panther*-Film ist in einer Titelgeschichte der Zeitschrift *Time* als »Meilenstein« schwarzer Emanzipation gefeiert worden: Endlich würden – so hieß es – »schwarze« und »braune« Kinder beim Kinobesuch einem Superhelden begegnen, in dem sie sich wiedererkennen könnten.[98] Im Film selbst wird das Königreich Wakanda als Bollwerk schwarzen Selbstbewusstseins geschildert. Der Streit zwischen König T'Challa und seinem Herausforderer Killmonger ist im Wesentlichen ein Streit um verschiedene politische Strategien: Zur Auswahl stehen der revolutionäre Aufstand und der Einsatz sanfter Macht. Killmonger beklagt, dass es den Unterdrückten bei früheren Revolutionen immer an »Ressourcen« gefehlt habe, möchte die »zwei Milliarden

Menschen überall auf der Welt, die aussehen wie wir«, mit den Wunderwaffen von Wakanda ausstatten und strebt die Herrschaft über ein Reich an, in dem die Sonne (wie einst im British Empire) »nie untergeht«. Killmonger sagt:

> Ich weiß, wie Kolonialherren denken. Also werde ich deren Strategie gegen sie selbst richten. […] Die unterdrückten Völker überall auf der Welt […] können sich endlich erheben und all diejenigen töten, die an der Macht sind. […] Wir sind Krieger. Die Welt beginnt neu, und dieses Mal sind wir an der Spitze.

T'Challa feiert am Ende einen knappen Sieg über Killmonger und wirft ihm vor, mit seinen Rachegelüsten genauso böse »zu werden wie diejenigen, die er hasst«. T'Challas moderates Programm richtet sich nicht nur gegen seinen Widersacher im Film, sondern implizit auch gegen Donald Trump: »In Krisenzeiten baut der Weise Brücken, während der Irre Mauern baut. Wir müssen einen Weg finden, füreinander einzustehen, als wären wir ein einziger Stamm.« Diese Worte der Versöhnung richtet T'Challa am Ende des Films an die Vertreter der Weltmächte, die in der Vollversammlung der Vereinten Nationen zusammengekommen sind. Ernst genommen wird er von ihnen nicht.

Weniger versöhnlich als im Film tritt der schwarze Superheld in den Comics auf – jedenfalls seit 2016. Seit diesem Jahr ist Ta-Nehisi Coates, einer der wichtigsten schwarzen Intellektuellen der USA, Hauptautor der *Black-Panther*-Reihe. Das ist ungefähr so, als hätte Jean-Paul Sartre irgendwann in den 1960er-Jahren die Autorschaft der *Asterix*-Hefte übernommen. In Coates' autobiografischen und politischen Büchern findet sich zwar auch – als hätte er Wonder Woman im Sinn – ein Plädoyer für die »Liebe« als eine Art von »Heldentat«, doch es überwiegen Bitterkeit und Wut auf ein Land, das mit den »Werten der Aufklärung« protzt, aber Unterdrückung und Ausschließung praktiziert.[99] In den Comics zieht Black Panther in den Kampf – und zwar nicht nur zur Verteidigung von Wakanda, sondern zum Beispiel auch gegen die Gentrifizierung im New Yorker Stadtteil Harlem. So wird der Superheld an den Alltag der Leserschaft herangerückt.

Coates' *Black-Panther*-Comics sind ein Übungsgelände für Heldentaten und eine Ausstellung unterschiedlicher Heldenbilder. Man trifft auf den Aktivisten, der sich opfert, aber auch, ähnlich wie im *Black-Panther*-Film, auf den Rebellen und Rächer, der genauso rücksichtslos handelt wie seine Feinde. T'Challa will ein guter König sein, doch er hat Mühe, seine Rolle zu finden. Er solle, so belehrt ihn seine Mutter, nicht nur die »Tradition« pflegen, sondern dem Volk »Inspiration« geben, doch weiß er nicht recht, wie er dies anstellen soll. Auch beim Ausflug nach Harlem wirkt T'Challa übermächtig und unsicher zugleich. Als er sich als vornehmer Landesherr aus den Kämpfen vor Ort heraushalten will, wirft ihm die alte Aktivistin Marla vor: »Du weißt nicht, wer du bist.« So erweist sich Black Panther als Verwandter der demokratischen Helden, die erst werden, was sie sind: »Wir müssen über unsere Grenzen hinausgehen. Wir müssen uns verwandeln und größer werden, als wir sind.«[100]

In den Comics wird die Fixierung auf die reine Macht kritisiert und das Zusammenspiel zwischen dem Helden und den anderen in den Mittelpunkt gerückt. Ständig ist von der Bildung eines »Wir« die Rede. Dieses »Wir« bildet sich nicht nur zwischen Black Panther und den anderen Figuren, sondern auch zwischen ihm und dem Publikum. Für diesen Superhelden gilt: Er ist einer *von* uns – und einer *für* uns.

Das Opfer als Held? Lieber nicht!

Diejenigen, die »Pfeile der Sehnsucht« abschießen und »noch Chaos in sich haben, um einen tanzenden Stern [zu] gebären«, lassen sich von Superhelden anstacheln. Dagegen sehen die »Zögernden und Saumseligen« in Superhelden übermenschliche Fremdlinge, die all das tun, wofür sie selbst sich zu schwach fühlen oder zu schwach sind.[101] Oft ist die Schwäche einfach Ausdruck der miserablen Lage, in der sich Menschen befinden. »Wild ist und verzagt und kalt von / Sorgen das Leben der Armen immer«, heißt es bei Hölderlin.[102] Die kleinste Bewegung fällt denjenigen schwer, die Not leiden und Opfer von Unterdrückung sind.

Damit ist das Wort gelassen ausgesprochen, das mich in diesem Abschnitt beschäftigen wird: das Wort vom »Opfer«. Das Opfer ist ein Gegenbegriff zum Helden. Der Held ist aktiv, das Opfer passiv. Der Held gestaltet, das Opfer leidet. Der Held wird erhöht, das Opfer erniedrigt.

Im Alltag stehen Menschen meist zwischen diesen Extremen. Üblicherweise sind sie weder ganz den Umständen ausgeliefert, noch schwelgen sie im Vollgefühl ihrer Kräfte. Sie bewegen sich in einer Zone zwischen Schwäche und Schwung. Das heißt auch, dass ihre jeweilige Nähe zum Opfer- und Heldentum variieren kann. Sie werden in die eine oder andere Richtung geschoben. Sie machen sich die eine oder andere Rolle mehr oder minder zu eigen. Damit entsteht Verhandlungs- und Handlungsspielraum.

Gegenüber Opfern gibt es eigentlich nur eine richtige Haltung: Sie sind zu bemitleiden, ihnen soll man zu Hilfe eilen. Doch wenn es bei den Interpretationen der Opferrolle zu Anmaßungen und Scheinheiligkeiten kommt, ist Kritik nicht nur erlaubt, sondern geboten. Sie vergeht sich nicht an wahren Opfern, sondern steht ihnen zur Seite.

Zwei Thesen werde ich vertreten: Zurzeit wird die Opferrolle derart überdehnt, dass das Heldentum an den Rand gedrängt wird. Und: Diese Entwicklung gipfelt darin, dass Opfer in paradoxer Weise als Pseudohelden dargestellt werden.

Bevor ich diese Thesen zur Popularisierung und Heroisierung der Opferrolle ausführe, muss ich ein Missverständnis aus dem Weg räumen, zu dem die deutsche Sprache Anlass gibt. Sie nutzt das Wort »Opfer« nämlich für zwei verschiedene Phänomene: sowohl dafür, dass jemand ein Opfer bringt, wie auch dafür, dass jemand einer Untat zum Opfer fällt. Andere Sprachen haben hierfür zwei Wörter parat, das Englische zum Beispiel *sacrifice* und *victim*. Im Deutschen muss man sich vor Verwirrungen in Acht nehmen. So heißt es, dass Kriegshelden sich opfern *(sacrifice)*, aber auch Opfer verursachen *(victims)*. Umgekehrt sind demokratische Helden bereit, Opfer *(sacrifice)* zu bringen, um Opfern *(victims)* zu Hilfe zu eilen. Um Irritationen vorzubeugen, sei gesagt, dass es nun um Opfer im Sinne von *victims* gehen soll oder, genauer gesagt, um diejenigen, die sich oder anderen eine Opferrolle zuschreiben.

Die Popularisierung der Opferrolle. Eigentlich kann der Wunsch der Leidenden nur sein, aus der Bedrückung herauszufinden. Schwer ist es, diesen Wunsch Wirklichkeit werden zu lassen. Oft ist er aber gar nicht so stark – und nur auf den ersten Blick wirkt dies befremdlich. Es hat nämlich etwas ungemein Entlastendes, im Opferstatus zu verharren und ihn für sich zu beanspruchen. Man ist dann für das eigene Schicksal nicht mehr zuständig.

Diese Entlastung ist besonders wirkungsvoll, wenn die Erfahrung, Opfer zu sein, über eine einzelne Ohnmachtserfahrung hinaus ausgedehnt oder in allen möglichen Lebensbereichen ausgeleiert wird. Der Erfolg der Formel vom »Opfer der Verhältnisse« erklärt sich daraus, dass sie Betroffenen die Möglichkeit eröffnet, die Verantwortung für die eigene Lage komplett auf äußere Umstände abzuwälzen. Damit kommt die Handlungsfähigkeit zum Erliegen, welche den Menschen im Allgemeinen und den Helden im Besonderen gut ansteht. Die Atmosphäre, in der Helden gedeihen können, wird vergiftet.

Diejenigen, die tatsächlich Opfer sind, kommen im Glücksfall in den Genuss von Zuspruch und Zuwendung. Diejenigen, die sich die Opferrolle eigens zuschreiben oder unter Vorspiegelung falschen Leids erschleichen, hoffen gleichfalls, Anteilnahme und Aufmerksamkeit zu erhaschen. Im Extrem steigern sie sich in eine Leidensfantasie hinein. Solche pathologischen Einzelfälle sind symptomatisch für die Attraktivität, die der Opferrolle in der Gesellschaft weithin zukommt. Deren Geschichten in Zweifel zu ziehen ist gar nicht so einfach, denn vor harten Urteilen darüber, was in den Abgründen einer fremden Seele vor sich geht, schreckt man zurück. Und doch ist es höchste Zeit, die heilige Kuh der Authentizität zu schlachten.

Ein klassisches Beispiel für ein Möchtegernopfer ist Binjamin Wilkomirski, dem es 1995 gelang, in einem angesehenen Verlag Erinnerungen an seine Kindheit im Konzentrationslager zu veröffentlichen, die sich drei Jahre später als frei erfunden entpuppten. (Der Autor war in Wahrheit in der Schweiz aufgewachsen und hieß Bruno Dössekker.) Wie eine Fortsetzung dieser Geschichte wirkt ein neuerer Fall, der ein tragisches Ende nahm: Marie Sophie Hingst hatte seit 2017 in einem preisgekrönten Blog über ihre angeblich im KZ umgekommenen Vorfahren berichtet. Nachdem ein Journalist herausgefunden hatte, dass ihre Familiengeschichte frei erfunden war, nahm sie sich im Juli 2019 das Leben.

In den genannten Fällen war die Selbstinszenierung der

Opfer jahrelang erfolgreich. Nur ein paar Stunden währte dagegen die Welle der Solidarisierung, die dem Schauspieler Jussie Smollett entgegenschlug, als er im Januar 2019 behauptete, Opfer eines Anschlags geworden zu sein. Schnell kippte die Stimmung, als sich herausstellte, dass er zwei Leute dafür bezahlt hatte, ihn zu verprügeln. Dahinter steckte wohl die doppelte Absicht Smolletts, gegen Rassismus zu protestieren und der eigenen Karriere einen Schub zu geben. In diesem und ähnlichen Fällen werden Möchtegernopfer selber zu Tätern: Sie führen den wahren Opfern Schaden zu, indem sie deren Glaubwürdigkeit untergraben.

Die Opferrolle, die in den genannten Fällen zeitweise breite Anteilnahme fand, spiegelt sich in der von vielen Menschen kultivierten Neigung, die eigene Situation so zu beschreiben, dass sie als Ergebnis fremder Vorgaben und äußerer Verhältnisse erscheint. »Ich kann sowieso nichts machen«, lautet das fatalistische Credo. Verstärkt wird diese Bereitschaft zur Selbstentmachtung durch psychologische Deutungsangebote.

Ein kleines Beispiel aus Kalifornien mag genügen. Nach dem Wahlsieg Donald Trumps 2016 führte ein Team von Psychologen aus San Francisco eine Umfrage unter Studierenden durch, um herauszufinden, wie sie diesen Wahlsieg verkraftet hatten, und kam zu dem Ergebnis, dass ein Viertel von ihnen an einer posttraumatischen Belastungsstörung leide.[103] Die Reaktion auf einen politischen Vorgang wurde also psychologisiert und pathologisiert. Das Forschungsdesign der Studie war von vornherein so angelegt, in den Befragten nur passive Wesen oder eben Opfer zu sehen. Gemäß der gestellten Diagnose blieb den Studierenden dann, irgendwelche Therapieangebote wahrzunehmen oder sich Psychopharmaka verschreiben zu lassen. Man hätte von ihnen natürlich auch verlangen können, dass sie die Enttäuschung wegstecken und sich als politische Subjekte behaupten. Nach dem posttraumatischen Paradigma dürfte man solche Erwartungen aber gar nicht an sie richten, denn damit würde man die Leidenden unzulässig unter Druck setzen.

Dass so viele Menschen der Opferrolle zugetan sind, hat vielleicht auch mit ihrer Aversion gegen die Appelle nassforscher Macher zu tun. So versuchen zum Beispiel Verfechter des Selbstmanagements und der Selbstoptimierung den Menschen einzureden, dass sie Zwänge und Widernisse durch schiere Willenskraft aus dem Weg räumen können. Hier ist ein abschreckendes Beispiel:

> Die Opferrolle [ist] eine der mit Abstand beliebtesten Rollen auf der großen Bühne des Arbeitslebens. [...] Die Debatte um Täter und Opfer gibt es nicht nur in der Politik. [...] Das Kuriose dabei: Täter will niemand sein, Opfer hingegen schon. In die Opferrolle schlüpfen, das gefällt uns nur allzu oft allzu gut, im Beruf und darüber hinaus. Weil die Opferrolle so kuschelig ist, so behaglich. Weil es sich in ihr dauerhaft so schön einrichten und bequem machen lässt. [...] Wenn Sie die Opferrolle ablegen, haben Sie die Dinge endlich wieder selbst in der Hand. [...] Jeder Mensch ist eine Führungskraft: mindestens für sein eigenes Leben.[104]

Angesichts solch plumper Deutungsangebote ist man fast versucht, wirklich alle viere von sich zu strecken und auf dem Opferstatus zu beharren. Dieser Versuchung sollte man aber nicht nachgeben. Was an der aktuellen Popularisierung der Opferrolle problematisch ist, erläutert die amerikanisch-deutsche Philosophin Susan Neiman auf überzeugende Weise:

> Statt mit unseren Mitmenschen zu wetteifern, wer der größere Held sein könnte, wetteifern wir darum, das größte

Opfer zu sein. [...] Am Anfang des Wunsches, den Opfern eine Stimme zu verleihen, stand das Verlangen nach Gerechtigkeit. [...] Aber irgendetwas ist schiefgelaufen, als wir den Platz des Opfers neu bewerten wollten, und was als Großherzigkeit begann, ist regelrecht pervertiert worden. [...] Auch nur die Andeutung, gelitten zu haben, verschafft einem neuerdings eine Aura, der nur wenige widerstehen können. [...] Ich schlage vor, wir zügeln unsere Anhänglichkeit an die Opfer und kehren zu einem älteren Modell zurück, in dem Legitimationsansprüche sich darauf richten, was wir für die Welt getan haben, und nicht darauf, was die Welt uns angetan hat. Damit würden die Opfer nicht wieder auf den Misthaufen der Geschichte geworfen, wohl aber dürfte der Held wieder die Bühne betreten. [...] Auf diese Weise wäre es möglich, die Sorge um die Opfer als Tugend zu betrachten – ohne zu glauben, ein Opfer zu *sein* wäre bereits eine Tugend.[105]

Die Popularisierung der Opferrolle macht den Helden das Leben schwer. Sie gräbt ihnen das Wasser ab, das die Mühlen der Tatkraft antreibt. Es kommt aber noch schlimmer. Das Wasser wird überdies noch umgelenkt auf die Mühlen derjenigen, die als Opfer auftreten und nun selbst als Quasihelden angesehen werden. Nach Neimans kritischer Analyse erscheint das Opfersein dann selbst als »Tugend« und erhält eine eigene »Aura«.

Die Heroisierung der Opferrolle werde ich gleich anhand der MeToo-Bewegung kritisch diskutieren. Zunächst möchte ich aber eine Lagebeschreibung liefern, mit der sich dieses Beispiel einrahmen lässt. Hierzu muss ich zunächst vor einer Verwechslung und Verwirrung warnen. Es ist nämlich strikt zu unterscheiden zwischen Figuren, die allein aufgrund ihrer Opferrolle heroisiert werden, und Figuren, die Leidenserfahrungen gemacht haben und dabei zu wahren Helden gereift sind. Nelson Mandela verbrachte fast 28 Jahre in südafrikanischen Gefängnissen, Malala Yousafzai war wegen ihres Einsatzes für die Schulbildung von Mädchen in Pakistan dem Terror der Taliban ausgesetzt und überlebte 2012 wie durch ein Wunder einen Mordanschlag. Diese Erfahrungen haben beide geprägt, doch als heldenhaft gilt nicht ihr Leiden, sondern die Taten, die sie ihm abgerungen oder mit denen sie ihm getrotzt haben. Dafür wurden sie mit dem Friedensnobelpreis geehrt.

An der breiten Bewunderung für Nelson Mandela, Malala Yousafzai und andere wird deutlich, dass die Bereitschaft, Helden herauszuheben, nicht zum Erliegen gekommen ist. Neben sie treten nun aber Identifikationsfiguren, die gerade nicht als Handelnde, sondern als Leidtragende gekennzeichnet sind. Auch ihnen wird, als seien sie Helden, eine »Aura« zugeschrieben.

Diese Analogie wird so weit getrieben, dass die Schlüsselqualifikationen der Helden mit leichten Abwandlungen auf die Opfer übertragen werden. Wie Helden, so sind auch Opfer einer *Gefahr* ausgesetzt – freilich einer Gefahr, der sie sich nicht eigens stellen, sondern in die sie gegen ihren Willen hineingeraten sind. Wie Helden, so werden Opfer zu Statthaltern einer *großen Sache*, denn in ihrer schieren Existenz liegt eine Anklage gegen das Leiden. Wie Helden, so wird auch Opfern eine *Sonderstellung* zugeschrieben, denn was sie erleben, sprengt den Alltag. Zu dieser Sonderstellung passt ein abgewandelter Bibelspruch: nicht »Wer sich selbst erniedrigt, soll erhöht werden«, sondern »Wer erniedrigt wird, soll erhöht werden«.

Die geschilderte Analogie zwischen Helden und Opfern ist schief. Erläutern lässt sich der Unterschied zwischen ihnen anhand der besonderen moralischen Qualitäten, die ihnen jeweils zukommen. Wenn Opfer Schlimmes durchmachen, senden sie gewissermaßen einen stummen Hilferuf aus. Kraft ihres Leidens sind sie Träger eines unbedingten Appells, der sich an andere richtet. In einer Zeit, die vom Unbehagen am Vorläufigen und Verhandelbaren geprägt ist, fungiert dieser Appell als archimedischer Punkt der Orientierung. Während sich die moralische Qualität von Opfern aus ihrer reinen Betroffenheit und ohne eigenes Zutun ergibt, wagen Helden, sich zu exponieren: Ihre moralische Qualität steht und fällt mit bewundernswerten, aber vielleicht auch angreifbaren Handlungen.

Nun zeichnet sich ab, warum die Heroisierung der Opfer in die Irre geht. Sie verfügen, wenn es sich nicht um Möchtegernopfer handelt, in der Tat über eine moralische Qualität, aber diese selbst führt zu nichts. Ihr Schicksal stagniert, wenn der Appell, der von ihnen ausgeht, ungehört bleibt. Auf ihn müssen Handlungen antworten – erst sie sind es, die unter verschärften Bedingungen eine heldenhafte Form annehmen.

Denkbar ist, dass Menschen sich bemühen, selbst aus dem Opferstatus herauszutreten, und den Kampf gegen ihre Lage in die eigene Hand nehmen. Die passende Pointe dazu stammt von dem Schriftsteller und Regisseur Herbert Achternbusch, der in dem Film *Servus Bayern* von 1977 sagte: »Diese Gegend hat mich kaputt gemacht, und ich bleibe so lange, bis man ihr das anmerkt.« Opfer verwandeln sich in Helden, wenn sie eine Identität jenseits ihrer Leidensgeschichte entwickeln. Ein gelungenes Beispiel dafür sind die politisch-künstlerischen Aktionen der Fotografin Nan Goldin gegen die Pharmafirma Purdue und deren Eigentümer, die Sackler-Familie, in den Jahren 2018/19. Goldin war nach einer Operation tablettenabhängig geworden; sie hatte über Jahre das berüchtigte Opiat Oxycontin in immer höheren Dosierungen eingenommen und sich dann in einer Klinik einer Entzugsbehandlung unterzogen. Beim Schritt an die Öffentlichkeit, mit aufsehenerregenden Aktionen im New Yorker Guggenheim-Museum und anderswo, kam Goldin nicht umhin, über die eigene Schwäche und Drogenabhängigkeit zu sprechen, die sie jahrelang schamhaft verschwiegen hatte. Doch ihr gelang der Schritt vom Leiden zur Ermächtigung. (Das englische Wort *empowerment* klingt weniger bedrohlich als sein deutsches Pendant.)

Beim Übergang vom Leiden zum Handeln geraten die Menschen in einen Zwiespalt. Einerseits können sie, wenn sie nur am Opferstatus festhalten, für sich eine unbedingte moralische Qualität beanspruchen. Andererseits kann ihnen daran liegen, mehr zu tun als *nur* zu leiden. Dann bewegen sie sich in einen Bereich hinein, in dem sie sich für die von ihnen lancierten Angriffe rechtfertigen und verantworten müssen. Sie verlieren die glasklare moralische Position des Opfers. Auf der einen Seite stehen also Schwäche und Verletzlichkeit, auf der anderen Seite Stärke und Angriffslust.

Beim Umgang mit diesem Zwiespalt kann vieles gelingen – und vieles schiefgehen. Dies zeigt sich an dem aktuellen Beispiel, auf das ich, wie angekündigt, kurz eingehen will: die MeToo-Bewegung. Richtiges und Falsches, Befreiendes und Beklemmendes liegen hier, wie man mit Heinrich von Kleist sagen kann, »geknetet, innig, wie ein Teig zusammen«.[106]

»Be a Hero« stand auf dem T-Shirt, das Ana Maria Archila trug, als sie die Senatsanhörung von Jeff Kavanaugh vor dessen Wahl zum Richter im amerikanischen Supreme Court mit ihrem Protest störte. In einer berühmten Szene stellte sie den Senator Jeff Flake im Fahrstuhl zur Rede und brachte ihn dazu, seine Zustimmung zur Wahl Kavanaughs vorläufig – freilich nur vorläufig – zurückzunehmen. Ihr »konfrontativer Aktivismus« wurde kurioserweise sogar in einem großen

Artikel der Modezeitschrift *Vogue* gewürdigt.[107] Archila ging es darum, das System männlicher Macht anzugreifen und das Vertuschen von Untaten bloßzustellen. Dafür nahm sie Härten wie die Festnahme durch die Polizei in Kauf.

Manches, was im Rahmen der MeToo-Bewegung geschehen ist, wirkt nicht in gleicher Weise ermutigend wie Archilas Aktion, sondern ist fragwürdig. Ich muss zugeben, dass ich mich als Mann schwer damit tue, diese Kritik vorzubringen. Ich möchte mich hier damit begnügen, einen Punkt aufzugreifen, der von einigen Feministinnen vorgebracht worden ist. Kritisiert wird von ihnen die »Trauma-Zentrierung«,[108] also die Festlegung von Frauen auf eine Opferposition. So warnt etwa Svenja Flaßpöhler davor, diese Opferposition, die klarerweise bei Fällen von Nötigung und Vergewaltigung gegeben sei, auf berufliche und private Situationen auszuweiten, in denen Frauen durchaus über »Handlungsmöglichkeiten« verfügten. Die Wahrnehmung solcher Spielräume werde blockiert, wenn Frauen von vornherein als »hilflos« und »passiv« dargestellt werden. Der paradoxe Imperativ der MeToo-Bewegung lautet nach Flaßpöhler: »Halte still und beklage dich hinterher.«[109]

Wenn der Opferstatus wacklig ist, dann lässt sich daraus kein Freibrief für das Zurückschlagen, keine direkte, unfehlbare Rechtfertigung des Handelns ableiten. Problematisch ist deshalb auch die Überlagerung von Rollen, bei der Opfer zugleich als Ankläger und sogar als Richter im Ersatzgerichtshof der Öffentlichkeit auftreten. In anderem Zusammenhang würde man dies als Ämterhäufung bezeichnen.

Ein Beispiel dafür ist die spektakuläre – für viele heldenhafte – Aktion, die Emma Sulkowicz 2014 unter dem Titel »Carry That Weight« auf dem Campus der Columbia University in New York durchführte. Monatelang trug sie dort eine Matratze wie ein schweres Kreuz mit sich herum. Sie erhob den Vorwurf, von ihrem Exfreund, einem Kommilitonen, vergewaltigt worden zu sein. Wie auch immer es um die Berechtigung oder Selbstgerechtigkeit ihres Vorwurfs steht (an dem ich nach der Lektüre zahlreicher ausführlicher Berichte vorsichtig Zweifel anmelde)[110], die Aktion führte jedenfalls zur öffentlichen Verurteilung dieses einen Studenten.

Viele Opfer, die in unseren Tagen zu prominenten Identifikationsfiguren werden, beschränken sich darauf, die eigene Passivität kundzutun, also ihr Leiden öffentlich zu machen und dessen Verursacher anzuklagen. Wie berechtigt ihre Klagen auch immer sein mögen, sie verharren in einer negativen Logik. Bestätigt wird, wie schlimm alles ist. Am Beginn steht eine bedrückende Tatsache, nicht ein hochfliegendes Ziel. Selbst also, wenn solche Opferinitiativen überhaupt nur lautere Ziele verfolgen würden, wäre ihre Prominenz in der aktuellen Debatte ein schlechtes Zeichen. In der Demokratie genügt es nicht, nur Fehlverhalten zu unterbinden. Der Demokratie tut es auch nicht gut, wenn die Melodie, nach der sie tanzt, in Moll ist und bleibt.

Erfolg – so oder so

Die Geschichte der Moderne – auch der Demokratie – ist von Beginn an und bis heute eine Erfolgs- und eine Leidensgeschichte zugleich. Die Emanzipation ist nicht flächendeckend, die gleichen Rechte für alle stehen oft nur auf dem Papier. Die berühmt-berüchtigten Verhältnisse kann man ändern – aber wer ist »man«? Menschen können versuchen, aus dem Loch, in dem sie stecken, herauszukommen – aber wer sind sie?

Geschichten, die nicht nur ein Licht am Ende des Tunnels sichtbar machen, sondern bis zum Ende des Tunnels vordrin-

gen, wirken wie kleine Wunder – wie zum Beispiel die Geschichte von Yiğit Muk, einem jungen Mann aus Berlin-Neu-
kölln. Als Kind konnte er kaum Deutsch, die Schule war ihm
ein Graus, die Lehrer hielten ihn für einen hoffnungslosen
Fall. Er gründete die Gang R 44, verschaffte sich – wie er
rückblickend sagt – durch Gewalt Respekt, schlug einen Widersacher halb tot und war auf dem besten Weg in eine üble
Zukunft. Es kam anders. Die Gründe dafür sind vielfältig
und schwer zu fassen. Ein Imam erklärte ihm, dass der Koran
den Gläubigen gebiete, niemandem Gewalt anzutun. Er
wollte seiner Mutter, die unter einem tyrannischen Ehemann litt, keine Schande machen. Er reagierte beim Sport
seine Aggressionen ab. Yiğit Muk holte die Mittlere Reife
nach, machte ein Einser-Abi und schrieb schließlich ein Buch,
in dem all das steht, was ich gerade erzählt habe. Nun sagt er:

> Der eine hat es schwerer, der andere hat es leichter. Aber in
> Deutschland sind die Türen nie zu. Jeder ist seines Glückes
> Schmied. [...] Jeder Mensch kann fallen. Jeder Mensch kann
> auch wieder aufsteigen. Dazu bedarf es einer gewissen Per-
> spektive. Und Menschen, die an einen glauben.[111]

Wenn ich diese Geschichte in Romanform lesen würde,
würde ich mir wohl die Haare raufen und denken: Das ist
eine volle Ladung Kitsch und Klischee. Wenn ich sie als Le-
bensgeschichte höre, ergeht es mir anders. Dann denke ich
nicht: Das ist zu schön, um wahr zu sein, sondern ich finde
Yiğit Muks Geschichte wirklich schön – und schön wirklich.

Seine Geschichte durchläuft drei Phasen. Er beschreibt,
wie ihm der Wind der Erniedrigung, der Ausgrenzung und
der Missachtung ins Gesicht bläst. Wieder tritt also jemand
auf, der ein »Opfer der Verhältnisse« zu sein scheint. Auf das,
was ihm widerfährt, reagiert er, indem er ein Täter der ab-

schreckenden Art wird. Dann kommt es zu einer Art von Bekehrung, und er verwandelt sich in einen Handelnden, dem die Sympathien zufliegen. Die Schülerinnen und Schüler, denen er in Neukölln aus seinem Buch vorliest, hängen an seinen Lippen.

Yiğit Muks Geschichte ist – wie er selbst sagt – eine Aufstiegsgeschichte, und solche Geschichten treten bekanntlich in zwei Varianten auf. Manche Aufsteiger erhalten sich die Erinnerung daran, woher sie kommen, und wahren ein Gefühl der Gemeinsamkeit mit »denen da unten«. Andere starten nach oben durch und werden zu Anpassern, die nach unten treten. Nach dem wenigen, was ich über Yiğit Muk in Erfahrung bringen konnte, habe ich Grund zu der Annahme, dass er zur ersten Gruppe gehört.

Nicht alle Aufsteiger sind so. Die Strategie der zweiten Gruppe hat William Shakespeare, kundig in allen Lebenslagen, unschlagbar gut beschrieben:

Die Demut ist der jungen Ehrsucht Leiter;
Wer sie hinanklimmt, kehrt den Blick ihr zu;
Doch hat er erst die höchste Spross' erreicht,
Dann kehret er der Leiter seinen Rücken,
Schaut himmelan, verschmäht die niedern Tritte,
Die ihn hinaufgebracht.[112]

Ausgangspunkt ist die Erfahrung, am unteren Ende der Leiter zu stehen, also von niederem Rang zu sein. (Shakespeares Wort für »Demut« ist *lowliness*.) Wer die Leiter emporklettert, ist getrieben vom Verlangen, die Erniedrigung hinter sich zu lassen. Demut übt er – oder spielt er –, um denen da oben zu gefallen und zu erreichen, dass sie ihn Schritt für Schritt hochkommen lassen. Getrieben ist er von »Ehrsucht« oder *ambition*, und wenn er am oberen Ende der sozialen Leiter angelangt ist, »verschmäht« er seine Herkunft und verachtet diejenigen, die sich in der Lage befinden, der er entronnen ist. Bei vielen Aufsteigern stößt man auf diesen psychologischen Mechanismus: Sie wollen mit ihrem früheren Selbst und den Leuten, die sie daran erinnern, nichts mehr zu tun haben. Solche Aufsteiger genießen genau den Höhenunterschied, unter dem sie zuvor gelitten haben. Sie wechseln die Seiten.

Die beiden Varianten des Aufstiegs, die ich gerade geschildert habe, sind in vier ziemlich brutalen Filmen durchgespielt worden, die im Englischen als *The Hunger Games* und im Deutschen als *Die Tribute von Panem* berühmt geworden sind. Zu Beginn dieser Filmserie – und der Romanvorlage von Suzanne Collins – sind die Menschen gefangen in der Logik, wonach jeder Aufstieg oder Sieg im Kampf gegen andere erstritten werden muss, die zurückbleiben oder zugrunde gehen. Der italienische Schriftsteller Franco Berardi sieht darin die »Metapher für die Welt, in der wir in absehbarer Zukunft leben und deren einzige Regeln der Wettbewerb, die Zähigkeit, Grausamkeit und Einsamkeit sein werden«. Diese Metapher sei »äußerst effektiv«, deshalb sei »die Reihe wohl auch so erfolgreich«.[113] Am Ende der Filmserie wendet sich das Blatt: Dann kommt es zur Zerstörung der von Konkurrenz getriebenen Welt und zum Sieg der Liebe. Ob das Publikum gemerkt hat, dass dieses Ende auch eine verkappte Hommage an die Demokratie ist? Wahrscheinlich nicht. Die Demokratie ist nicht so sexy wie Jennifer Lawrence und Josh Hutcherson.

Ein offenes Rennen

Demokratische Helden bleiben nicht unten stehen, steigen aber auch nicht nur deswegen auf, um sich oben auf Kosten anderer festzusetzen. Sie heben sich heraus im Kampf gegen

Erniedrigung, riskieren etwas – oder gar sich selbst – für Frieden, Freiheit und Gleichheit. Sie setzen sich für politische Ziele und Errungenschaften ein, auf die Verfolgte und Bedrängte aus allen Teilen der Welt ihre Sehnsucht richten.

Die Demokratie, für die Helden sich einsetzen, hat zwei Gesichter. Sie ist, wie es schon im Abschnitt »Unterwegs zum friedlichen Heldentum« heißt, eine unordentliche Ordnung. Das heißt: Sie hat eine Verfassung – und sie lebt als Bewegung. Genau das macht ihre Größe aus. Demokratie als Verfassung – damit ist jenseits des Wortlauts des Grundgesetzes die Tatsache gemeint, dass sie als staatliche Institution verfasst ist, die Entscheidungsprozesse und Zuständigkeiten regelt. Die Demokratie als Bewegung steht für eine Gesellschaft, die immer im Werden ist und Menschen zum Handeln, Teilnehmen, Loslegen, Quer- und Vorwärtstreiben einlädt.

Im Normalfall schlagen viele Menschen diese zwei Saiten der Demokratie an und genießen das kollektive Konzert, das dabei zustande kommt. Aber was ist heute schon normal? Wenn die Demokratie im Kampf steht oder in die Krise gerät, sind Sondereinsätze gefragt – und dann schlägt die Stunde der Helden. Entsprechend treten zwei Typen von demokratischen Helden auf: ordentliche und unordentliche Helden – Helden der Verfassung und der Bewegung.

Die *Helden der Verfassung* wenden nicht nur Regeln an, sondern stehen für die Demokratie ein – auch dann, wenn es wehtut. Menschen, die sich derart ins Zeug legen, ohne dass sie dazu gezwungen wären, tun der Demokratie als Institution gut. Sie beweisen Zivilcourage. Dies ist ein kostbarer Ausdruck, der gleichwohl mit spitzen Fingern anzufassen ist. Seltsamerweise fehlt ihm nämlich ein ebenbürtiges Pendant, welches etwa Militärcourage heißen müsste, und so wird der Eindruck erweckt, bei der Zivilcourage handle es sich um einen Sonderfall, eine Courage minderer Güte. Das Gegenteil ist der Fall: Den Vertretern der Zivilcourage gebührt nicht der Trost-, sondern der Hauptpreis, denn ihr Mut lässt keinen anderen Menschen verbluten.

Zu den Helden der Verfassung, die Courage beweisen, gehört zum Beispiel Silvia Kugelmann, Bürgermeisterin des bayerischen Kutzenhausen. Nachdem sie sich für Asylbewerber eingesetzt hatte, fand sie in der Post anonyme Drohungen wie »Verrecken sollst du lieber heute als morgen«, an ihrem Auto wurden die Reifen zerstochen, und es wurde mit Katzenkot beschmiert. Sie ließ nicht locker und sagte: »Man ist verletzt und gedemütigt. Aber ich habe gedacht: Wenn ich aufhöre, haben die gewonnen. [...] Ich habe mir gesagt: Ihr könnt mich nicht zerstören, weil ich stärker bin als euer Hass, eure Dummheit, eure Arroganz.«[114] 2008 hat Kugelmann ihr Amt angetreten, 2020 wird sie es – aus freien Stücken, wie sie betont – abgeben.

Auch die *Helden der Bewegung* begeben sich in Gefahrenzonen. Sie machen sich stark für Veränderung und glauben, dass die Demokratie nur durch Wandel Bestand hat. Kurioserweise folgen sie damit einem Ratschlag, den Angela Merkel einem Aktivisten gegeben hat: »Bilden Sie wirre Allianzen!«[115] Diese Helden testen Grenzen und verstoßen gegen Spielregeln. Sie üben eine elektrisierende Wirkung auf andere aus, weil sie zeigen, dass mehr machbar ist, als denkbar scheint. Es gibt doch Neues unter der Sonne. Sie fordern den Status quo heraus und sind darauf gefasst, sich Ärger einzuhandeln oder ins Visier der Justiz zu geraten. Über die Jahre hinweg finden sich viele, zu denen diese Beschreibung passt – zum Beispiel Rose Boland aus Dagenham, Ceyda Sungur aus Istanbul, Ieshia Evans aus New York oder Carola Rackete aus Hambühren. Wer eine dieser Frauen nicht kennt, sei eingeladen, sich über sie kundig zu machen.

Eine Heldin der Bewegung oder – nach der arg bemühten

Ausdrucksweise der Soziologin Cornelia Koppetsch – eine »affektiv aufgeladene Heroenfigur« ist Greta Thunberg.[116] Sie könnte am Beginn einer großen Bewegung stehen, die der Demokratie ins Haus steht. Was wäre, wenn Schülerinnen und Schüler sich nicht nur freitags versammelten, sondern einen Generalstreik ausriefen, um ihren klimapolitischen Forderungen Ausdruck zu verleihen? Wie würde der Staat reagieren, wenn die Zahl der Streikenden in die Höhe schnellte und der Streik auf die Lehrerschaft übergriffe? Würde die Verwaltung massenweise Schulverweise aussprechen und Disziplinarverfahren durchführen? Irgendwann könnte der Punkt erreicht sein, an dem die Bewegung eine unwiderstehliche Wucht entfaltet.

Helden der Verfassung und der Bewegung verteidigen, stärken, feiern die Demokratie. Ob sie einsame Rufer in der zivilisierten Wüste bleiben, weiß niemand im Vorhinein. Die grassierende Politikverdrossenheit taugt einstweilen als Nährboden für eine düstere Fantasie: Stell dir vor, es ist Demokratie und keiner geht hin. Diktatorische, autoritäre, populistische Regimes sind aus den Startlöchern emporgeschnellt. Die Bastionen der Demokratie bröckeln. Wer auf deren glänzende Zukunft setzen will, darf im Wettbüro auf hohe Quoten hoffen. Die Demokratie ist nicht der haushohe Favorit auf den Sieg im Kampf der Systeme. Bei Licht besehen war sie dies freilich nie. Diese Einsicht hat etwas Beruhigendes, denn damit verwandelt sich eine auf Niedergang programmierte Stimmung in hartnäckige Selbstbehauptung.

Die Lage ist, gelinde gesagt, durchwachsen, und zu ihr passt am Ende eine paradoxe Intervention – ein Gedankenexperiment also, in das man sich nur deshalb hineinversetzt, um sich ihm mit neu gewonnener Verve zu widersetzen.

Man stelle sich vor, die demokratische Welt sei dabei, auf die Größe Hongkongs zusammenzuschrumpfen. Kampagnen von außen und von innen torpedieren den sozialen und politischen Frieden, die Freiheit wird zum Privileg Auserwählter, in den Genuss der Gleichheit kommen nur Gleichgesinnte. Wenn die Menschen das Gefühl haben, dass die demokratische Welt sich in Hongkong verwandelt, dann geht – vielleicht! – ein Ruck durch sie. Dann spüren sie – vielleicht! –, wie viel für sie auf dem Spiel steht. Dann erkennen sie – vielleicht! –, dass die Freiheit, die sie auskosten, nicht gratis zu haben, sondern Frucht von Bemühungen im Kleinen und Kämpfen im Großen ist. Dann bekommt – vielleicht! – ihre Liebesgeschichte mit der Demokratie, die ihnen seltsam gleichgültig geworden ist, eine zweite Luft.

Es ist nicht sicher, aber auch nicht unwahrscheinlich, dass ein großes Erwachen der Demokraten dem Aufstieg der Populisten und Autokraten in die Quere kommt. Bei diesem Erwachen sind demokratische Helden die Frühaufsteher. Das Rennen ist offen.

Dank

Viele Freunde und Bekannte habe ich in letzter Zeit mit der Frage gepiesackt, was sie von Helden halten. Daraus ergaben sich oft lange Gespräche, bei denen ich viel gelernt habe. Eine große Runde, zu der Sabine Porn im August 2018 eingeladen hatte, ist mir in besonders lebendiger Erinnerung. Für mein hartnäckiges Fragen möchte ich mich bei all meinen Gesprächspartnern entschuldigen – und ihnen für ihre Lust am Mitgrübeln danken.

Daniela Hartmann und Petra Eggers haben mir aus Sackgassen, in die ich beim Schreiben immer wieder geriet, herausgeholfen. Jakob und Anna Rosa Thomä verdanke ich viele gute Einfälle.

Der Untertitel des Buches ist inspiriert von dem Untertitel eines Buches von Lisa Herzog: *Plädoyer für einen zeitgemäßen Liberalismus*. Ihr danke ich dafür, dass sie meine Anleihe freundlich gestattet hat.

Dieses Buch ist während eines Forschungsjahrs am Institute for Advanced Study 2018/19 entstanden. Didier Fassin und Axel Honneth danke ich für die Einladung nach Princeton und für die lebendigen Diskussionen, die sie dort angeregt und gelenkt haben.

Anmerkungen

Einleitung

1   Jean-Paul Marats Leichnam befand sich im Panthéon vom 21. September 1794 bis zum 26. Februar 1795.

2   Zu diesen Daten siehe die Übersicht des Southern Poverty Law Center, www.splcenter.org/20180604/whose-heritage-public-symbols-confederacy#findings (letzter Zugriff am 15. 12. 2018).

3   Karl Markus Michel, »Heldendämmerung. Die Schicksale der Grandiosität«, in: *Kursbuch*, 108 (1992), S. 63–86.

4   Auf Politik und Wirtschaft gehe ich gleich noch ein. Zur postheroischen Kunst siehe Gabi Ngcobo/Yvette Mutumba (Hg.), *We don't need another hero. 10th Berlin Biennale for Contemporary Art*, Berlin 2018; zur postheroischen Kriegsführung Edward N. Luttwak, »Toward Post-Heroic Warfare«, in: *Foreign Affairs*, 74/3 (1995), S. 109–122; zum Erziehungsziel der »postheroischen Persönlichkeit« Martin Dornes, »Die Modernisierung der Seele«, in: *Psyche*, 64 (2011), S. 995–1033.

5   Herfried Münkler, »Unser Recht auf Feigheit«, in: *Süddeutsche Zeitung*, 20. Januar 2015, S. 11; vgl. ders., »Heroische und postheroische Gesellschaften«, in: *Merkur*, 62/8 (2007), S. 742–752, hier S. 750.

6   Stefan George, *Werke. Ausgabe in vier Bänden*, Bd. 1, München 1983, S. 123: »Komm in den totgesagten park und schau«.

7   Ralph Waldo Emerson, »Essays: First Series«, in: ders., *Essays & Lectures*, New York 1983, S. 231–440, hier S. 380; ders., *Essays. Erste Reihe*, Zürich 1983, S. 204 (Übers. geändert).

8   Arjun Appadurai, »Demokratiemüdigkeit«, in: Heinrich Geiselberger (Hg.), *Die große Regression. Eine internationale Debatte über die geistige Situation der Zeit*, Berlin 2017, S. 17–35.

9   Alliance of Democracies, *Democracy Perception Index*, Juni 2018, www.allianceofdemocracies.org/wp-content/uploads/2018/

06/Democracy-Perception-Index-2018-1.pdf (letzter Zugriff am 3.7.2018).

10 Christiane Hoffmann, »Ich habe nicht den Eindruck, dass Deutschland den Ernst der Stunde begriffen hat« [Gespräch mit Timothy Garton Ash], in: *Der Spiegel*, 29 (2018), S. 29 ff., hier S. 29; Steven Levitsky/Daniel Ziblatt, *Wie Demokratien sterben. Und was wir dagegen tun können*, München 2018, S. 10; Paul Jandl, »Wir leben in einer ganz und gar gefährlichen Realgeschichte« [Gespräch mit Robert Menasse], in: *Neue Zürcher Zeitung*, 19. Dezember 2018, S. 37.

11 Ernst Bloch, *Das Prinzip Hoffnung*, Bd. 1, Frankfurt/M. 1973, S. 1.

12 Klaus Brinkbäumer, Julia Amalia Heyer und Britta Sandberg, »Wir brauchen politisches Heldentum« [Gespräch mit Emmanuel Macron], in: *Der Spiegel*, 42 (2017), S. 12–15, hier S. 13.

13 Maurice Merleau-Ponty, »Der Held, der Mensch«, in: ders., *Sinn und Nicht-Sinn*, München 2000, S. 249–255, hier S. 249.

14 Peter Burke, *Helden, Schurken und Narren. Europäische Volkskultur in der frühen Neuzeit*, Stuttgart 1981, S. 177 f.

15 Harvey C. Mansfield, *Manliness*, New Haven/London 2006. Jordan Peterson, »einer der einflussreichsten – und polarisierendsten – öffentlichen Intellektuellen der englischsprachigen Welt«, hat sich die These vom Helden-Mann in jüngerer Zeit zu eigen gemacht; Kelefa Sanneh, »Jordan Peterson's Gospel of Masculinity«, in: *New Yorker*, 5. März 2018, www.newyorker. com/magazine/2018/03/05/jordan-petersons-gospel-of-masculinity (letzter Zugriff am 15.1.2019). Eine scharfe Kritik am »lächerlichen Heroismus« der männlichen Politiker von heute bietet Roman Bucheli, »Was zum Teufel ist bloss mit den Männern los?«, in: *Neue Zürcher Zeitung*, 19. Dezember 2018, S. 12.

16 Nach Ansicht eines Autors, der derzeit persönlicher Referent des AfD-Politikers Alexander Gauland ist, handelt es sich bei den Gegnern von Helden um »Sitzpinkler«; Michael Klonovsky, *Der Held. Ein Nachruf*, München 2011, S. 125.

17 time.com/5422270/kanye-west-trump-speech (letzter Zugriff am 15.2.2019).

18 Deutscher Bund Heimatschutz, *Kriegergräber und Denkmäler. Unsere Wünsche und Pflichten. Auf Grund der 139. Dürerbund-Flugschrift*, München o. Jhg. [1915], S. 22. Der Verfasser dieser Schrift war Werner Lindner.

19 Es gibt nicht viele, die sich in jüngster Zeit philosophisch mit dem Helden befasst haben. Zwei Bücher möchte ich hervorheben: Joseph Früchtl, *Das unverschämte Ich. Eine Heldengeschichte der Moderne*, Frankfurt / M. 2004; Susan Neiman, *Moralische Klarheit. Leitfaden für erwachsene Idealisten*, Hamburg 2010. Der klügste Aufsatz über Heldentum, den ich kenne, stammt von Jan Philipp Reemtsma, »Der Held, das Ich und das Wir«, in: *Mittelweg 36*, 4 (2009), S. 41–64.

20 Ute Frevert, »Vom heroischen Menschen zum ›Helden des Alltags‹«, in: *Merkur*, 64 / 9–10 (2009), S. 803–812, hier S. 811.

21 Jasper Griffin, *Homer on Life and Death*, Oxford 1980, S. 92 f.

22 Stefan M. Maul (Hg.), *Das Gilgamesch-Epos*, München 2005, S. 47, 49, 52; vgl. Stephen Greenblatt, *Die Geschichte von Adam und Eva. Der mächtigste Mythos der Menschheit*, München 2018, S. 67.

23 George Bernard Shaw, *Ein Wagner-Brevier. Kommentar zum Ring des Nibelungen*, Frankfurt / M. 1973, S. 55 (Übers. geändert); ders., *The Perfect Wagnerite*, London 1898, S. 31.

24 Umberto Eco, *Apokalyptiker und Integrierte. Zur kritischen Kritik der Massenkultur*, Frankfurt / M. 1984, S. 197 f.

25 Zur freigiebigen Rede vom Heldentum in den USA Bruce G. Peabody / Krista Jenkins, *Where Have All the Heroes Gone? The Changing Nature of American Valor*, New York 2017, S. 84–118.

26 Jacob Burckhardt, »Über das Studium der Geschichte«, in: ders., *Kritische Gesamtausgabe*, Bd. 10, München / Basel 2000, S. 129–347, hier S. 298.

27 William Shakespeare, »Twelfth Night«, in: ders., *Complete Works*, Walton-on-Thames 1998, S. 1189–1215, hier S. 1201 (II.5); ders., *Sämtliche Werke*, Bd. 1, Berlin / Weimar 1994, S. 764 (Übers. geändert).

28 Zit. nach Donnie Williams / Wayne Greenhaw, *The Thunder of Angels: The Montgomery Bus Boycott and the People who Broke the Back of Jim Crow*, Chicago 2006, S. 48.

Heldentum und Gefahr

1 Theodor W. Adorno, »Motive«, in: ders., *Gesammelte Schriften*, Bd. 16, Frankfurt/M. 1978, S. 259–283, hier S. 277. Jahre später wählte Adorno diesen Satz als Motto seines Buches über Richard Wagner.

2 Quintus Horatius Flaccus, *Oden und Epoden*, Düsseldorf/Zürich 2002, S. 136 f. (III.2). Zur Rezeption des Horaz-Verses Ernst H. Kantorowicz, »*Pro patria mori* im politischen Denken des Mittelalters«. in: ders., *Götter in Uniform. Studien zur Entwicklungsgeschichte des abendländischen Königtums*, Stuttgart 1998, S. 290–311; zu Horaz' Wirkung auf Brecht und andere Volker Riedel, »Zwischen Ideologie und Kunst. Bertolt Brecht, Heiner Müller und Fragen der modernen Horaz-Forschung«, in: Helmut Krasser/Ernst A. Schmidt (Hg.), *Zeitgenosse Horaz. Der Dichter und seine Leser seit zwei Jahrtausenden*, Tübingen 1996, S. 392–423, hier S. 394–398, 411 f.

3 Horatius, *Oden und Epoden*, S. 135, 149 (III.1 und III.4).

4 Wilhelm Fischer, »Der deutsche Michel«, in: Albrecht Janssen/Felix Heuler (Hg.), *Als der Weltbrand lohte. Das Echo des großen Krieges im Lied*, Würzburg 1915, S. 45. (Fischer, 1846–1932, war Schriftsteller in Graz.)

5 Sigmund Freud, »Zeitgemäßes über Krieg und Tod«, in: ders., *Gesammelte Werke*, Bd. 10, London 1946, S. 323–355, hier S. 354; Maurice Blanchot, »La fin du héros«, in: ders., *L'entretien infini*, Paris 1969, S. 540–555, hier S. 549.

6 Karl Strecker, »Wer kann den Gedanken wehren«, in: Janssen/Heuler (Hg.), *Als der Weltbrand lohte*, S. 225. (Strecker, 1861–1945, war Professor für Latinistik in Berlin.)

7 Christian Schneider, »Wozu Helden?«, in: *Mittelweg 36*, 1 (2009), S. 91–102, hier S. 93.

8 Grégoire Chamayou, *Ferngesteuerte Gewalt. Eine Theorie der Drohne*, Wien 2014, S. 108; vgl. Ulrich Bröckling, »Heldendämmerung? Der Drohnenkrieg und die Zukunft des militärischen Heroismus«, in: *Behemoth*, 8/2 (2015), S. 97–107.

9 David Foster Wallace, »Hoch, Simba«, in: ders., *Der Spaß an der Sache. Alle Essays*, Köln 2018, S. 501–585, hier, S. 576.

10 Robert Musil, »Der Dichter in dieser Zeit«, in: ders., *Essays und Reden – Kritik*, Reinbek 1978, S. 1243–1258, hier S. 1246 f.

11 Friedrich Nietzsche, »Morgenröthe. Gedanken über die moralischen Vorurtheile«, in: ders., *Sämtliche Werke*, Bd. 3, München / Berlin / New York 1988, S. 9–331, hier S. 322.

12 Ernst Jünger, »Der Kampf als inneres Erlebnis«, in: ders., *Sämtliche Werke*, Abt. II, Bd. 7, Stuttgart 1980, S. 9–103, hier S. 16.

13 Zit. nach Scott T. Allison / George R. Goethals, *Heroes: What They Do and Why We Need Them*, Oxford 2011, S. 24.

14 Bernhard Giesen, *Triumph and Trauma*, Boulder / London 2004, S. 25.

15 Ernst Jünger, »In Stahlgewittern«, in: ders., *Sämtliche Werke*, Abt. I, Bd. 1, Stuttgart 1978, S. 9–300, hier S. 188; ders., »Der Arbeiter«, in: ders., *Sämtliche Werke*, Abt. II, Bd. 8, Stuttgart 1981, S. 115.

16 Jünger, »Der Kampf als inneres Erlebnis«, S. 102.

17 Luttwak, »Toward Post-Heroic Warfare«, S. 122.

18 »Technological change […] has made combat situations less labor intensive. In other words, combat success is accomplished with fewer heroes.« S. Brock Blomberg / Gregory D. Hess / Yaron Raviv, »Where Have All the Heroes Gone? A Rational-Choice Perspective on Heroism«, in: *Public Choice*, 141 / 3–4 (2009), S. 509–522, hier S. 520.

19 Pankaj Mishra, »Krise der Männlichkeit«, in: *Lettre International*, 121 (2018), S. 77–80, hier S. 77.

20 Immanuel Kant, »Zum ewigen Frieden. Ein philosophischer Entwurf«, in: ders., *Werke*, Bd. 11, Frankfurt / M. 1977, S. 195–251, hier S. 206, 209. Zur Theorie und Praxis des demokratischen Friedens seit Kant Piki Ish-Shalom, *Democratic Peace: A Political Biography*, Ann Arbor 2013.

21 Thomas Mann, *Betrachtungen eines Unpolitischen. Große kommentierte Frankfurter Ausgabe*, Bd. 13.1, Frankfurt / M. 2009, S. 162, 335, 504.

22 Alexis de Tocqueville, *Über die Demokratie in Amerika*, Bd. 2, Zürich 1987, S. 391.

23 A. a. O., S. 388, 391.

24 Zum »doux commerce«, also zum sanften, ruhigen, friedlichen Handel mit Bezug auf Montesquieu, Marx und andere
 Albert O. Hirschman, *Leidenschaften und Interessen. Politische
 Begründungen des Kapitalismus vor seinem Sieg*, Frankfurt/M.
 1987, S. 68–72.

25 Vgl. Dan Reiter/Allan C. Stam, *Democracies at War*, Prince-
 ton/Oxford 2002.

26 Herodot, *Historien*, Bd. 1, Düsseldorf/Zürich 2000, S. 715
 (Buch V.78).

27 Zu Jefferson Dieter Thomä, »Glück, 1776. Die drei Wege des
 ›pursuit of happiness‹: Liberalismus, Republikanismus, Sympathie«, in: Konrad Paul Liessmann (Hg.), *Die Jagd nach Glück*,
 Wien 2012, S. 66–98.

28 Zum privaten und öffentlichen Wohl Albert O. Hirschman,
 *Engagement und Enttäuschung. Über das Schwanken der Bürger
 zwischen Privatwohl und Gemeinwohl*, Frankfurt/M. 1984, S. 18:
 »Meine Kernthese ist leicht formuliert: Handlungen des Kon-
 sums, wie ebenso Handlungen politischer Beteiligung, die um
 ihres erwarteten Befriedigungswertes willen unternommen
 werden, resultieren auch in Enttäuschung und Frustration.«

29 Herfried Münkler, »Unser Recht auf Feigheit«; vgl. Markus
 Krischer, »Heroismus ist unverzichtbar« [Gespräch mit Herfried Münkler], in: *Focus*, 25. Februar 2002, www.focus.de/
 politik/deutschland/deutschland-heroismus-ist-unverzicht
 bar_aid_207759.html (letzter Zugriff am 1.12.2018): »Ich bin
 [friedliebend] […]. Ich kann mir aber leider Situationen vorstellen, in denen ich mich auf einen wie […] mich lieber nicht
 verlassen möchte.«

30 M. J. Mavidal/M. E. Laurent (Hg.), *Archives parlementaires*,
 Abt. I, Bd. 45, Paris 1895, S. 417; vgl. Sophie Wahnich, *Freiheit
 oder Tod. Über Terror und Terrorismus*, Berlin 2016, S. 71.

31 Helmut Schelsky, *Die skeptische Generation. Eine Soziologie
 der deutschen Jugend*, Düsseldorf/Köln 1957, S. 451–455; vgl.
 Thomä, *Puer robustus*, S. 435 f., 443 f.

32 Francis Fukuyama, »The End of History?«, in: *National Inte-
 rest*, 16 (1989), S. 3–18, hier S. 8.

33 Gregor Quack, »Der Feind kommt von innen« [Gespräch mit Francis Fukuyama], in: *Frankfurter Allgemeine Sonntagszeitung*, 3. Februar 2019, S. 33.

34 Dies ist der englische Titel, in der deutschen Version fällt die Nietzsche-Anspielung weg; Francis Fukuyama, *The End of History and the Last Man*, New York 1992; ders., *Das Ende der Geschichte. Wo stehen wir?*, München 1992.

35 Friedrich Nietzsche, *Also sprach Zarathustra. Sämtliche Werke*, Bd. 4, München/Berlin/New York 1988, S. 19 f.

36 Fukuyama, *Das Ende der Geschichte*, S. 416, 418–421.

37 A. a. O., S. 433.

38 A. a. O., S. 435, 441.

39 A. a. O., S. 418, 421. Was die Kriegstreiberei betrifft, darf man Fukuyama zugutehalten, dass er seine Position revidiert und die amerikanische Invasion in den Irak 2003 verurteilt hat; Francis Fukuyama, *Scheitert Amerika? Supermacht am Scheideweg*, Berlin 2006.

40 Fukuyama, *Das Ende der Geschichte*, S. 385.

41 Edmund Husserl, »Die Krisis des europäischen Menschentums und die Philosophie«, in: ders., *Husserliana*, Bd. 6, Den Haag 1976, S. 314–348, hier S. 348.

42 Sayyid Qutb, *Milestones*, Birmingham 2006, S. 23, 26 f.

43 Jalal Al-i Ahmad, *Occidentosis: A Plague from the West*, Berkeley 1984, S. 128 f.

44 David Blair, »The Americans love Pepsi-Cola, but we love death«, in: *Daily Telegraph*, 24. September 2001, www.telegraph.co.uk/news/worldnews/asia/afghanistan/1341470/The-Americans-love-Pepsi-Cola-but-we-love-death.html (letzter Zugriff am 1. 12. 2018); Osama bin Laden bezeichnete den Westen als »schwach« und »weich«; vgl. Mishra, »Krise der Männlichkeit«, S. 77; Susan Sontag, »Feige waren die Mörder nicht«, in: *Frankfurter Allgemeine Zeitung*, 15. September 2001, S. 45.

45 Suleiman Bakhit, »Terrorism Is Disguised as Heroism«, www.youtube.com/watch?v=CjQPP2zTAg0 (letzter Zugriff am 15. 12. 2018).

46 Peggy Noonan, »The Right Man«, in: *Wall Street Journal*, 30. Januar 2003, www.wsj.com/articles/SB1043895876926710064 (letzter Zugriff am 19.11.2018); dies., *The Time of Our Lives*, New York 2015, S. 227.

47 Zu dieser Filmszene Marcel Beyer, »Hooligan-Moral«, in: *Frankfurter Allgemeine Zeitung*, 24. November 2018, S. 18.

48 H. G. Wells, *Little Wars*, London 1913, S. 97 f.

49 H. G. Wells, *First and Last Things. A Confession of Faith and a Rule of Life*, New York/London 1908, S. 214 f. Diese Stelle verdankt ihre Bekanntheit u. a. der Tatsache, dass sie zitiert wird in William James, »The Moral Equivalent of War«, in: ders., *Writings 1902–1909*, New York 1987, S. 1281–1293, hier S. 1292.

50 Émile Durkheim, *Über soziale Arbeitsteilung. Studie über die Organisation höherer Gesellschaften*, Frankfurt/M. 1992, S. 417, 420, 437.

51 Aldous Huxley, *Schöne neue Welt. Ein Roman der Zukunft*, Frankfurt/M. 2000, S. 217, 233 f.

52 A. a. O., S. 236.

53 Theodor W. Adorno/Max Horkheimer/Eugen Kogon, »Die verwaltete Welt oder: Die Krise des Individuums. Aufzeichnung eines Gesprächs im Hessischen Rundfunk am 4. September 1950«, in: Max Horkheimer, *Gesammelte Schriften*, Bd. 13, Frankfurt/M. 1989, S. 121–142.

54 Jean-Jacques Rousseau, »Vom Kriege«, in: ders., *Sozialphilosophische und Politische Schriften*, München 1981, S. 405–418, hier S. 411.

55 Samuel Daniel, »Ulysses and the Syren«, in: ders., *Poems and A Defence of Ryme*, Chicago/London 1965, S, 159–163, hier S. 163.

56 James, »The Moral Equivalent of War«, S. 1284, 1289 f.

57 Jean-Jacques Rousseau, »Über die Tugend des Helden«, in: *Zeitschrift für Kulturphilosophie*, 3/1 (2009), S. 117–128, hier S. 120 (Übers. geändert).

58 Lucius Annaeus Seneca, *An Lucilius. Briefe über Ethik. Philosophische Schriften. Lateinisch und deutsch*, Bd. 4, Darmstadt 1984, S. 512 (Brief 96,5).

59 Orlando Patterson, *Slavery and Social Death. A Comparative Study*, Cambridge [MA]/London 1982.

60 Karl Jaspers, *Philosophie*, Bd. 2, München 1994, S. 201–254.

61 Zu den Bildern der Männlichkeit im Western Robert Warsow, »The Gangster as Tragic Hero«, in: ders., *The Immediate Experience*, New York 1970, S. 127–133; Jane Tompkins, *West of Everything. The Inner Life of Westerns*, Oxford/New York 1992, S. 157–178; Gilberto Perez, *The Material Ghost. Films and Their Medium*, Baltimore/London 1998, S. 239; Robert Pippin, *Hollywood Westerns and American Myth. The Importance of Howard Hawks and John Ford for Political Philosophy*, New Haven/London 2010, S. 50–57.

62 Zur politischen und philosophischen Bedeutung des Western Richard Slotkin, *Gunfighter Nation. The Myth of the Frontier in Twentieth Century America*, New York 1993, S. 286–303, 379–396; Perez, *The Material Ghost*, S. 246; Pippin, *Hollywood Westerns and American Myth*; Früchtl, *Das unverschämte Ich*.

63 Frederick Jackson Turner, »The Significance of the Frontier in American History«, in: George Rogers Taylor (Hg.), *The Turner Thesis Concerning the Role of the Frontier in American History*, Lexington u. a. 1972, S. 3–28.

64 Frank Norris, »The Frontier Gone At Last«, in: ders., *Novels and Essays*, New York 1986, S. 1183–1190, hier S. 1188.

65 Henry David Thoreau, »A Week on the Concord and Merrimack Rivers«, in: ders., *A Week on the Concord and Merrimack Rivers – Walden; or, Life in the Woods – The Maine Woods – Cape Cod*, New York 1985, S. 1–319, hier S. 249; vgl. Früchtl, *Das unverschämte Ich*, S. 39.

66 Henry David Thoreau, *Walden oder Leben in den Wäldern*, Zürich 1971, S. 315, 312, 174 (Übers. geändert); ders., »Walden; or, Life in the Woods«, in: ders., *A Week on the Concord and Merrimack Rivers*, S. 321–587, hier S. 580, 578, 459.

67 »I cannot persuade myself that I do not dwell *wholly within* hell«; Henry David Thoreau, »Slavery in Massachusetts«, in: ders., *Collected Essays and Poems*, New York 2001, S. 333–347, hier S. 345.

68 Rainer Maria Rilke, »Die Aufzeichnungen des Malte Laurids Brigge«, in: ders., *Sämtliche Werke*, Bd. 6, Frankfurt / M. 1987, S. 705–946, hier S. 755 f.

69 Rainer Maria Rilke, »Archaischer Torso Apolls«, in: ders., *Sämtliche Werke*, Bd. 1, S. 557.

70 Laurie Ann Paul, *Transformative Experience*, Oxford 2014; Dieter Thomä, *Eltern. Kleine Philosophie einer riskanten Lebensform. Mit einem Nachwort nach zehn Jahren*, München 2002.

71 Michel de Montaigne, *Essais*, Zürich 1953, S. 623.

72 John Stuart Mill, *On Liberty – Über die Freiheit*, Stuttgart 2009, S. 186 f.: »Nothing was ever yet done which some one was not the first to do.«

73 Heinrich Heine, »Miguel Cervantes de Saavedra. Der sinnreiche Junker Don Quixote von La Mancha. Einleitung«, in: ders., *Sämtliche Schriften*, Bd. 7, Frankfurt / M. u. a. 1981, S. 149–170, hier S. 153.

74 Heinrich von Kleist, »Die Marquise von O...«, in: ders., *Sämtliche Werke und Briefe*, Bd. 2, München / Wien 1984, S. 104–143, hier S. 126.

75 José Ortega y Gasset, *Meditationen über »Don Quijote«*, Stuttgart 1959, S. 166 f.

76 Georg Simmel, »Philosophie des Abenteuers«, in: ders., *Gesamtausgabe*, Bd. 12, Frankfurt / M. 2001, S. 97–110, hier S. 101.

77 Simmel, »Das Abenteuer«, in: ders., *Gesamtausgabe*, Bd. 14, Frankfurt / M. 1996, S. 168–185, hier S. 169, 183.

78 Max Weber, *Gesammelte Aufsätze zur Religionssoziologie*, Bd. 1, Tübingen 1920, S. 203.

79 Richard Wagner, *Der Ring des Nibelungen. Gesammelte Schriften und Dichtungen*, Bd. 6, Leipzig 1872, S. 97, 241, 266, 268 f., 344; vgl. Dieter Thomä, *Puer robustus. Eine Philosophie des Störenfrieds*, Berlin 2016, S. 238, 240.

80 Den Ausdruck »Gelegenheitshelden« finde ich passender als »Teilzeithelden«, doch habe ich mich hierbei von Martin Seel anregen lassen: »Im gewöhnlichen Leben gibt es, wenn überhaupt, nur Teilzeithelden. Ein Held ist hier jemand, der in außergewöhnlichen Situationen auf ungewöhnliche, manchmal

beinahe übermenschlich erscheinende Weise, einmal oder mehrmals, das Richtige tut.« Martin Seel, »Ethan Edwards und einige seiner Verwandten«, in: *Merkur*, 64/9–10 (2009), S. 954–964, hier S. 954.

81 Franco Moretti, *Der Bourgeois. Eine Schlüsselfigur der Moderne*, Berlin 2014, S. 260.

82 Henrik Ibsen, *Ein Puppenheim. Stück, Vorarbeiten, Materialien*, Frankfurt/M. 1979, S. 103 f.; vgl. Thomä, *Puer robustus*, S. 537 ff.

83 In einer Rede 1885 sagt Ibsen: »Die Umgestaltung der gesellschaftlichen Verhältnisse, die draußen in Europa jetzt vorbereitet wird, sie beschäftigt sich wesentlich mit der zukünftigen Stellung des Arbeiters und der Frau. Sie ist es, auf die ich hoffe und warte und für die ich wirken will, wo ich nur kann.« Ibsen, *Ein Puppenheim*, S. 246.

Heldentum und die große Sache

1 Friedrich Schiller, »Wilhelm Tell«, in: ders., *Sämtliche Werke*, Bd. 2, München 1985, S. 913–1029, hier S. 927, 930, 932; zu »Wilhelm Tells Weg vom Einzelgänger zum Stifter des Bundes« Thomä, *Puer robustus*, S. 180–193.

2 Schiller, »Wilhelm Tell«, S. 999.

3 Merleau-Ponty, »Der Held, der Mensch«, S. 253.

4 Franz Kafka, *Beim Bau der chinesischen Mauer und andere Schriften aus dem Nachlass. Gesammelte Werke in zwölf Bänden*, Bd. 6, Frankfurt/M. 1994, S. 160.

5 Platon, »Gorgias«, in: ders., *Sämtliche Werke in zehn Bänden*, Bd. 2, Frankfurt/M. 1991, S. 175–417, hier S. 375.

6 Immanuel Kant, *Eine Vorlesung über Ethik*, Frankfurt/M. 1990, S. 167; Friedrich Schiller, »Die Braut von Messina«, in: ders., *Sämtliche Werke*, Bd. 2, München 1985, S. 813–912, hier S. 912.

7 Jakob Augstein, »Ist das Heroische schlimm?« [Gespräch mit Thea Dorn], in: *Freitag*, 23 (2018), www.freitag.de/autoren/jaugstein/ist-das-heroische-schlimm (letzter Zugriff am 10.12.2018).

8 Marcel Reich-Ranicki, »Über Schiller«, in: *Frankfurter Allgemeine Zeitung*, 25. Juli 2011, www.faz.net/aktuell/feuilleton/buecher/

fragen-sie-reich-ranicki/fragen-sie-reich-ranicki-ueber-schiller-1282678.html (letzter Zugriff am 15. 12. 2018).

9   »Businesses operate in a state of perpetual warfare«, sagt David Rodnitzky, »Marketers: Never Forget That We Are at War«, in: *Marketing Land*, 1. Mai 2018, marketingland.com/marketers-never-forget-that-we-are-at-war-238975 (letzter Zugriff am 15. 1. 2019).

10 Candace S. Allen, »The Entrepreneur as Hero«, in: *Economic Insights*, 2/1 (1997), www.dallasfed.org/~/media/documents/research/ei/ei9701.pdf (letzter Zugriff am 31. 7. 2018).

11 Conscious Capitalism, *Credo*, www.consciouscapitalism.org/about/credo (letzter Zugriff am 12. 8. 2018).

12 Georg Wilhelm Friedrich Hegel, *Vorlesungen über die Philosophie der Geschichte. Werke*, Bd. 12, Frankfurt/M. 1970, S. 112.

13 Karl Marx, »Der achtzehnte Brumaire des Louis Bonaparte«, in: ders./Friedrich Engels, *Werke*, Bd. 8, Berlin 1960, S. 111–207, hier S. 116.

14 Joseph Alois Schumpeter, *Kapitalismus, Sozialismus und Demokratie*, Tübingen/Basel 1993, S. 209.

15 Joseph Alois Schumpeter, *Theorie der wirtschaftlichen Entwicklung*, Berlin 1997, S. 134, 138 f.; ders., *Kapitalismus, Sozialismus und Demokratie*, S. 138.

16 A. a. O., S. 217, 254, 259.

17 Werner Sombart, *Händler und Helden. Patriotische Besinnungen*, München/Leipzig 1915, S. 64.

18 Werner Sombart, *Der Bourgeois. Zur Geistesgeschichte des modernen Wirtschaftsmenschen*. München/Leipzig 1913, S. 188.

19 Werner Sombart, »Der kapitalistische Unternehmer«, in: ders., *Die Modernität des Kapitalismus*, Wiesbaden 2018, S. 209–268, hier S. 242 f.

20 A. a. O., S. 244.

21 Mike Butcher, »In confidential email Samwer describes online furniture strategy as a ›Blitzkrieg‹«, in: *TechCrunch*, 22. Dezember 2011, techcrunch.com/2011/12/22/in-confidential-email-samwer-describes-online-furniture-strategy-as-a-blitzkrieg (letzter Zugriff am 15. 1. 2019).

22 www.youtube.com/watch?v=ApnZTL-AspQ (letzter Zugriff am 8.8.2019).

23 Reemtsma, »Der Held, das Ich und das Wir«, S. 45.

24 Doug Mellinger, zit. nach Michael S. Hopkins, »The Anti-Hero's Guide to the New Economy«, in: *Inc.*, 1. Januar 1998, www.inc.com/magazine/19980101/852.html (letzter Zugriff am 31.6.2018).

25 Dirk Baecker, *Postheroische Führung. Vom Rechnen mit Komplexität*, Wiesbaden 2015, S. 1 f.

26 Georg Simmel, »Der Krieg und die geistigen Entscheidungen«, in: ders., *Gesamtausgabe*, Bd. 16, Frankfurt/M. 1999, S. 47, 22. Ich muss erwähnen, dass Simmel den Umschlag vom »Relative[n]« zur »absoluten Situation« nicht nur treffend beschreibt, sondern 1914 bis 1918 auch genau darauf hereinfällt – nämlich mit seiner bis zum Schluss fast ungebremsten Kriegsbegeisterung. Sie geht so weit, dass er bedauert, keinen Sohn zu haben, den er dem Vaterland als Opfer darbringen kann; Simmel, *Briefe 1912–1918. Gesamtausgabe*, Bd. 23, Frankfurt/M. 2008, S. 461. Simmels Briefpartner Ernst Bloch schreibt mit bitterer Ironie: »Sie haben niemals eine definitive Antwort auf etwas gesucht, niemals. Das Absolute war Ihnen vollkommen suspekt und verschlossen. Heil Ihnen! Nun haben Sie es endlich gefunden. Das metaphysische Absolute ist für Sie jetzt der Schützengraben.« (A. a. O., S. 140)

27 Benito Mussolini, »Discorso alla II Assemblea Quinquennale del Regime«, 18. März 1934, www.lorien.it/X_INNI/Pg_Canzoni-D/Disc_BM/Discorso_BM_1934-03-18.html (letzter Zugriff am 15.1.2019); zu diesem Satz Johan Huizinga, »Im Schatten von morgen. Eine Diagnose des geistigen Leidens unserer Zeit«, in: ders., *Kultur- und zeitkritische Schriften*, München 2014, S. 9–132, hier S. 87; Neiman, *Moralische Klarheit*, S. 352.

28 Filippo Tommaso Marinetti, *Die futuristische Küche*, Stuttgart 1983, S. 22.

29 Georg Simmel, *Philosophie des Geldes. Gesamtausgabe*, Bd. 6, Frankfurt/M. 1989, S. 675; ders., »Der Krieg und die geistigen Entscheidungen«, S. 53.

30   William B. Swann u. a., »When Group Membership Gets Per-
      sonal: A Theory of Identity Fusion«, in: *Psychological Review*,
      119 (2012), S. 441–456, hier S. 441; vgl. Scott Atran / Hammad
      Sheikh / Angel Gomez, »For Cause and Comrade: Devoted
      Actors and Willingness to Fight«, in: *Cliodynamics*, 5 (2014),
      S. 41–57; Scott Atran, »Response to a Request for Recommen-
      dations to the UN Security Council Committee on Counter
      Terrorism (November–December, 2015)«, artisinternational.
      org / wp-content / uploads / 2011 / 02 / Atran-Brief-to-UN-Secu-
      rity-Council-CT.pdf (letzter Zugriff am 15. 12. 2018).

31   Robert Musil, »Europäertum, Krieg, Deutschtum«, in: ders.,
      Essays und Reden – Kritik, S. 1020 ff., hier S. 1021.

32   Herder stellte, genau genommen, »unisone« und »konsone«
      Erfahrungen gegenüber; Johann Gottfried Herder, »Liebe und
      Selbstheit«, in: ders., *Werke in zehn Bänden*, Bd. 4, Frankfurt / M.
      1994, S. 405–424, hier, S. 421.

33   Hirschman, *Engagement und Enttäuschung*, S. 70, 98.

34   Zu Mill Alan Ryan, »Two Concepts of Politics and Democracy:
      James and John Stuart Mill«, in: Martin Fleisher (Hg.), *Machia-
      velli and the Nature of Political Thought*, New York 1972,
      S. 76–113, hier S. 106 ff.; Karl Marx, »Zur Judenfrage«, in: ders. /
      Friedrich Engels, *Werke*, Bd. 1, Berlin 1981, S. 347–377, hier
      S. 364, 366; Hannah Arendt, *Über die Revolution*, München 1974,
      S. 372 ff.

35   Zur Diskussion konkreter Beispiele Astrid Séville, »From ›One
      Right Way‹ to ›One Ruinous Way‹? Discursive Shifts in ›There
      is no alternative‹«, in: *European Political Science Review*, 9 (2017),
      S. 449–470.

36   Zur »Bürokratie als Herrschaft des Niemand« Hannah Arendt,
      Denktagebuch 1950 bis 1973, München / Zürich 2002, Bd. 1,
      S. 451.

37   Max Weber, *Wirtschaft und Gesellschaft. Grundriß der verstehen-
      den Soziologie*, Tübingen 1972, S. 128 f.

38   A. a. O., S. 572.

39   Max Weber, »Debattereden auf der Tagung des Vereins für So-
      zialpolitik in Wien 1909 zu den Verhandlungen über ›Die wirt-

schaftlichen Unternehmungen der Gemeinden«‹, in: ders., *Gesammelte Aufsätze zur Soziologie und Sozialpolitik*, Tübingen 1988, S. 412–416, hier S. 414.

40 Max Weber, »Politik als Beruf«, in: ders., *Gesammelte politische Schriften*, Tübingen 1988, S. 505–560, hier S. 560.

41 Weber, *Wirtschaft und Gesellschaft*, S. 679, 670.

42 Zu Schelsky und Forsthoff Thomä, *Puer robustus*, S. 434, 625.

43 Max Weber, »Parlament und Regierung im neugeordneten Deutschland (Mai 1918)«, in: ders., *Gesammelte politische Schriften*, S. 306–443, hier S. 318 f.

44 Diese Formulierung geht zurück auf den amerikanischen Präsidenten William Howard Taft, *Essential Writings and Addresses*, Madison 2009, S. 150.

45 Marx, »Zur Judenfrage«, S. 364.

46 www.karneval.berlin/de/karneval/was-ist-der-kdk.html (letzter Zugriff am 15. 1. 2019).

47 Gabriele Lesser, »LGBT-Demonstration in Polen. Europa-Test bestanden«, in: *tageszeitung*, 14. Oktober 2018, www.taz.de/ !5540417 (letzter Zugriff am 15. 2. 2019).

48 Isaiah Berlin, *Freiheit. Vier Versuche*, Frankfurt/M. 1995; Charles Taylor, *Negative Freiheit? Zur Kritik des neuzeitlichen Individualismus*, Frankfurt/M. 1988.

49 Michail Lermontow, »Ein Held unserer Zeit«, in: ders., *Ausgewählte Werke*, Bd. 2: *Prosa und Dramatik*, Berlin 1987, S. 253–428, hier S. 422 f.

50 Dieser häufig Voltaire zugeschriebene Ausspruch wurde ihm von seiner Biografin Evelyn Beatrice Hall in einem Buch, das sie unter Pseudonym veröffentlicht hat, in den Mund gelegt; S. G. Tallentyre, *The Friends of Voltaire*, London 1906, S. 199.

51 Max Weber, »Der Sinn der ›Wertfreiheit‹ der soziologischen und ökonomischen Wissenschaften«, in: ders., *Gesammelte Aufsätze zur Wissenschaftslehre*, Tübingen 1973, S. 489–540, hier S. 507.

52 Friedrich Nietzsche, »Die fröhliche Wissenschaft«, in: ders., *Sämtliche Werke*, Bd. 3, S. 343–651, hier S. 490 f. (§ 143). Zur neueren Polytheismus-Diskussion Richard Rorty, »Pragma-

tism as romantic polytheism«, in: ders., *Philosophy as Cultural Politics: Philosophical Papers*, Cambridge 2007, S. 27–41.

53 Friedrich Hölderlin, »Antigonae«, in: ders., *Sämtliche Werke und Briefe*, Bd. 2, München / Wien 1992, S. 317–368, hier S. 331.

54 Alasdair MacIntyre, *Der Verlust der Tugend. Zur moralischen Krise der Gegenwart*, Frankfurt / New York 1987, S. 164, 169 f.

55 Diese Unterscheidung wird erläutert von Christoph Menke, *Tragödie im Sittlichen. Gerechtigkeit und Freiheit nach Hegel*, Frankfurt / M. 1996.

56 Dieter Thomä, »Eine andere Antigone«, in: Thomas Khurana u. a. (Hg.), *Negativität*, Berlin 2018, S. 357–373.

57 MacIntyre, *Der Verlust der Tugend*, S. 170.

58 Zum antiken Streit um Odysseus und zur Rezeptionsgeschichte insgesamt William B. Stanford, *The Ulysses Theme: A Study in the Adaptability of a Traditional Hero*, Oxford 1954; William G. Thalmann, *Odysseus: An Epic of Return*, New York 1992; Silvia Montiglio, *From Villain To Hero: Odysseus in Ancient Thought*, Ann Arbor 2011; Keri Elizabeth Ames, »The Rebirth of Heroism from Homer's *Odyssey* to Joyce's *Ulysses*«, in: Harold Bloom (Hg.), *James Joyce*, New York 2009, S. 141–160.

59 Quintus Horatius Flaccus, *Satiren und Briefe*, lateinisch und deutsch, Zürich / Stuttgart 1962, S. 218 (Ep. I.2.22, Übers. geändert); Lucius Annaeus Seneca, »Über die Standhaftigkeit des Weisen«, in: ders., *Philosophische Schriften*, Bd. 1, Darmstadt 1969, S. 43–93, hier S. 47; zu den Epikureern Lukian von Samosata, *Lügengeschichten und Dialoge*, Nördlingen 1985, S. 294.

60 Dante Alighieri, *Die Göttliche Komödie*, italienisch und deutsch, Bd. 1, München 1988, S. 313; Francesco Petrarca, *Trionfi*, Mailand 1984, S. 102 (»Trionfo della fama«, II.18).

61 Heinrich Heine, »Buch der Lieder«, in: ders., *Sämtliche Werke*, Bd. 1, Frankfurt / M. u. a. 1981, S. 7–212, hier S. 185 f.; Alfred Tennyson, »Ulysses«, in: ders., *The Major Works*, Oxford 2009, S. 80 f.

62 Max Horkheimer / Theodor W. Adorno, *Dialektik der Aufklärung. Philosophische Fragmente. Gesammelte Schriften*, Bd. 3, Frankfurt / M. 1981, S. 52; Primo Levi, *Ist das ein Mensch?*, Mün-

chen 2018, S. 108–111. In eine nicht ins Deutsche übersetzte Anthologie nimmt Levi ein Kapitel aus Homers *Odyssee* auf und deutet es als Zeichen der Hoffnung auf ein Ende von Verfolgung und Exil; Levi, *La ricerca delle radici. Antologia personale*, Turin 1981, S. 19 ff.; vgl. Victor Brombert, *In Search of Antiheroes*, Chicago/London 1999, S. 115–118.

63 Walt Whitman, »Leaves of Grass (1891–92)«, in: ders., *Complete Poetry and Selected Prose*, New York 1982, S. 147–672, hier S. 246; ders., *Grasblätter*, München 2009, S. 121.

64 Ein Plädoyer für Odysseus als Vorbild für Helden von heute findet sich in Neiman, *Moralische Klarheit*, S. 354: »Meine Hinwendung zu Odysseus ist der ungenierte Ruf nach einem Helden, dessen Stärken und Schwächen in die moderne Welt passen.«

65 Fritz Breithaupt/Martin Kolmar, »Reise zum Mittelpunkt der Leere«, in: *Neue Zürcher Zeitung*, 23. November 2017, S. 8: »Vielleicht ist es das Ideal des Demokratischen, den Helden abzuschaffen. Denn wenn der säkulare, liberale und demokratische Wohlfahrtsstaat funktioniert, ist dieser für Gerechtigkeit, Fortschritt und Verteilungsfragen zuständig – aber eben nicht der Einzelne selbst. Kein Platz für Supergirl oder Superman.« Breithaupt und Kolmar wenden sich freilich – wie auch ich – gegen diesen Verdacht.

66 Matthias Bartsch u. a., »Heldin, Engel und Verlierer«, in: *Der Spiegel*, 50 (2014), S. 36–39.

67 Anne Dufourmantelle, *Lob des Risikos. Ein Plädoyer für das Ungewisse*, Berlin 2018, S. 28.

68 Anastasia Vécrin, »La sécurité plus engendre la peur que l'inverse« [Gespräch mit Anne Dufourmantelle], in: *Libération*, 14. September 2015, www.liberation.fr/debats/2015/09/14/anne-dufourmantelle-la-securite-engendre-plus-la-peur-que-l-inverse_1382441 (letzter Zugriff am 15. 12. 2018).

69 Khuê Phạm, »Die Unbeirrbare«, in: *ZEIT-Magazin*, 6 (2019), S. 14–21.

70 John Stuart Mill, *Utilitarianism – Der Utilitarismus*, Stuttgart 2006, S. 145 ff.; vgl. James O. Urmson, »Heilige und Helden«,

in: Detlef Horster (Hg.), *Texte zur Ethik*, Stuttgart 2012, S. 361–384, hier S. 373, 375.

71 Urmson, »Heilige und Helden«, S. 378, 381 f. Vgl. Ulla Wessels, *Die gute Samariterin. Zur Struktur der Supererogation*, Berlin / New York 2002; Andrew Michael Flescher, *Heroes, Saints, and Ordinary Morality*, Washington D. C. 2003.

72 Urmson, »Heilige und Helden«, S. 365.

73 In einem Fragment, das im Zusammenhang mit den Thesen *Über den Begriff der Geschichte* entstand, bezeichnete Benjamin die Revolution als »Griff nach der Notbremse«; Walter Benjamin, *Gesammelte Schriften*, Bd. I.3, Frankfurt / M. 1974, S. 1323.

74 Hegel, *Vorlesungen über die Philosophie der Geschichte*, S. 45 f.

75 Nietzsche, »Morgenröthe«, S. 33.

76 Peter Kropotkin, *Worte eines Rebellen*, Reinbek 1972, S. 152, 155 f.

77 Huizinga, »Im Schatten von morgen«, S. 91 f.

78 Max Weber, *Wirtschaft und Gesellschaft*, S. 861: »Demokratisierung und Demagogie gehören zusammen.«

79 Hans Kelsen, *Der Staat als Integration. Eine prinzipielle Auseinandersetzung*, Wien 1930, S. 50.

80 Mark Siemons, »Die große Erschlaffung«, in: *Frankfurter Allgemeine Sonntagszeitung*, 31. März 2019, S. 33 f.

81 Jonathan Martin / Alan Rappeport, »Donald Trump Says John McCain Is No War Hero, Setting Off Another Storm«, *New York Times*, 18. Juli 2015, www.nytimes.com / 2015 / 07 / 19 / us / politics / trump-belittles-mccains-war-record.html (letzter Zugriff am 15. 1. 2019); Donald Trump, *Trump: The Art of the Comeback*, New York 1997, S. 233.

82 Ari Kohen, *Untangling Heroism: Classical Philosophy and the Concept of the Hero*, New York / London 2014, S. 3.

83 Wallace, »Hoch, Simba«, S. 535.

84 A. a. O., S. 508, 512 f.

85 A. a. O., S. 576, 578 f.

86 A. a. O., S. 582.

87 Ulf Kalkreuth, »Edward Snowden«, *Das Erste*, 18. August 2013, www.youtube.com / watch?v=hkSbnnY3AdU; Stephen Mc-

Bride, »Edward Snowden is a hero, says Steve Wozniak«, *ITP*, 20. Mai 2015, www.itp.net / 603293-edward-snowden-is-a-hero-says-steve-wozniak (letzter Zugriff am 15. 1. 2019).

88 Edward Snowden, »Statement at the Moscow Airport«, in: David P. Fidler (Hg.), *The Snowden Reader*, Bloomington 2015, S. 124 ff., hier S. 125. Das von Snowden angeführte Zitat vom Nürnberger Kriegsverbrecherprozess taucht zwar in vielen einschlägigen Quellen auf, ist aber nicht authentisch. Nicht der zweite, nur der erste Satz dieses Zitats findet sich in den Gerichtsdokumenten.

89 Barack Obama, »The Patriotism Speech«, *The Atlantic*, 30. Juni 2008, www.theatlantic.com / daily-dish / archive / 2008 / 06 / the-patriotism-speech / 214646 (letzter Zugriff am 15. 1. 2019).

90 Henry David Thoreau, *Ziviler Ungehorsam*, Stuttgart 2013, S. 32 f.

Heldentum und der Höhenunterschied

1 Diese Namen wurden in einem Experiment verwendet, das der Bayerische Rundfunk und der *Spiegel* gemeinsam durchführten; www.hanna-und-ismail.de (letzter Zugriff am 15. 1. 2019).

2 Michael J. Sandel, *Was man für Geld nicht kaufen kann. Die moralischen Grenzen des Marktes*, Berlin 2012; Debra Satz, *Von Waren und Werten. Die Macht der Märkte und warum manche Dinge nicht zum Verkauf stehen sollten*, Hamburg 2013.

3 Die Zitate aus Brechts Theaterstück werden in diesem Abschnitt nicht einzeln nachgewiesen und sind leicht aufzufinden in Bertolt Brecht, »Leben des Galilei«, in: ders. *Werke*, Bd. 5, Frankfurt / M. u. a. 1988, S. 7–115. Nachgewiesen werden hingegen Zitate Brechts aus anderen Texten und Aufzeichnungen.

4 Jürgen Habermas / Jacques Derrida, *Philosophie in Zeiten des Terrors. Zwei Gespräche, geführt, eingeleitet und kommentiert von Giovanna Borradori*. Hamburg 2006, S. 69.

5 Bertolt Brecht, »Zu ›Leben des Galilei‹«, in: ders., *Werke*, Bd. 24, Frankfurt / M. u. a. 1991, S. 233–256, hier S. 248, 245; ders., »Aufbau einer Rolle. Laughtons Galilei«, in: ders., *Werke*, Bd. 25, Frankfurt / M. u. a. 1994, S. 7–69, hier S. 45.

6   Erich Engel, »Aufzeichnungen zu *Galilei*«, in: Werner Hecht (Hg.), *Brechts »Leben des Galilei«*, Frankfurt/M. 1981, S. 121–127, hier S. 121; Brecht, »Zu ›Leben des Galilei‹«, S. 240.

7   Brecht, »Aufbau einer Rolle«, S. 64.

8   Brecht, »Zu ›Leben des Galilei‹«, S. 242, vgl. S. 240. Brecht schreibt diesen Ausspruch Walter Benjamin zu, mit dem er im dänischen Exil über sein Theaterstück diskutiert hat.

9   *Recueil des six Discours prononcés par le Président de la Convention Nationale*, Paris o. Jh. [1793], S. 7. Zum Kontext Jean-Georges Wille, *Mémoires et Journal*, Bd. 2, Paris 1857, S. 387; Lynn Hunt, *Symbole der Macht, Macht der Symbole. Die Französische Revolution und der Entwurf einer politischen Kultur*, Frankfurt/M. 1989, S. 120 f.

10 Jules Michelet, *Geschichte der Französischen Revolution*, Bd. 1, Frankfurt/M. 2008, S. 357, 86; vgl. Miguel Abensour, »Les paradoxes de l'héroïsme révolutionnaire«, in: *Esprit*, 147 (1989), S. 60–81, hier S. 69 f.

11 Rousseau, »Über die Tugend des Helden«, S. 119.

12 Robert Misik, »Du sollst ein Held sein«, www.misik.at/2006/08/du_sollst_ein_held_sein (letzter Zugriff am 15.1.2019).

13 www.umweltverbaende.at/seieinheld; www.ewg-rheine.de/unternehmer-investoren/netzwerke-initiativen/business helden; www.swr.de/swr4/unsere-helden; www.jugend-im-bistum-essen.de/messdiener; www.ceres.com/spot/la-citta-ha-bisogno-di-eroi; www.ville.saint-lazare.qc.ca/heros; www.kpbs.org/community-heroes (letzter Zugriff am 15.1.2019).

14 Sidney Hook, *The Hero in History: A Study in Limitation and Possibility*, London 1945, S. 157.

15 Daniel J. Boorstin, *The Image: A Guide to Pseudo-Events in America*, New York 1992, S. 49.

16 Karl Marx, »Der achtzehnte Brumaire des Louis Bonaparte«, hier S. 116.

17 Gilbert Romme, *Correspondance 1777–1779*, Clermont-Ferrand 2006, S. 497.

18 Henry Fielding, *Jonathan Wild*, London 1982, S. 40, 219.

19 Ezra Pound, »The Renaissance«, in: ders., *Literary Essays*, Norfolk 1954, S. 214–226, hier S. 224.

20 Robert Michels, *Zur Soziologie des Parteiwesens in der modernen Demokratie*, Leipzig 1911, S. 53, 383.

21 Tocqueville, *Über die Demokratie in Amerika*, Bd. 2, S. 203, 335, 337.

22 Mill, *On Liberty – Über die Freiheit*, S. 171, 173, 191.

23 William James, »The Importance of Individuals«, in: ders., *Writings 1878–1899*, New York 1992, S. 647–652, hier S. 651.

24 William James, »The Social Value of the College-Bred«, in: ders., *Writings 1902–1910*, New York 1987, S. 1245.

25 Eric Bentley, *A Century of Hero-Worship: A Study of the Idea of Heroism in Carlyle and Nietzsche, with Notes on Wagner, Spengler, Stefan George and D. H. Lawrence*, Boston 1957, S. 264: »Democracy is paradoxical: democratic equality means to respect the individual and thus to notice individuality, to welcome variety.«

26 Burckhardt, »Über das Studium der Geschichte«, S. 274.

27 Erich Fromm, »Die dialektische Revision der Psychoanalyse«, in: ders., *Gesamtausgabe*, Bd. 12, München 1990, S. 27–71, hier S. 44.

28 Niklas Luhmann, »Die Autopoiesis des Bewußtseins«, in: ders., *Soziologische Aufklärung 6*, Wiesbaden 2008, S. 55–108, hier S. 86.

29 Burckhardt, »Über das Studium der Geschichte«, S. 274.

30 Zu »democratic heroism« und »greatness heroism« Peabody/Jenkins, *Where Have All the Heroes Gone?*, S. 20; zur Vereinbarkeit von Heroismus und Demokratie Philip G. Zimbardo/James N. Breckenridge/Fathali M. Moghaddam, »›Exclusive‹ and ›Inclusive‹ Visions of Heroism and Democracy«, in: *Current Psychology*, 32 (2013), S. 221–233; zum »charismatischen Helden« Weber, *Wirtschaft und Gesellschaft*, S. 656; zur Unterscheidung zwischen »democratic charisma« und »authoritarian charisma« Vincent W. Lloyd, *In Defense of Charisma*, New York 2018, S. 5 ff., 24.

31 Emerson, »Essays: Second Series«, in: ders., *Essays & Lectures*, S. 441–609, hier S. 604.

32 Ralph Waldo Emerson, *Repräsentanten der Menschheit*, Zürich

1989, S. 18 (Übers. geändert); ders., »Representative Men«, in: ders., *Essays & Lectures*, S. 611–761, hier S. 622.

33 Ralph Waldo Emerson, *Lebensführung*, Jena 1905, S. 25; ders., »The Conduct of Life«, in: ders., *Essays & Lectures*, S. 937–1124, hier S. 957.

34 Reemtsma, »Der Held, das Ich und das Wir«, S. 46, 53.

35 Hannah Arendt, *Vita activa oder Vom tätigen Leben*, München/ Zürich 2002, S. 232, 460.

36 Joseph Campbell, *Der Heros in tausend Gestalten*, Frankfurt/M. 1978, S. 374.

37 Charles Horton Cooley, *Human Nature and the Social Order*, New York 1964, S. 312. Dass Cooley den ersten soziologischen Versuch unternommen habe, die Heldenverehrung für die Demokratie zugänglich zu machen, meint Barry Schwartz, »Emerson, Cooley, and the American Heroic Vision«, in: *Symbolic Interaction*, 8/1 (1985), S. 103–120, hier S. 105.

38 Nietzsche, »Morgenröthe«, S. 322. Der einschlägige Text zum Thema ist Thomas Carlyle, »On Heroes, Hero-Worship, and the Heroic in History«, in: ders., *Complete Works*, Bd. 12, New York 1897, S. 233–461.

39 Emerson, *Repräsentanten der Menschheit*, S. 19 (Übers. geändert); ders., »Representative Men«, S. 623.

40 Mill, *On Liberty – Über die Freiheit*, S. 191 (Übers. geändert).

41 Weber, *Wirtschaft und Gesellschaft*, S. 661, 823.

42 Huizinga, »Im Schatten von morgen«, S. 92.

43 Weber, *Wirtschaft und Gesellschaft*, S. 140, 656, 155; vgl. Richard Sennett, *Autorität*, Frankfurt/M. 1985, S. 27.

44 Giesen, *Triumph and Trauma*, S. 25.

45 Allison/Goethals, *Heroes*, S. 125.

46 Hans-Thieß Lehmann, »Wunsch nach Bewunderung. Das Theater um den Helden«, in: *Merkur*, 64/9–10 (2009), S. 772–781, hier S. 778 f.

47 Bakunin, zit. nach Albert Camus, *Der Mensch in der Revolte*, Reinbek 1969, S. 128. Das Bakunin-Zitat entnimmt Camus der biografischen Studie von Benoît-P. Hepner, *Bakounine et le panslavisme révolutionnaire*, Paris 1950, S. 89.

48 Cooley, *Human Nature and the Social Order*, S. 314.

49 Arthur M. Schlesinger, Jr., *The Politics of Hope and The Bitter Heritage. American Liberalism in the 1960s*, Princeton / Oxford 2008, S. 47 f., 41.

50 Maxim Gorki, *Erinnerungen an Zeitgenossen*, Frankfurt / M. 1973, S. 95.

51 Peabody / Jenkins, *Where Have All the Heroes Gone?*, S. 154.

52 Immanuel Kant, »Beantwortung der Frage: Was ist Aufklärung?«, in: ders., *Werke*, Bd. 11, S. 51–61, hier S. 53.

53 Emerson, *Essays*, S. 246 (Übers. geändert); ders., *Essays & Lectures*, S. 412.

54 Friedrich Nietzsche, »Jenseits von Gut und Böse«, in: ders., *Sämtliche Werke*, Bd. 5, S. 9–243, hier S. 242.

55 Walter Benjamin, »Einbahnstraße«, in: ders., *Gesammelte Schriften*, Bd. IV.1, Frankfurt / M. 1972, S. 83–148, hier S. 142.

56 Hamilton soll – allerdings gemäß einer zweifelhaften Überlieferung – gesagt haben: »Your people, Sir, is a great beast.« William A. Smith, »Henry Adams, Alexander Hamilton, and the American People as a ›Great Beast‹«, in: *New England Quarterly*, 48/2 (1975), S. 216–230. Jefferson schreibt: »I am not among those who fear the people. They, and not the rich, are our dependence for continued freedom.« Thomas Jefferson, *Writings*, New York 1984, S. 1400 (Brief an Samuel Kercheval vom 12. 7. 1816).

57 Jean-Jacques Rousseau, *Vom Gesellschaftsvertrag oder Grundsätze des Staatsrechts*, Stuttgart 1985, S. 49.

58 Emerson, *Essays*, S. 203 (Übers. geändert); ders., »Essays: First Series«, S. 379.

59 William Shakespeare, »König Heinrich IV. Erster Teil«, in: ders., *Sämtliche Werke*, Bd. 3, S. 179–275, hier S. 263 (V.1).

60 Theodor Fontane, *Effi Briest*, Frankfurt / M. 2004, S. 22, 271 f. Vgl. Ute Frevert, *Ehrenmänner. Das Duell in der bürgerlichen Gesellschaft*, München 1991.

61 Tocqueville, *Über die Demokratie in Amerika,* Bd. 2, S. 335, 149.

62 Johann Gottlieb Fichte, »Rede über die Würde des Menschen«, in: ders., *Sämmtliche Werke*, Bd. 1, Berlin 1845, S. 412–416, hier

S. 414; ders., »Die Grundzüge des gegenwärtigen Zeitalters«, in: ders., *Sämmtliche Werke*, Bd. 7, Berlin 1846, S. 3–256, hier S. 46 f.

63 Christian Dietrich Grabbe, *Napoleon oder die hundert Tage*, Stuttgart 1985, S. 75; vgl. Früchtl, *Das unverschämte Ich*, S. 96.

64 Louis-Antoine de Saint-Just, »Rapport sur la police générale, la justice, le commerce, la législation et les crimes des factions«, in: ders., *Œuvres complètes*, Bd. 2, Paris 1908, S. 367–390, hier S. 386; vgl. Miguel Abensour, »Les paradoxes de l'héroïsme révolutionnaire«, S. 81.

65 Johann Gottfried Herder, *Ideen zur Philosophie der Geschichte der Menschheit. Werke in zehn Bänden*, Bd. 6, Frankfurt / M. 1989, S. 145 f.

66 Maximilien Robespierre, »Über die Beziehungen der religiösen und moralischen Ideen zu den republikanischen Grundsätzen, und über die nationalen Feste«, in: ders., *Ausgewählte Texte*, Hamburg 1989, S. 653–696, hier S. 657.

67 William Shakespeare, »Coriolanus«, in: ders., *Sämtliche Werke*, Bd. 4, S. 797–913, hier S. 900 (V.3); Heinrich von Kleist, »Fragment aus dem Trauerspiel: Robert Guiskard. Herzog der Normänner«, in: ders., *Sämtliche Werke und Briefe*, Bd. 1, München 1984, S. 153–173, hier S. 167.

68 Johann Gottfried Herder, »Vom Erkennen und Empfinden der menschlichen Seele«, in: ders., *Werke in zehn Bänden*, Bd. 4, Frankfurt / M. 1994, S. 329–393, hier S. 359.

69 Friedrich Schlegel, »Kritische Fragmente [1797]«, in: ders., *Kritische Schriften und Fragmente*, Bd. 1, Paderborn 1988, S. 239–250, hier S. 245 (Nr. 78).

70 Friedrich Schlegel, *Literarische Notizen 1797–1801*, Frankfurt / M. u. a. 1980, S. 26 (Nr. 32); vgl. Georg Wilhelm Friedrich Hegel, *Vorlesungen über die Ästhetik I–III. Werke,* Bd. 13–15, Frankfurt / M. 1970, hier Bd. 13, S. 392 f.

71 Sigmund Freud, »Zeitgemäßes über Krieg und Tod«, S. 344.

72 Hegel, *Vorlesungen über die Philosophie der Geschichte*, S. 46.

73 Hegel, *Vorlesungen über die Ästhetik I*, S. 243; vgl. Heinz Schlaf-

fer, *Der Bürger als Held. Sozialgeschichtliche Auflösungen literarischer Widersprüche*, Frankfurt/M. 1973.

74 Hegel, *Vorlesungen über die Ästhetik I*, S. 247, 197 ff.; ders., *Vorlesungen über die Ästhetik II*, S. 219 f.

75 Hegel, *Vorlesungen über die Philosophie der Geschichte*, S. 48.

76 Stendhal, *Über die Liebe*, Frankfurt/M. 2012, S. 276.

77 Stendhal, *Lucien Leuwen*, München 1993, S. 5; ders., *Œuvres romanesques complètes*, Bd. II, Paris 2007, S. 722.

78 Gustave Flaubert, *Die Briefe an Louise Colet*, Zürich 1991, S. 356, vgl. S. 381; ders., *Correspondance*, Bd. 2, Paris 1926, S. 343 f., vgl. S. 372. Vgl. Raymond Giraud, *The Unheroic Hero in the Novels of Stendhal, Balzac and Flaubert*, New Brunswick 1957, S. 70, 149.

79 Victor Hugo, *Die Elenden*, Bd. 3, Berlin 1990, S. 90 (Übers. geändert); ders., *Les Misérables*, Bd. 2, Paris 1995, S. 637 (zum »héroïsme monstre«); ders., »William Shakespeare«, in: ders., *Œuvres complètes: Critique*, Paris 1985, S. 237–463, hier S. 441 f. (zu Napoleon), S. 440 (zur Finanzwelt).

80 Charles Dickens, *David Copperfield*, Oxford 1981, S. 1; ders., *David Copperfield*, München 2009, S. 11 (Übers. geändert).

81 Mill, *On Liberty – Über die Freiheit*, S. 161.

82 Denis Diderot, »Rameaus Neffe«, in: ders., *Ästhetische Schriften*, Bd. 2, Berlin/Weimar 1967, S. 405–480, hier S. 406 f.

83 Virginia Woolf, *Zum Leuchtturm*, Frankfurt/M. 1993, S. 171; vgl. Allyson Booth, »Mr. Ramsay, Robert Falcon Scott, and Heroic Death«, in: *Mosaic*, 40/4 (2007), S. 135–150.

84 Charles Shaar Murray, »David Bowie: Who Was That (Un)masked Man?«, in: *New Musical Express*, 12. November 1977, www.bowiewonderworld.com/press/press70.htm#77CSM (letzter Zugriff am 3.7.2018); Tobias Rüther, *Helden. David Bowie und Berlin*, Berlin 2016, S. 167. Diesem schönen Buch über Bowies Berliner Jahre verdanke ich viele Informationen. Über Bowie, *The Stranglers* und Heldentum vgl. Franco »Bifo« Berardi, *Helden. Über Massenmord und Suizid*, Berlin 2016, S. 16 f.

85 Murray, »David Bowie«.

86 Rüther, *Helden*, S. 85, 202.

87 Allan Jones, »Goodbye to Ziggy and All That«, in: *Melody Ma-*

ker, 29. Oktober 1977, www.bowiegoldenyears.com / articles /
771029-melodymaker.html (letzter Zugriff am 3.7.2018).

88 Rilke, »Requiem«, in: ders., *Sämtliche Werke*, Bd. 1, S. 643–664,
hier S. 664.

89 Zum Nachhören: www.youtube.com / watch?v=uZiKOH9N
XKc&index=6&list=PLUdH5K8VHidO7wKWyD4orJzKCK4
JLc_5J (letzter Zugriff am 3.7.2018). Zu Bowies Auftritt 1987
und den Folgen Rüther, *Helden*, S. 175 ff.

90 Peter Köster, »Heroes. David Bowie und die Berliner Mauer«,
in: *Südwestdeutscher Rundfunk*, 11. Januar 2016, www.swr.de / - /
id=16596348 / property=download / nid=8986864 / 17cvaq4 /
swr2-tandem-20160111–1920.pdf (letzter Zugriff am 3.7.2018).

91 Rüther, *Helden*, S. 177.

92 Heinrich von Kleist, »Amphitryon«, in: ders., *Sämtliche Werke*,
Bd. 1, S. 245–320, hier S. 283, 319.

93 Georg Heym, *Tagebücher, Träume, Briefe. Dichtungen und Schriften*, Bd. 3, München 1960, S. 33; vgl. Renate Martinsen, *Der Wille zum Helden. Formen des Heroismus in Texten des 20. Jahrhunderts*, Wiesbaden 1990, S. 67.

94 In diesem Kapitel stütze ich mich, was die Informationen zur
frühen Geschichte dieser Figur betrifft, durchweg auf das
großartige Buch von Jill Lepore, *The Secret History of Wonder
Woman*, New York 2014. Die im Text ohne weiteren Nachweis
zitierten Sätze finden sich auf den folgenden Seiten in diesem
Buch: S. 191 (»psychologische Propaganda«), 231 (»Hello, my
Wonder Woman«), 220 (»anders als Superman«), 224 f. (Susan
Anthony), 187 (»naheliegende Lösung«), 285–293 (zum Niedergang nach Marstons Tod).

95 Noah Berlatsky, *Wonder Woman: Bondage and Feminism in the
Marston/Peter Comics, 1941–1948*, New Brunswick/London
2015, S. 88, 127.

96 Berlatsky, *Wonder Woman*, S. 18 f., 64 f., 107, 117; Tim Hanley,
*Wonder Woman Unbound. The Curious History of the World's
Most Famous Heroine*, Chicago 2014, S. 57, 64, 67, 211 f.

97 Roy Thomas, »Stan Lee's Amazing Marvel Interview!«, in: *Alter Ego*, 104 (2011), S. 38 f.

98 Jamil Smith, »Super Powered. *Black Panther* Marks a Major Milestone for Culture«, in: *Time*, 19. Februar 2018, S. 34–41.

99 Ta-Nehisi Coates, *Zwischen mir und der Welt*, München 2016, S. 66; ders., *We Were Eight Years In Power. Eine amerikanische Tragödie*, München 2018, S. 136.

100 Ta-Nehisi Coates / Brian Stelfreeze, *Black Panther. Ein Volk unter dem Joch*, Stuttgart 2017; ders. / ders., *Black Panther: A Nation Under Our Feet. Book One*, New York 2016; Ta-Nehisi Coates u. a., *Black Panther & the Crew: We Are the Streets*, New York 2017. (Die Comics haben keine Seitennummerierung, der zweite Band, aus dem zitiert wird, liegt nicht in Übersetzung vor.)

101 Nietzsche, *Also sprach Zarathustra*, S. 17, 19, 27.

102 Friedrich Hölderlin, »Der Frieden«, in: ders., *Sämtliche Werke und Briefe*, Bd. 1, München / Wien 1992, S. 233.

103 Melissa J. Hagan u. a., »Event-related clinical distress in college students: Responses to the 2016 U. S. Presidential election«, in: *Journal of American College Health*, 66 (2018), S. 1–5.

104 Sebastian Wolking, »Opferrolle. Warum sie manche so gerne spielen«, 28. November 2016, www.karrierebibel.de / opferrolle (letzter Zugriff am 15. 2. 2019).

105 Neiman, *Moralische Klarheit*, S. 350 ff.

106 Heinrich von Kleist, »Der zerbrochne Krug«, in: ders., *Sämtliche Werke und Briefe*, Bd. 1, S. 175–244, hier S. 213.

107 Rebecca Johnson, »Confrontational Activism – Is it Here to Stay?«, in: *Vogue*, 16. November 2018, www.vogue.com / article / confrontational-activism-believe-survivors (letzter Zugriff am 15. 1. 2019).

108 Zur Kritik am »trauma-centered feminism« Jill Lepore, »The Rise of the Victims'-Rights Movement«, in: *New Yorker*, 21. Mai 2018, www.newyorker.com / magazine / 2018 / 05 / 21 / the-rise-of-the-victims-rights-movement (letzter Zugriff am 15. 2. 2019).

109 Svenja Flaßpöhler, *Die potente Frau. Für eine neue Weiblichkeit*, Berlin 2018, S. 16, 18, 30. Die Gegenposition zu Flaßpöhler vertritt u. a. Susan Vahabzadeh, »Jeder für sich«, in: *Süddeut-*

sche Zeitung, 4. Mai 2018, www.sueddeutsche.de/kultur/me
too-jeder-fuer-sich-1.3968060 (letzter Zugriff am 15.2.2019).

110 Die wohl gründlichste Recherche stammt von Rudi Novotny,
»Was geschah auf der Matratze?«, in: *Die Zeit*, 21. Mai 2015,
S. 63 ff. Unabhängig davon, wie man diesen Fall nun beur-
teilt – es gibt jedenfalls eine umfangreiche psychologische
Forschung zu falschen Anschuldigungen; Ros Burnett (Hg.),
Wrongful Allegations of Sexual and Child Abuse, Oxford 2016.

111 Julia Schaaf, »Jeder kann fallen, jeder aufsteigen«, in: *Frankfurter Allgemeine Sonntagszeitung*, 15. November 2015, S. 16; Yiğit
Muk, *Muksmäuschenschlau. Wie ich als Hauptschulproll ein Abi
mit 1+ hinlegte*, München 2015.

112 William Shakespeare, »Julius Cäsar«, in: ders., *Sämtliche Werke
in vier Bänden*, Bd. 4, Berlin/Weimar 1994, S. 181–261, hier
S. 200 f. (II.1); ders., *Complete Works*, S. 340.

113 Berardi, *Helden*, S. 247.

114 Martin Machowecz/Björn Stephan, »Was habt ihr gegen uns?
Kot im Briefkasten, Nägel im Autoreifen: Jeder fünfte Bürgermeister in Deutschland wird bedroht«, in: *Die Zeit*, 16. Mai
2019, S. 58 f., hier S. 59.

115 Markus Jauer, »Bis sie versinken«, in: *Die Zeit*, 13. Juni 2019,
S. 11 ff., hier S. 13.

116 Thomas Thiel, »Die neuen Eintrittskarten in höhere Kreise.
Im Gespräch: die Soziologin Cornelia Koppetsch«, in: *Frankfurter Allgemeine Zeitung*, 7. August 2019, S. N4.

Register